国家に翻弄された戦時体制下の東北振興政策

●軍需品生産基地化への変貌

二戸富士雄
ichinohe fujio

文理閣

はじめに

日本資本主義は、一九二〇年代後半から深刻な経済危機に見舞われていった。なかでも昭和史の出発年には金融恐慌の勃発、一九三〇年には世界恐慌の全面的な波及（昭和恐慌）、翌三一年の東北を中心とした大冷害・大凶作と、日本社会の経済基盤は大きく危機に直面していった。それがさらにこの経済的混迷と東北農村の窮乏問題も一つの理由付けとして、五・一五事件などの一部青年将校や右翼思想集団などによるクーデター事件やテロ事件が続出した。そしてついには十五年戦争の発端となった満州事変へと突入していった。

こうした日本のファシズム国家への道へと急速に進行していく一つの社会的背景として、一九三四年の北日本の歴史的大凶作に起因する農村社会崩壊の危機（東北農村の〝疲弊〟問題）とその抜本的な〝匡救〟問題は、単なる一ローカル問題にとどまるものでなかった。

なぜなら、東北地方は積年米作を中心とした有力な食糧生産基地として首都圏の食生活を支え、また京浜工業地帯の労働力の供給地帯であり、そして鉱産・林産・水産の各資源地帯でもあって、いずれも日本経済の重要な基盤を形成していた。金融恐慌・昭和恐慌と相次ぐ日本経済の深刻な危機の中での、東北地方の大凶作に伴う農村社会の危機増大は、日本社会の根幹に強いダメージを与えていった。そしてさらに、これまで東北の各師団は〝精強師団〟として陸軍中央部より絶大な信頼を得ていたが、この時期に至って東北の農民兵士の体力・栄養状況が極端に低下しはじめたことは、陸軍の軍政上きわめて重大な事態を招来していた。東北農村の窮乏問題の打開をも口実とした青年将校らのクーデター事件の勃発もあって、東北農村の〝疲弊・匡救〟問題は軍中央・政府・政党・官僚・財界にとって、早急に解決すべき政治課題となっていった。

そうした危機意識の増幅のもと、一九三四年暮に岡田啓介内閣は東北振興調査会を発足させ、その答申による東北振興綜合計画実施要項とその中核をなす東北興業株式会社などを設立させ、その国策会社を軸に東北振興政策を全面的に展開していった。そして国家総動員法体制法とさらには本土決戦体制のもと、本来の東北振興政策の一環としての農村救済は、当初から「広義国防ノ実ヲ挙ゲル」資源政策の枠組みの中にあっただけに、東北振興政策は事実上〝空名化〟し、一大軍需工場化への道を推進していった。

本書は、従来の通説と異にしている点も多く、次の点に特に重点をおいて究明している。①〝大義名分〟としての東北農村救済の論理がいかにして変貌を遂げていったか。②東北振興調査会答申にみる新官僚（事務局長）の「広義国防」論と東北振興政策との結合をどうみるか。③地元商工業団体や地方自治体の金属・機械工業誘致陳情と〝時局〟との関係性。④アジア・太平洋戦争期の国策会社東北興業株式会社の即戦対応の軍需生産の実態。以上の四点についての究明が本書の特色と考える。さらに、そのための視点として、東北振興政策の〝起点〟とされる歴史的大凶作による東北農村の〝疲弊〟問題の抜本的打開、ならびにその最大の被災者である困窮住民の救済課題が根底にある。そのことなしに東北の社会的後進性と貧しさが解放されないと考えている。

本書を上梓するに当たって、既発表の次の拙論も参考にした。

1、「昭和初期における東北振興政策の諸問題」（『私学研修』第107・108号、一九八七年）
2、「国家と地域——戦前期の東北振興政策をめぐって——」（『地方史研究』第220号、一九八九年）
3、「戦時体制と国定教科書『東北読本』」（『歴史地理教育』439号、一九八九年）
4、「東北の地域要求と東北振興政策」（『地域からの歴史像——交流の日本史』所収、雄山閣出版、一九九〇年）
5、「昭和前期の産業経済の展開と東北振興政策」（『東北産業経済研究所紀要』9号、一九九〇年）

6、「東北振興の国策的展開」（『東北開発五十年史』所収、国土庁東北開発室、一九九〇年）
7、「戦時体制下の東北振興政策」（『仙台市歴史民俗資料館調査報告書』⑴〜⑹・31〜36集、二〇一三年〜二〇一八年）

戦前の国家による東北振興政策についての本格的な研究書は、残念ながらきわめて少ない。その中にあって、特に注目すべき経済史的著作は次の二書である。

その一書は、現京都大学教授岡田知弘氏の『日本資本主義と農村開発』（法律文化社、一九八九年）である。この書は、戦前・戦後の日本資本主義における地域開発政策の歴史的意義を実証的に解明することを意図したものである。その中で第五章「東北振興事業の構想と展開」で強調されている、国家による東北振興政策の本質として、国家総員体制下での軍需産業と軍事資源開発のための地域開発であるとの規定は、特に注目される。この分析視点は、これまで通説的に言われてきた、後進地域の「地域格差」解決のための国家政策論への批判でもある。この問題意識に私は大きな示唆を受けたが、同時に岡田氏の論述は僅かに三六ページ足らずだけに、そのことを裏付ける実証資料は十分とは言えない。また東北振興政策の中核的役割を担っていた国策会社東北興業株式会社の事業展開、特に敗戦への道を辿った一九四三年度以降の投資会社の軍需生産実態についての解明は乏しい、という問題がある。

別の一書は、現東北学院大学名誉教授岩本由輝氏の『東北開発一二〇年』（刀水書房、一九九四年）である。この書は岡田氏の著書とは違って、明治維新期から二〇世紀後半に至る長期間かつ綜合的な東北開発史となっている。類著の乏しい分野の系統的分析だけに、教科書的な存在意義を有している。そして東北振興政策についての東北側の要求運動や、これに対する政府の東北振興政策が総括的に展望できて有益である。さらに東北で育ち東北経済史を内側から究明しつづけ、軸足を東北住民への愛情に置いている点に、大きな特徴がある。同時に一二〇年という長期間にわたる論述だけに、戦前の国家による東北振興政策についての記述は、第七項と第八項の計三二ページにとどまっている。またその分、分析は概括的で実証的な深みに乏しい。さらに岡田氏が主張している国家総動員政策の一環としての国内資源開発政策、そして「広義国防」の達成についての解明も、十分と言い難い。

この二書について批判的に学びその問題意識と分析視角を摂取することから、私の「戦時体制下の東北振興政策」の研究が本格的にはじまった。その際、終始私の根底には次の二点があった。一九三四年の歴史的な大凶作問題を起点として発足した国策としての東北振興政策が、戦時体制の深化する中で、実態的にはなぜ〝空名・虚名〟化してしまったのか。また東北農村の〝疲弊〟問題の中核をなしていた被災住民の社会的救済問題が、どこへ収斂していったのか。その二点が〝通奏低音〟のように一貫して根底にあった。

この研究作業を進める際、国立公文書館や旧東北開発株式会社の各所蔵の一次資料、帝国議会委員会議事録、さらには国策会社東北興業株式会社の投資会社の社内資料などを中心に原資料を活用して、実証的に分析・論究したつもりである。その研究成果は十分とは言い難いが、これまでの戦前期の東北振興政策研究に新たな一石を投じたものと秘かに自負している。様々なご批判をいただければ、この研究のさらなる進展のためありがたい。

目次

資料編

第一章　準戦時体制下の東北大凶作と農村〝疲弊〟問題

一　準戦時体制下での一九三四年の大凶作

昭和年代初頭からの約一〇年間東北の農村各地は、特に農業恐慌、一九三一（昭和六）年の凶作と満州事変の勃発、そして一九三四（昭和九）年の大凶作に見舞われ、連続的にその生産基盤は潰滅的な直撃を受けた。東北農村が日本社会の重要な食糧と「強兵」の供給地帯であっただけに、たちまち国政上の喫緊の政治課題と化していった。この東北振興問題、そして東北農村疲弊問題が、単なる一地方の社会問題の枠を越えて、当時の岡田啓介内閣にとって重要な解決課題となっていった。そこにこの問題の歴史的意義がある。

これまで一九三四年の東北大凶作を契機とした東北振興問題についての研究は、主として社会政策史や産業開発史の視点からのものが多い。しかし社会経済史的観点からすると、積年の凶作や農業恐慌による農村の生産と生活の潰滅的な実相に即した分析にこそ、この問題研究の基礎があると考える。

その考察は、できるだけ事実に基づく実証的な論述にしたいと企図したもので、資料は可能な限り第一次資料を用いた。例えば国立公文書館所蔵の東北振興調査会の各種議事録、帝国議会での東北振興関係法律の各委員会議事録、内閣東北局の行政文書、東北各県市町村などの請願・陳情書、東北各県知事・警察部長連名の住民動向報告書、東北興業株式会社の役員会議事録、各投資会社の事業報告書などである。これらの各種資料は、これまで復刻公刊されたものもあるが（例えば内務省社会局『調査資料』各号や東北振興調査会『東北振興調査会要覧』、帝国農会の刊行物、各自治体史など）、多くは初めて公にされる資料である。

東北振興政策の前提をなす準戦時体制期の東北農村社会の経済史的な基本問題をまず述べることにする。

準戦時体制とは柳条湖事件（一九三一年九月）からはじまる満州事変全体を経て、日中全面戦争の勃発（一九三七年七月）までの全期間とされている。この準戦時体制期には経済政策として、対外戦争遂行のために生産力拡充、統制経済実現を企画した総力戦体制がすでに構築されていった。いわば日中全面戦争突入に伴う本格的な「戦時体制」貫遂を前にして、それへの移行過程として膨張する満州事変費とその兵備改善費などの軍事費を創出するために、狂奔していた時期であった。

その準戦時経済体制のもとで、しかも一九三〇年の昭和恐慌（とくに農業恐慌）と、一九三一年の大凶作と満州事変の勃発、また一九三三年の三陸沿岸部を襲った三陸大海嘯（大津波）と、自然災害と戦争が東北の農村を相次いで直撃した。そして一九三四年の歴史的な大凶作が東北農村に追い打ちをかけるかのように襲撃した。そこに急速に国政上の大きな問題として浮上した東北農村の疲弊・窮乏問題の、歴史的社会的背景があった。

（一）異常気象による天災要因

一九三四年の大凶作を体験した山形県最上郡最上町に在住しているU・Mは、戦後その往時のことを次のように回想している。「この年はほんとうに寒い夏でした。（中略）綿入れ糯袢を着なければ寒くて田に入れなかったくらいですから。大雪で雪どけが遅れたせいもあって、田の水がとても冷たかったんです。（中略）夏だというのに日も満足にさしません。（中略）穂が出てもみんな青立ちです。収穫皆無の農家がどんどん出てきました。冬を前にわずかの飯米もたちまち底をついてきました。（中略）わらびの根やとちの実で食いつなぐのがあたりまえになったんです[1]」。

「ほんとうに寒い夏」という抽象的で実感的な表現が示す実態を、次の資料が的確に立証している。

上記の体験証言者が居住している最上町に隣接している新庄市の『市史』には、この年の大凶作の原因について、「この夏の異常気象は極端に冷涼な気象にあった。初夏の吹く冷たい東風は、冷雨をもたらし、稲の花を害する」と簡潔に記し、さらに「他地区で比較的好良の品種（中略）も最上（郡内では）望み薄、片っ端から黒穂或は稲熱病で枯死」[2]と報じている。

その年の異常気象についてのより詳細で科学的な記述として、次のデータが参考になる。まず異常な積雪量について、山形県最上川中流の尾花沢町の例であるが、この年の最深積雪量は二三七センチメートルの豪雪に見舞われ（月山の山麓田麦俣では四五二センチメートルの新記録）、町の中心地の積雪最終日が四月二七日とこれまた異例であった。また秋田県の山間部では五月中旬までに至っても多量の積雪があった。さらには岩手県の例でも宮古町で五月一日にも降雪があり、平年よりも二〇日遅れの稀有の晩雪であった[3]。

その異常気象がこの年東北地方に襲来した大きな要因は、オホーツク海付近の高気圧が晩夏に至るまで居座ったからであった。このオホーツク高気圧は湿気を含んだ寒冷な気流を大量に東北地方に送ったため、梅雨のような低気圧が北の高気圧に押されたまま長期間にわたって東北地方に停滞し、その結果終始雨が降り続け連日寒冷な気象がおったのであった。

融雪期の異常な遅れと共に、極度の低温も大きな冷害をもたらす原因となった。青森県の例で見ると、この年の各月の平均気温の推移を辿ると、いかに急速に低温を深めていったかがわかる。「四月ノ苗代期ニハ平年ニ比シテ稍気温低ク、稲作ニ多少ノ影響ガアッタガ、五月ニ入ッテハ全ク同等ト為リ、六月中旬カラハ、平均一度以上ノ高温ヲ見、七月一〇日マデハ殆ド連日高温ヲ持続シ、稲ノ生育順調デアッタ」。ところが一転して「（七月—筆者）一一日カラハ俄然低温ト為リ、九月初旬ニ至ルマデ、平年並ノ気温ハ八月四日ノ一日ノミデアリ、殊ニ七月一五日前後ト、七月二九日、三日ハ五度内外低カッタ」[4]。

表１　1934年東北５県気温

（℃）

	岩手		宮城		秋田		山形		福島	
	1934年	対平年	1934年	対平年	1934年	対平年	1934年	対平年	1934年	対平年
４月	7.6	−0.6	7.1	−1.7	7.2	−1.2	7.3	−1.7	8.8	−1.5
５月	12.2	−0.2	13.6	+0.4	13.2	0.0	15.0	+0.7	15.9	+0.9
６月	17.4	+1.5	18.7	+1.5	18.5	+0.5	19.9	+0.9	20.8	+1.7
７月	18.1	−2.0	19.7	−1.5	20.9	−1.2	21.6	−1.4	21.7	−1.4
８月	20.9	−1.4	22.0	−1.3	21.8	−2.1	22.4	−1.7	23.4	−0.8
９月	17.4	−1.1	18.9	−0.9	18.9	−0.3	18.8	−0.6	19.5	−0.6
10月	11.7	−1.0	12.0	−1.5	11.5	−1.2	10.9	−1.6	12.2	−1.4

（注）岩手県は宮古、宮城県は石巻の各測候所の観測による。

表２　宮城県各月雨量と対平年差

（ミリ）

	４月	５月	６月	７月	８月	９月	10月
1934年	95.3	113.2	235.5	215.4	202.8	196.5	76.8
対平年	−47.6	+0.6	+123.5	+93.5	+85.2	+33.6	−48.0

表３　1934年東北各県日照率

（％）

	青森		岩手		宮城		秋田		山形		福島	
	1934年	対平年	1934年	対平年	1934年	対平年	1934年	対平年	1934年	対平年	1934年	対平年
４月	53	+6	52	+2	47	−3	50	+7	44	−1	49	+1
５月	39	−9	39	−10	56	+7	47	−2	45	−3	49	+2
６月	40	−2	43	0	45	+7	36	−12	41	−2	46	+11
７月	41	+2	23	−18	23	−16	35	−6	23	−14	23	−16
８月	39	−7	35	−16	34	−17	37	−18	33	−17	38	−6
９月	45	−2	29	−12	25	−16	43	−6	22	−15	25	−12
10月	48	0	44	−8	47	−3	48	0	37	+1	38	−4

（注）岩手県は宮古、宮城県は石巻の各測候所の観測による。

この青森県の気温推移の傾向は青森県のみでなく、東北各県で地域差はあるものの大勢としてはほぼ同様の傾向を辿っていたことは、次の表[5]がよく示している（表1）。また前述したように異常気象をもたらした要因による梅雨のような低気圧が東北地方上空に停滞したため、長期間冷雨が降り続いた。とくに青森県及び福島県南部、岩手県・秋田県・山形県の山間部、そして宮城県全域の降雨量が著しかった。具体的には宮城県（石巻測候所）の場合、各月の雨量並びに対平年の雨量差は、次の通りである（表2）[5]。「宮城県ニ於テモ七月八日カラ霖雨打続キ、八月上旬マデ降水量多カッタ。八月一〇日カラ漸ク天候ガ、恢復シタガ、八月下旬乃至九月中旬ニ再ビ降水多ク稲作ハ著シイ害ヲ蒙ッタ[6]」という状況に陥った。

寡照（日照不足）も大きな影響を与えた。日照率について言えば、四月〜六月の三カ月は県によりその気候条件により差異があったものの、稲作の生育に直接的に影響を与える七月〜一〇月に至る時期は、青森県の七月及び山形県の一〇月を除き、他は全般的に平年に比して著しい不足を示していた。そのことは次の日照率表（表3）[5]をみれば明瞭である。

一九三四年の夏期におけるこのような東北全般の低温、多湿（降雨）、日照不足は伸長期にある稲の生育を著しく阻害し、出穂開花期を遅らせ、病虫害の発生が生じ、そのため稔実《ねんじつ》を不良にし、収穫量を大幅に減少させていった。冷害凶作といわれる所以はそこにあった。その気象と稲作（とくに出穂開花期と稔実期）との関係をやや詳しく述べると次の通りである。八月中旬以降雨天が多く日照不足が続くと、気温が一段と低下し冷気が厳しくなる。それに伴い稲の出穂は著しく遅れ、そのため全く出穂せず、または出穂するものの稔実することなく青立ちとなるものが続出した。そしてその天候の異常により稲熱病《いもちびょう》が各地で発生し致命的被害を蒙った。さらに成熟期の九月に入ると冷期はさらに厳しくなり、稔実不良や成熟遅延がみられ、その上九月上旬の台風襲来により潰滅的惨状を呈し、一〇月に入っても依然として平年よりもさらに気温低下、日照不足に見舞われ、その結果歴史的な大凶作とそれに伴う東北農村の疲弊問題が大きくクローズ・アップされていった。

（二）その大凶作による潰滅的な被害実態

一九三四年の東北大凶作の原因は、当然のことながら先述したこの年の異常気象（「天災」的要因）によることは言うまでもない。しかし、政府機関（内務省社会局）自らもこの大凶作の原因について、「単ニ自然的原因ニノミ帰スコトハ不当デアル」と断言し、そして「異常天候ニ対スル農家ノ抵抗力ヲ皆無ニ近カラシメテ居ル。更ニ根本的原因トシテノ東北地方農業経営ノ原始性トイフ技術的原因及其ノ基盤ヲナス社会経済的原因ノ考察ガ特ニ必要デナケレバナラナイ」[7]と特に強調している。

東北農村の〝疲弊〟と言う場合、農村の階層的構成の内実や窮乏の具体的実相について曖昧な表現で社会経済史的概念からすると問題が残る。ともかくその〝疲弊〟・窮乏の根源的解明なくして、東北大凶作問題が国政上の政治課題となった理由は説明できない。このような問題意識のもとで、次に冷害・凶作がいかに農民の生活・生産に潰滅的な打撃を与え、それがいかに深刻な社会的問題になっていたかを、考察することにしたい。

なお注記すると、分析とする対象は主として甚大な被害を受けた農民（特に中小農民）であるが、大凶作の影響は農村に居住する農業以外の他の業種（例えば山林従業者・日傭労働者・小商店主など）の人々も実は貧窮民となっている実態もある。農民以外のこれら他業種の生活者の問題は特に論じないが、問題意識の中に常にあることを念のため記しておきたい。

（ア）東北各県別の稲作減収高と減収率

『農林省統計表』によれば、一九三四年の「米収穫高ならびに反当収穫高」（比較のためにその前年度分も併載）は、次の通りである。表4の一九三四年度の大凶作時の米収穫高を東北各県合計でみると、前年度との比較で約五五五万石（一石は約一八〇リットル）の大幅減収であるが、それは前年度比で約半減（五二・七パーセント）という激減である。それは北海道の減収率五五・二パーセントにほぼ比肩すべき数値であるが、全国計のそれの七三・二パーセント

表４　1933・1934両年度の米収穫高ならびに反当り収穫高

（石）

	収穫高			反当収穫高		
	1933年度	1934年度	減収高	1933年度	1934年度	減収率（％）
北海道	3,217,252	1,774,896	1,442,356	1.665	0.913	45.2
青森	1,419,370	598,413	820,957	2.073	0.871	58.0
岩手	1,327,788	514,850	812,938	2.219	0.853	61.6
宮城	2,165,900	1,142,922	1,022,978	2.296	1.190	48.2
秋田	2,221,911	1,522,832	699,079	2.095	1.437	31.4
山形	2,300,407	1,129,240	1,171,167	2.443	1.193	51.2
福島	2,280,764	1,261,386	1,019,378	2.286	1.253	45.2
（東北計）	11,716,140	6,169,643	5,546,497	2.235	1.133	49.3
全国計	70,829,117	51,840,182	18,988,935	2.232	1.634	26.8

（注）反当り収穫高の東北計・全国計は各平均を示す。
（出所）第10・11次各『農林省統計表』。

という対前年度割合（収穫高）に比べると、その被害の激甚ぶりがわかる。

そして一九三四年度の収穫率を東北各県別でみると、岩手県の三八・八パーセントと前年作の三分の一近くの収穫高にすぎずその惨減ぶりは実に深刻である。次いで青森県の四二・二パーセント、山形県の四九・一パーセント、宮城県の五二・八パーセント、福島県の五五・三パーセント、秋田県の六八・五パーセントとつづく。一反（約一〇アール）当収穫高の減収率も岩手県の六一・六パーセントを最高に青森県・山形県・宮城県・福島県・秋田県の順に並んでいる。同じ東北地方にありながら大きな差異ができたのは、前述の異常気象の特異な襲来の仕方による。つまり湿気を含んだ寒冷な大気流がオホーツク高気圧に押されて主として太平洋地方に流入しかつ長期にわたって停滞したため、太平洋沿岸地域は冷害大凶作の直撃を受けその被害も甚大なものとなった。なお太平洋に面していない山形県の山間部や福島県会津地方山間部の被害が激甚となったのは、東北地方を東西に分ける脊梁の奥羽山脈の山麓部に、山脈の峠などの比較的低位置の鞍部を通して寒気団が一気に流れ込んできたことによる。具体的には表５の各地である。

表5　各県水稲平均減収率ならびに主な減収激甚地域

（%）

青森県	岩手県	宮城県	秋田県	山形県	福島県
（県平均 47）	（県平均 58）	（県平均 45）	（県平均 24）	（県平均 40）	（県平均 37）
下北郡 79 上北郡 73 三戸郡 73 八戸市 70 東津軽郡 66 青森市 60	九戸郡 99 下閉伊郡 91 上閉伊郡 88 気仙郡 81 二戸郡 79 東磐井郡 74 和賀郡 72 岩手郡 61	本吉郡 85 玉造郡 61		最上郡 73 北村山郡 60 西置賜郡 60	南会津郡 74《ママ》

（注）主な減収郡市別は減収率60%以上。なお、減収率は前５か年平均収穫高対比。
（出所）帝国農会『東北地方農村に関する調査・凶作篇』、７・８頁。なお内務省社会局『調査資料』第16号75頁によると、福島県南会津郡の減収率は83%となっている。

（イ）東北各県水稲減収率と減収激甚地域

各県（秋田県を除く）とも県内外地の被害状況（減収率）は一様でなく、とくに太平洋沿岸部の郡・市は甚大である。例えば表5で下線（――）を付した岩手県の九戸・下閉伊・上閉伊・気仙の各郡や宮城県の本吉郡で、中でも九戸郡に至っては収穫皆無に近い。点線（------）を付した各県の各郡・市もほぼ同様の地理的条件のもとにあるが、岩手県の和賀郡、山形県の最上郡、福島県の南会津郡は共に奥羽山脈の山間部、山麓部にある地域である。

（ウ）減収激甚地域の惨状実態

表5の表にある岩手郡葛巻町（北上高地にある町）を例に、その被害の実態をみることにしたい。葛巻町は一九五五年に岩手郡江刈村と二戸郡田部村と合併してできた町で、合併以前の一九三四年の村の「報告文書[8]」にはその大凶作の惨状を次のように伝えている。

「本村ハ（中略）耕地僅カニ八六〇町歩（一町は約九九アール）ニ過ギザルニ反シ、山林原野ハ一万三千町歩アリ、シタガッテ農民ノ多クハ田畑ヲ耕作スルノ外、牧畜・製炭等ヲ業トシ、食糧ニハ殆ンド稗ノミトスル者多ク（中略）。然ルニ本年ハ凶作ノ為メ米ハ殆ンド収穫皆無、主要食糧ナル稗モマタ三分作ニシテ、林産物ナル栗・楢実・栃等モ結実セズ（中略）、農民ノ多クハ食ウニ糧ナク、求ムニ金ナク、今ヤ全ク窮地ニ陥リ、欠食児童ノ数モマタ日ニ日ニ増加ノ傾向ニアリテ、誠ニ同情ニ堪エザル惨状ヲ呈シツツアリ」。村全体が潰滅的被害を受けた岩手県の一寒村のこのような実態は、東北各地農村の疲弊状況の実相をよく物語っている。県全体や郡全体の被害の把握と共に、さらに村や集落の末端に至るまでその窮乏実態を深く理解することなしに、大凶作被害の依って立つ根源を究明することはできない。

次に山形県でも最も甚大な凶作の被害地である最上郡地方について、その惨状を紹介し考察したい。この被害の中枢地である東小国村（現最上町）について『最上町史』下巻は次のように記述している。「昭和九年は、宝暦五年、天明三年、天保四年の藩政期の三大凶作にひってきするほどの大凶作になった年である」[9]。山形測候所の調査では、七月に「特に日照激減して累年中第二位の寡照となる（中略）、最上庄内地方の降雨総量は概ね平年に倍加せり、河川水温の著しく過低なること亦近年未曾有の現象」[10]と特筆している。

その結果、一九三四年一〇月一日現在の最上郡全体の平年（前五ヵ年平均）の収穫高に対する減収割合七一パーセントにも及び、減収見込数量は約一三万石、損害額は約三三一万円に達した[11]。これらの被害数値は県内一五都市中第一位で、減収割合の七一パーセントは県内最大の大凶作激甚地域であった。そして中でも西小国村と東小国村に至っては、減収割合は西小国村の七九パーセント、東小国村の七六パーセントと、最上郡内一九町村中、角川村の九九パーセントなどに次いで第五位と第六位であった[12]。もともと林野面積が圧倒的でかつ農業生産性の低い上に、昭和恐慌の襲来と相つぐ凶作（特に一九三一年）のダメージによって、この両村は極度に貧窮化していたので、一九三四年の大凶作は住民たちの生産と生活を潰滅的状況に追い込んでいった。このように累積された凶作の連続と昭和の農業恐慌の連鎖の上に、襲来したこの年の大冷害・大凶作がその被災のレベルを激甚なものにしていった（その結果としての、全国的にも〝有名〟となった両村の娘身売りの悲劇については、後述する）。

表6　窮民調査結果（青森県）

（数）

調査町村数	調査戸数	窮乏戸数内訳							要救済戸数
		農家	うち小作者	魚家	林業	日雇	其他	計	
158	144,934	30,202	16,993	3,243	815	9,747	334	44,341	12,187

表7　自小作別飯米不足状況（福島県）

（戸・%）

飯米欠乏農家数	農家総数ニ対スル同左割合	飯米欠乏農家内訳		
		自作	自小作	小作
72,448戸	50.1%	9,859戸	27,100戸	35,489戸

(三)「窮民」調査結果とその窮乏状況

大凶作は耕作農家を直撃したことは言うまでもないが、窮乏は農民のみならず農村に居住する様々な業種に従事する人々の生活にも、深刻な打撃を与えた。いわゆる「窮民」(極度の貧困に喘ぐ人々)の窮乏状況を、青森県が調査した結果[13](一九三四年一一月)が、次の表6である(なお、調査は県内一一郡市別にまとめられているが、ここでは青森県全体の数値のみを掲げた)。この表6によれば調査全戸数のうち窮乏戸数は三〇・六パーセントを占めており、そのうちの二七・五パーセントが要救済戸数である。そして窮民戸数中の農家の割合は六八・一パーセントと圧倒的であるが、日雇が二二・〇パーセントも占めていることは注目される。小作人にもなりえない(つまり耕作する土地もない)「極貧民」が底辺に滞留していることを意味している。なお、窮民農家中、小作者が占める割合は五六・三パーセントであるが、その残りの四三・七パーセントと少なくない一定の層は自小作農や自作農を意味し、これらの農民層にも強い被害を与えていると考えられる。

窮乏の具体的な内容で最も大きな要素を占めていたのが、飯米窮乏であり、その外日常食・衣服・住居・嗜好品などの衣食住である。そのことに関して農家の階層別の飯米不足についての福島県調査(一九三四年九月現在)[14]を紹介したい。この表7によれば、飯米不足の階層別状況は、自作農が一三・六パーセント、自小作農が三七・四パーセント、小作農が四九・〇パーセントの割合であることがわかる。なお、一九三三年度の福島県の農家戸数は一四

表8　窮民飯米不足原因（青森県）

（戸）

調査全戸数	窮民戸数	うち農家	飯米窮乏戸数	窮乏の原因					
				耕地ヲ有セザルニ因ルモノ	耕地不足ニ因ルモノ	販売米過ギタルニ因ルモノ	小作料ノ取立ニ因ルモノ	負債償還シタニ因ルモノ	其他ノ事由ニ因ルモノ
144,934	44,341	30,202	49,046	15,087	15,529	2,705	3,471	4,691	7,563

万二八九二戸で、うち自作農家は四万八一八七戸、自小作農家は五万二六三一戸、小作農家は三万八二三六戸で、合計一三万九〇五四戸である。そのことから大凶作年の飯米欠乏農家の階層別割合は、自作農が二〇・五パーセント、自小作農が五一・五パーセント、小作農が九二・八パーセントであることがわかる。たしかに窮乏民のなかで農家の占める割合は圧倒的に高いが、そのなかでもそも生産と生活の困窮度が慢性的に深刻な小作農が、いかに全般的に潰滅的に直撃を受けているかを示している、異常な数値（約九三パーセント）である。

その窮民の飯米不足原因についての青森県の調査（一九三四年六月現在[15]）の結果が、次の表8である。表8によると、窮民の飯米不足（窮乏）の原因の第一は「耕地不足ニ因ルモノ」（三一・七パーセント）であり、次いで「耕地ヲ有セザルニ因ルモノ」（三〇・八パーセント）と、貧農層の耕地の有無やその面積の過少問題が決定的要因（合わせて六二・五パーセント）である。さらに「小作料ノ取立ニ因ルモノ」（七・一パーセント）や「負債償還シタニ因ルモノ」（九・六パーセント）を含めると、小作人層の地主に対する小作料滞納問題や小作地取立問題などの生産破綻という、深刻な事態がそこにある。飯米不足の原因が耕地問題が中心であるだけに、零細貧農層の緊急の死活問題となり、その当面の打開策として採られたのが、県外出稼ぎ、娘身売り、欠食児童の続出という社会政策上の重大問題を生み、さらには夜逃げ、自殺、そして小作争議の多発という社会の根源にかかわる深刻な事態が展開していった。

したがって一九三六年八月の秋田県仙北郡一一町村長連名の東北振興事務局長宛の陳情書[16]には、多くの窮乏民が苦難に陥っている現実を踏まえて次のような内容が述べられている。「最近毎歳襲ハレタル冷水害ハ其ノ収穫ヲシテ益々逓減ノ惨状ニ趣カシメ生計ノ資力全ク枯渇シテ飯米ノ窮乏ヲ告ケ甚シキハ子女ノ身売ヲナシテ之レカ補ヒヲナスモノスラ生スルニ至レリ為メニ農民ノ離村スルモノ続出シ亦公課金ノ滞納相次キテ町村自治体ヲシテ危殆ニ導クニ到リ延イテハ思想上ニモ由々敷影響ヲ及ホスヘキハ火ヲ睹ルヨリモ瞭カナリトス」。窮乏民の多数の出現は、今や市町村の存立そのものが危機に瀕し、さらに思想上体制批判の深刻化を恐れるに至っている。こうして大凶作に基因する窮乏民の飯米不足問題が準戦時体制の基盤の危機をもたらす懸念を、現地の町村長らは強くいだいていたのである。一九三四年の大凶作問題は単なる一東北地方の災害問題ではなく、体制の基盤を根底から問い直す社会問題として噴出していったことは、改めて後述する。

(四) 飯米欠乏農家の飯米調達方策

これまで述べてきたように、飯米欠乏農家の大半は小作農・貧農層で、飢え死にしないための最低限の食糧確保にあらゆる努力を傾けた。東北地方の農家(なかでも小作農・貧農層)の日常的な食生活は貧しかった。青森県南部地方や岩手県では平素から雑穀との混食であったし、秋田・山形両県では蕨根の澱粉餅・山牛蒡の菜の団子・栃餅を常食とする貧しい農家が多かった。また麦・稗・粟・甘藷・大根・大根葉等を白米に混用した農家も少なくなかった。このような平年の貧しい食生活に、稲作収穫高五割減(なかには皆無)の大凶作が襲ったのである。したがって家計の上で最も中心的な食生活は極度に乏しくなっていった。例えば一九三四年三月現在の岩手県気仙・上閉伊・下閉伊各郡の「農家主食物混食調査票」[17]によれば、調査戸数八二戸のうち、主食としての「米」の常食は三戸のみで、米との混食の例として「米ト稗麦」が五三戸、「米ト稗」が一三戸、「米ト麦」が三戸、「米ト稗麦粟」が二戸で、他は「稗ト麦」が八戸である。そして副食の調査によれば、三食とも「味噌汁のみ」の農家は三五戸、朝夕共に「味噌汁付で昼食は「漬物のみ」の農家は二五戸で、合わせて六〇戸と大半を占めている。

次いで一九三四年一一月の山形県西村山郡内のY尋常小学校一年生四二名の「児童弁当調」[18]によれば、主食は大根飯の二一人、麦飯の九人、甘藷飯の四人、小麦飯の三人、粟飯の一人で合計三八人（九〇パーセント）で、白米飯は四人のみにすぎない。さらに副食別にみると、「菜漬」一四人、「味噌」六人、「甘藷」五人、「蕪漬」三人、「豆腐殻」・「味噌漬」各三人の合計三四人で、「魚付」は八人にすぎない。こうしてこの年の大凶作に対する防衛策として、まず食生活を切り詰めることが第一であった。

窮乏農家にとっていくらこのような防衛策を講じても限度があるので、次に飯米を少しでも調達する方策として様々な調達法にすがっていった。その実態をよく示している資料に一九三四年六月現在の「農家飯米不足補填方法」[19]（青森県）がある。調査市町村数は県内一一郡市の一五六で、飯米欠乏農家は三万七〇四八戸に達している。その不足飯米調達方法は次の通りである。「郷倉ノ利用ニ依ル」が四七七七戸（一二・九パーセント）、「地主等ノ借入ニ依ル」が八八六五戸（二三・九パーセント）、「商人ヨリノ前借金ニ依ル」が四二八一人（一一・六パーセント）、「労銀其他ニ依ル」が一万七五七二人（四七・四パーセント）、「市町村ニ於テ救助スル外ナキモノ」が一五五三人（四・二パーセント）である。つまり、飯米欠乏農家の約半数が労賃その他の収入によっているのである。当然のことながら本来農家は農業で自らの生計を立てるべきであるのに、それが維持できない程窮乏しているので、止むをえず農外労働に従事せざるをえないのである。この賃労働者化は、後述する農民の出稼ぎ問題と深くかかわっていた。次に地主及び商人からの借入によって不足飯米を得ている点（三五・五パーセント）は、零細農家の地主・商人への隷属化（「債務隷農」化）への道をますます深めていく結果をもたらした。そしてそのことが、伝統的な農村の保守的な社会秩序を強化することにも繋がっていった。

また、福島県における「飯米補給状況」[20]によると、その借入先は多岐にわたっており、しかも高利であることが多いのは、その窮乏ぶりの厳しさの反映でもあった。例えばA「高利金ノ借入ニ依ル買米」は、親族などを保証人として地主または有力資産家から年三割の高利で借入するケース、B「青田ヲ抵当トスル籾ノ買入」は、収獲時に必ず返還する条件で籾を借入するケースで、返還の際には約三割の利子を納入する。もしも翌年も凶作で不納の場合は農地を差し押さえられ、そして土地は取り上げられて耕地なしの極貧農に転落してしまう。C「夏秋繭収益ニ依ル買米」は、当時多くの農家は副業として養蚕を営んでいたが、予想外に不良であった場合や繭価の暴落にあった場合、凶作時の被害共々ダブル・パンチを蒙ることになる。D「柿実ノ前売ニ依ル買米」、E「山林ノ土地ノ売却」、F「林産物（茸・蕨など）ノ売却」、G「河川漁獲物ノ収利」、H「家畜飼育養収益」、I「妻女ノ家内工業（手繰製糸）」、さらにはJ「労働力ノ前売」があり、これは農閑期に事業者に必ず労働することを約束して、その労賃の一部を前借するケースである。いずれも本来の農業労働力以外の労力提供で前借りまたは売却収益を得る様々な方策であるが、前述したように地域の有力者にすがるケースは封建的従属を強める結果が多い原因となった。

（五）累積する負債の増大

農民の負債はそれにとどまらない。農業再生産のためには、肥料・種籾・農機具などの購入費用の捻出にも多くの費用を要する。そもそも凶作激甚地は担保能力が低いので、各種負債は穀倉地帯に比してその金額は限られていた。そこにこの年の大凶作でこれまでの負債（利子も含む）の返済は不可能となり、負債はますます累増していった。特に担保能力の低い小作農・貧農層はさらに窮地に陥れられてしまう結果となった。

一九三三年八月調査の「負債原因調査[21]」（宮城県）によれば、負債理由として、専業農家中「生活維持」をあげたのが、地主兼自作で一三・八パーセント、自作で一八・三パーセント、自作兼小作で一五・六パーセント、小作兼自作で一八・四パーセントであるのに対して、小作が三四・〇パーセントと特に高い。その外「不慮ノ災害」を含めると六四・〇パーセントと、これらが小作人の負債原因の大半を占めている。この調査年は大凶作の前年で、しかも専業農家のみの調査であることを考慮すると、兼業農家を含めての小作農民や耕地なしの貧農（日雇）の一九三四年時の惨状については、想像するに余りあるといえよう。

その負債の借入先を知る上で、次の「借入先別農家負担状況[22]」（青森県）が参考になる。それによると、借入先割合を負債総額でみると、産業組合七パーセント、頼母子講二二パーセント、個人三九・五パーセント、銀行二八・二パーセント、地方自治体三パーセントとなっている。なお、この数値は農民各階層別の分類となっていないが、特に留意すべきは身近な庶民金融からの借入が圧倒的に多い点である。これらに頼る階層は金融的信用度の低い小作農・貧農層と推定される。

当時の東北各県の各種金融機関は、日本勧業銀行や農工銀行の各支店、普通銀行・貯蓄銀行の各本支店のほかに、信用組合（一三〇九店）、無尽会社（一五九店）が存在していたが、圧倒的に多いのは身近な「頼母子講」（三万〇七一七）である。(23) 近代的金融機関としての銀行は、主として土地所有者や商工業者によって利用されており、無尽会社の活動範囲も銀行同様都市部に限られていた。また信用組合は一応農民の自主的金融機関となっているものの、本質的には中農層以上の金融機関と化していた。このような状況のもとで農村の庶民金融機関として最も利用していたのは頼母子講と個人金融であった。頼母子講は、農村の幇助的金融組織で一般的には窮乏農家が多く加入し、債務の返済などの際には容易で利便性がある。ただし金利は市中の金融機関よりは高く、二割から三割を超える場合もある。そのため農村不況・凶作の際には利用者が殺到し利子が高騰し、その結果皮肉にも貧窮農家の金融機関である頼母子講に頼る小作人らの窮乏農民の負債を累積させ増大させる結果ともなった。このように小作人や貧農などは、頼母子講〝地獄〟から抜け出しえない悲劇を繰り返すことになった。

さらに庶民金融の一つとしての「個人金融」の問題があった。それは高利貸的個人金融で、窮乏民にとって頭を下げつつも手っ取り早く一定金額を融通できる利便性があった。しかし法外の高利と苛酷な取り立てに晒された。期限内に元利を返済できないと、担保物件は債権者に取り上げられてしまうことは、耕作農地などを売却することと同じことであった。利子は高額で一般的に二割程度であったが、中には年四割にも達する極端な例もあったといわれる。貸し主である高利貸的個人は、多くは地主（また上層自作農）や商工業者などで、職業的高利貸で暴利を貪ることが多いといわれる。大凶作によって彼らはますます利殖を増大させた一方、累積する多額の負債に苦悩する窮乏民が大量に出現した。この悲惨・苛酷な東北農村の疲弊問題の実態の早急かつ抜本的な解決策こそが、国の政策上の救済策の中心課題といえよう。後述するように、国策としての「東北振興政策」の中心的課題は、この根底にある問題の解決なしにはあり得ない。

(六) 離村・出稼ぎ、娘身売りの問題

積年の疲弊とさらに追い打ちをかけたこの年の大凶作によって、窮乏農民らは様々な脱出策を模索しつづけたが、いずれも根本的な打開策とはなりえなかった。そうした中で苦悩の末最後の悲痛な決断として、離村や出稼ぎだけでなく、可愛い自分の娘の身売りをせざるをえない事態があった。これらはこれまでも窮乏村を中心に見られた社会問題であったが、この大凶作によって一気に増大していった。なおここでの離村とは、負債のため身動きがとれず夜逃げ同然に秘かに離村脱出をするケースも含まれていた。またこの段階での出稼ぎは、先の離村脱出とは違って帰郷するものの、北海道や関東圏などでの厳しい労働環境のもと重労働・低賃金で働き、しかも長期間(なかには数年も)にわたるケースが多かった。

青森県調査の「細民離村原因」[24](調査年は「最近」とのみ記入)によれば、県全体で「一家離村」が七五三人で、その原因は「窮乏」が四〇七人、「耕地喪失」が二六人、「負債」が一七五人、「生計転向」が一〇五人となっている。このことから「一家離村」の原因の実態がよくわかる。

その出稼ぎ数に含まれず、かつ最も注視すべきことは出稼ぎ女子(娘身売りも含む)問題である。一九三四年九月現在の「北海道及東北六県出稼女子調」[25]によれば、その実態(統計)は次の通りである(ただし北海道は省略)。この表9で注目すべきは、一部未記入の欄があるので正確ではないものの、(A)合計数では福島県が突出している。それは県内の製糸工場で働く「女工」や都市部での「女中・子守」が多かったからである。ただし山形県の「女中・子守」・「女工」・「其他」の欄が未記入であるので、山形県は第一位である公算は高い。(B)「芸妓」から「女給」まで

表9　東北6県出稼女子調

（人）

		芸妓	娼妓	酌婦	女給	小計	女中・子守	女工	其他	計	合計
青森県	県内	137	234	512	666	3,224		141	1,809	3,499	7,083
	県外	268	616	512	279			1,286	623	3,584	
岩手県	県内	64	28	342	450	1,625《ママ》	1,678	1,678	395	4,680	7,298《ママ》
	県外	69	136	305	211		714	941	242	2,618	
宮城県	県内	79	104	610	363	2,655	2,498	1,144	417	5,215	10,961《ママ》
	県外	149	416	654	280		1,362	2,202	684	5,747	
秋田県	県内	121		420	407	3,133	2,105	168	385	3,606	11,182
	県外	317	876	595	397		1,793	2,845	753	7,576	
山形県	県内	530	507	1,963		7,075				3,000	7,075
	県外	588	1,878	1,609						4,075	
福島県	県内	285	154	714	668	4,015《ママ》	4,910	5,200	2,052	13,983	24,977
	県外	278	621	730	563		3,462	3,911	1,429	10,994	
東北6県計	県内	1,216	1,027	4,561	2,554	21,705《ママ》	11,191	8,331	5,058	33,983	68,576《ママ》
	県外	1,669	4,543	4,405	1,730		7,331	11,185	3,731	34,594	

（注）空欄は原資料での未記入による。

表10　婦女子出稼地調（山形県）

（人）

	道府県	芸妓	娼妓	酌婦・雇女	計
1	東　京	49	910	728	1,687
2	福　島	25	37	200	261
3	宮　城	19	32	175	225
4	神奈川	12	111	99	222
5	秋　田	23	9	81	113
6	愛　知	47	50	13	110
7	新　潟	19	67	23	109
（以下略）					
合　　計		249	1,440	609	2,388
山形（県内）		530	507	1,962	2,999

の各欄でいえば、山形県が圧倒的に多い（「女給」欄が未記入であるにもかかわらず）。（C）特に「娼妓」と「酌婦」についていえばこれまた山形県が突出している。（D）その山形県の場合、「県外」での娼妓数は、「県内」の三・七倍に達している点は、東京の遊郭に数多く送出されていた実態を反映している。なお一九三二年末現在の警視庁調査[26]によれば、東京管内の娼妓中の山形県出生者は一一四九人（一五・二パーセント）と、断然第一位を占めていることが、このことを証明している。（E）秋田県は合計数で二位であるが、特に県外の「女工」と「娼妓」の多いことが目立つ。なかでも県外の「娼妓」は、先述の警視庁調査の「娼妓」の出生県数が、山形県に次いで第二位であることに照応している。（F）一般的に「芸妓」・「娼妓」・「酌婦」・「女給」の就業地は、県内外を問わず都市・港町・温泉街が多い。また「女中・子守」・「女工」は娼妓などに転落するケースも少なくない（娼妓予備軍とも呼ばれる所以である）。これら「芸娼妓」らは一九三四年の大凶作によって激増していった。そして「娘身売り」の急激な増加にほぼ対応している（ただし娼妓として客の前に出るには、三年程要する）。

なお一九三四年六月現在の山形県の「婦女子出稼地調」[27]によれば、山形県出身者の「娘身売り」先は次の通りである。表10によると、圧倒的に東京での就業者が多い。首都東京では数多くの遊客に応じた公娼（または私娼）の数が必要であったし、また地方に比して〝玉代〟が高かったことから東京に集中した。同時に遠い東京へ可愛い娘を売らざるをえなかった山形県の貧農層の極度の窮乏ぶりの反映でもあった。なかにはさらに遠い朝鮮や樺太などの植民地に少数ではあるが流れていった人たちもいた。

なお東北四県の「婦女子原因別出稼状況」[28]によれば、出稼ぎ原因の中で「経済的原因」は、青森県で二四〇七人（七五パーセント）、宮城県で九三二七人（八五パーセント）、秋田県で八四九三人（七六パーセント）、福島県で二万一一九八八人（八五パーセント）で、その理由の大半を占めていた。さらに「周旋屋ノ勧誘」を理由にしていたのは、宮城県で二五〇人、秋田県で九九〇人、福島県で六七八人がいた（青森県は未記入）。これを加算すると宮城県で八七パーセント、秋田県で八五パーセント、福島県で八八パーセントと、出稼ぎ理由のほとんどであった。歴史的大凶作のもと、農作物被害の甚大性と娘売りの激増が強い連関性を持っていることをうかがわせる数値である。

娼妓の最も多い出身地山形県（先述した警視庁調査によると全国二）の中でも、県北最上郡地方は、当時の新聞に「乙女のゐない村」とまで喧伝されたが、一九二九年調査[29]で郡内一九町村合計で「娼妓」二五六名、「芸妓」五八名、「酌婦・雇女」二四〇名、計五五四名いるとしていた。それが大凶作の一九三四年調査[30]では、「娼妓」三五五名、「芸妓」一五〇名、「雇女」二七九名、計七六四名と急増していた（しかも「酌婦」の項はない）。そして最上郡内で「娼芸妓」などの最も多い東小国村の場合、一五～二四歳の女子数六二四名中一〇五名（一六・八パーセント）がこうした〝苦界〟に身を沈めていた。また同郡堀内村に至っては実数は三四名であるが、先述の年齢層の中での比率は何と二七・六パーセントと三分の一近くにも及んでいた。一九三四年の大凶作による疲弊の深刻さをまさに実感させられる数値である。当時の山形新聞[31]は、その娘身売り先について、「東京三三五、山形一五九、神奈川六二、愛知六一、宮城五七、新潟四九、静岡二六、栃木一六となっており、遠く満州、台湾、関東州にも行ってゐる。東京では吉原が断然多く、亀井戸、玉井の両私娼窟がこれに次いで多く（中略）、宮城県では石巻方面が相当数に上って居る」と報じていた。

さらに女子の出稼ぎの実態については、職業紹介事業協会青森県支部の『東北の窮乏と身売防止』[32]が参考になる。そこに収録されている一九三四年八月の各県警察部長名の調査[33]によれば、東北地方の女子出稼ぎ者数は六万七七八四人で、「其の内明瞭な身売り即ち芸妓、娼妓、酌婦の数は夫々二五四六人、五一六二人、八九六五人、計一万六六七三人即ち東北女子総出稼数の四分の一を占めて居る。然し女給の四二八四人の如きも略々之に類すると見れば二万を超え総数の三分の一に近くなる」。しかもさらに注目すべきは「他の女中、児守又は女工と云う名前で連れ出されて、事実は醜業に強ひらるるに至って居る者が東北では極めて多いことである」、「幾ら東北の農村でも初めから娼妓にと云って周旋される者は割合少ない。然し悪周旋人が一度手掛けて女中となし女工となした者は結局醜業婦に迄転落させられるのが極めて多い」との指摘は、その実態を知る上で深く考えさせられる。女中・女工らを含めてこのような

表11　凶作に因る要救済児童状況（岩手県）

（人）

昭和８年度	昭和９年４月１日	昭和９年11月１日	昭和10年２月	学用品、被服等要給与児童数（昭和９年11月現在）
給食児童数	給食児童数	給食児童数	欠食児童見込数	
5,503	5,660	8,293	18,593	12,214

事実は、娘身売り問題をより広く実態に即して考えるとき実に深刻である。各種統計書の数値は行政的側面から把握したものであるので、それは隠されている実態まで必ずしも深くとらえ切っているとはいえない。上記の指摘を統計資料を分析する上での自戒としたい。

（七）欠食児童問題

大凶作の経済的窮乏による大きな犠牲は、先述の娘身売り問題に象徴されるが、同じく社会的弱者である子どもの健康や生活にも大きな打撃を与えた。その具体例が学童の欠食児童問題である。一九三四年一一月一日現在の岩手県の「凶作ニ因ル要救済児童状況」[34]によれば、次のような数値が示されている。表11によれば、一九三四年四月現在の小学校尋常科給食児童数一五万九六四五名は在籍児童数の三・五パーセントであったが、同年一一月現在では五・二パーセントに増加し、翌一九三五年二月の見込数は一一・六パーセント（対前年四月で約三・三倍）と激増している。なお給食児童数とは「学校給食臨時施設方法」に基づく国庫交付金で、必ずしも欠食児童数とは一致していない。給食数は予算額の制限枠内での執行なので、欠食児童数の要望に応えられないからである。

なお欠食児童数の家庭の多くは、そもそも昼食をとりえない極貧状況にあった。例えば宮城県の場合、一九三四年の一一月現在の要給食児童数は一万一〇二〇名というのに、実際に給食を実施した児童数は僅かに四三六四名（三九・六パーセント）にすぎない。同年一〇月末現在で秋田県の凶作激甚地五四町村（九二校）の要給食児童数は三一一五名に達し、就学児童数の約一割に当る。最も悲惨な例は収穫皆無地である由利郡直根村の欠食児童は就学児童数の四割以上であったといわれる[35]。秋田県の収穫皆無地ではどの子どもたちの顔も黄色く水ぶくれのようになり、学校での欠食だけでなく朝食を抜いて登校して貧血を起こして倒れるものが多かったという。また秋田県山間部の凶作激甚地を調査した東京の栄養研究所のある技師は、「ほとんど四年ごとに凶作に見舞われているので、体力への影響は相当にひどい。野山が雪に包まれると全く食物がない」と報告していた(36)。

欠食児童が数多く輩出したがそれでも登校しているだけでもまだいい方で、なかには一家総出で、毎日のように山野をめぐって木の実や雑草などを代用食とするために、登校できない児童も多かった。山間部の凶作激甚地帯では一人の児童も登校しない小学校もあったといわれる(37)。欠食児童の問題と共に、それ以前に登校できない子どもたちの無残な生活実態にも注視すべきである。大凶作による崩壊寸前の生活状況に苦闘を強いられたことの根本的な要因は、社会経済史的には数多くの小作農や貧農層が存在する土地制度上の構造問題にある。

(八) 衛生環境の劣悪化

先述したように、大凶作のもとでの決定的な食糧不足、食生活の貧しさと栄養不良、そして山野の代用食などによる健康障害が、たちまち子どもたちや大人たちを蝕んでいった。青森県の「細民食糧調査(38)」(一九三四年六月と推定)の結果によれば、生活困難者の食生活がいかに貧困であるかがよくわかる(表12)。生活極貧層として行政から要救済対象の戸数の中で、副食物が塩・味噌のみという栄養不足戸数が二一・六パーセントを占め、さらに欠食する戸数が一五・一パーセントと計三六・七パーセントもいた。そもそもこの層は白米を常食とすることはそう多くない。その上での副食の決定的な乏しさである。

また同じく青森県の一九三四年六月調査の「窮民の生活状態(39)」の中に、「入浴の状況」(表13)と「医療の状況」(表14)が含まれているので、窮民層の生活実態をよく示していることから掲載したい。なお窮民とは、青森県総戸数のうち、無職者・小作農・貧農などの生活困難者(約四万四千戸、県総戸数の三〇・三パーセント)を指す。

この調査結果のように、窮民層の食生活の極度の貧しさは健康にとって極めて劣悪な基礎条件を形成していったが、

表12　細民食料調査（青森県）

（戸）

調査戸数	要救済戸数	副食物トシテ 塩・味噌ノミニ依ルモノ	欠食ノモノ
144,934	12,187	2,633	1,843

表13　入浴の状況（青森県）

（戸）

月に１度	２・３月に一度	年に２・３度	通年入浴せず
4,013	9,468	17,534	13,326

表14　医療の状況（青森県）

（戸）

売薬を備える	売薬全く備えなし	病気に際し医師を招くこと不能	借金をしなければ診察を受けられない	医師の治療を受けずに死亡
36,624	7,717	8,477	23,184	654

それだけでなく入浴状況や医療受診状況はあまりにも劣悪な衛生状態に陥っていることがわかる。表13によれば、信じ難いことであるが大半の人は月に一度も入浴せず、年間通して入浴しない人は窮民の約三割に及んでいることは衛生上驚くべき状況である。通常は大抵農作業後に汗を拭き、水で汚れを流す程度で済ますことが多い。それにしてもほとんど日常的に入浴していない衛生環境はたちまち皮膚病に罹患する可能性が大きく、また細菌に感染する危険性も高い。疫学的にはきわめて劣悪な衛生環境である。

さらに表14からわかるように、巡回売薬人による売薬を常備している（八三パーセント）ものの、一旦病気になる事態が生じた場合には「負債しなければ医師の診察を受け得ない状態」の者は五三パーセントもいて、ついに「医師の治療を受けずして死亡した者」が六五四人にも達している悲劇が生じている。大凶作がもたらす惨禍がここまで残酷な結果をもたらしていた。

この悲劇的な衛生環境をもたらした基礎的前提条件を考察する上で、次の「被害激甚地の衛生状態」[40]（青森県、一九三四年一一月一五日現在）の調査結果が参考になる。調査町村数は県内五郡の四七町村で、調査対象農家はその経済力による階層分類に基づくものである。それによると、「上」の生活家庭では、①米食のみのもの八カ村、②米と稗または粟を等分にしているもの一二カ村、

表15　東北６県における乳幼児死亡数

（人・％）

		０～１歳	１～５歳	死亡実数計
実　　数	東北計	37,429	19,613	57,042
	全国計	268,844	155,364	424,208
千人中比	東北計	284.67	149.17	433.84
	全国計	222.47	128.56	351.03

③米三分と粟または稗を七分にしているもの一五カ村、④米と麦を等分にしているもの一二カ村である。また「中」の生活家庭では、①米三分と稗または粟七分のもの九カ村、②米一分と稗または粟九分のもの一三カ村、③米の微量と稗・馬鈴薯の混食二一カ村、④粟・稗・藁・麦の混食四カ村である。これに対して「下」の生活家庭では、①稗・馬鈴薯・南瓜・大根菜の混合粥食三九カ村、②麦・粟・米の微量と大根・蕪・南瓜菜の混合粥食一八カ村である。

この調査は町村数単位であるので、食生活についての個々の農家戸数は判然としない。しかし大局的な趨勢は傾向としては把握できる。その限定的な範囲内で考えると、「下」の階層はおそらく小作農や貧農層と推定され、その主食がいかに貧困（ほとんどが米なしの雑穀や野菜などの混食）であるかが明瞭である。そしてその階層間の格差がいかに大きいかもあまりにも明白である。「上」の食生活でさえ「被害激甚地」の町村に居住しているだけに、他域の「上」と比較すると、おそらく「粗食」のレベルではなかろうか。こうした地域性と階層性の中での格差の大きさは、「被害激甚地」の衛生状態の極度の劣悪化に直結し、さらに医師による治療もなしに死亡していく残酷な事態をも招来したと思われる。

そのことは最も脆弱で抵抗力の少ない乳幼児の健康、そして死亡についても、同様のことがいえる。次の表15[41]は、一九二九年から一九三三年に至る五カ年の乳幼児の死亡数と死亡率であるので、直接一九三四年の大凶作の実態を示している表ではない。しかし東北地方特有の衛生問題を考える際の一つの参考となるデータである。

東北地方特有の傾向として、全国に比して婚姻の頻度が高く、かつ早婚であるために出生率も高い。この統計期間の五カ年平均での東北六県の出生率（千人あたり）は三八・六と全国平均より六・二ポイントも高い。またこの期間中の平均死亡率は全国平均の一八・五よりも一・三ポイント高い。この死亡率の比較的高い理由は、乳幼児の死亡が特に高率のためである。この表でみると、生後一歳未満の乳児の死亡率は東北地方では全国平均と比べ六二・二〇ポイント（千人あたり）も高い。五歳未満から一歳までの幼児についても二〇・六一ポイントとやや高い。したがって東北地方の「乳幼児」全体の死亡率は全国平均に比して、実に八二・八一ポイント（千人あたり）も高い驚くべき異常な数値である。

乳幼児の保育環境自体もそもそも劣悪であるが、それ以上にその生育過程での死亡数と死亡率のきわだった異常な高さは、東北地方の生活基盤の苛酷さの反映である。内務省社会局の『調査資料』第一七号には、乳幼児の死亡原因について次のように記述している。「妊婦及産後ニ於ケル母性ノ栄養不良ハ延イテ児童ノ発育ノ成長及健康ニ影響ヲ及ボスコトガ多イ。産婦ノ授乳不能者ガ少クナク、為ニ不完全ナ人工栄養法ニ依リ養育スル者ガ多イ結果発育ノ障礙ト乳児死亡率増加ヲ誘致スルニ至ルノデアル(42)」。

このような悲惨な生活状況のもとで、衛生環境も最低状況にあった。先述したように一年近く入浴していない人も少なくないし、寝床も藁を敷きその上にボロを重ねる「万年床」で、しかもこの中に着のみ着の儘でもぐり込んで寝る人も稀ではない。全般的に栄養不足と過労のため、結核性疾患、消化器系疾患、皮膚病、トラホームなどの罹患者もきわめて多い。しかも医師の診察・治療を受ける資力もなく死を迎える窮乏民も多い。

(九) 教員・吏員の給料の遅配、未払い問題

東北地方の地方財政はあいつぐ凶作と昭和恐慌（農業恐慌）によって、収支のバランスを大きく崩し衰退窮乏していった。とくに町村財政はもともと財政基盤が弱く、その上歴史的大凶作の直撃を受けたため、租税滞納額は一気に増大し収支の均衡を大きく失っていった。町村税の最大のものは戸数割の税収入で、次いで大きかったのは地租付加

表16　小学校教員俸給未払状況

	市町村数	学校数（校）	教員数（人）	金額（円）
青森県	14	39	249	12,603
岩手県	65	113	?	40,952
宮城県	56	67	960	66,755
秋田県	84	144	1,296	92,411
山形県	42	54	638	42,000
福島県	120	?	?	130,212

表17　宮城県町村吏員の俸給未払状況

（人）

未払月数	1カ月	2カ月	3カ月	4カ月	5カ月	6カ月	7カ月	8カ月	9カ月	12カ月	13カ月	計
人数	208	114	56	41	19	33	7	16	2	1	2	499

税などの農地課税で、これらの租税は町村財政の根幹（町村税の七割から八割）をなすものであった。それがこの大凶作によってさらに深刻な税収入不足の襲撃を受けたのであった。その結果負債の累積を招くと共に、歳出総額中の四割から五割を占める教育費、また一五パーセントを占めた役場費は重大な危機に晒されていった。

そのためその教育費と役場費それぞれの人件費の支払い問題が焦眉の課題となり、それが小学校教員と町村吏員の俸給遅延、未払い問題として大きな社会問題化していった。大凶作による稲作被害が激増していった一九三四年末になると町村財政収入が激減すると共に、教員と吏員の俸給遅延・未払いがますます拡大し、翌年に至るとさらに広汎に及んでいった。次の表16は、東北各県ごとの俸給未払状況である（一九三四年一〇月一日現在）。[43]

実は義務教育費国庫負担法に基づく交付金が当該町村に交付されていたにもかかわらず、このような事態を生んでいるのである。そのことからも町村財政がいかに困窮していたかの反映ともいえよう。この教員俸給の未払いは数カ月にも及ぶ例もあったが、そうした措置を受けた教員たちの生活は困窮の度を深め、時には生命保険を解約して当面の生活を乗り越えたケースもあった。先に述べた欠食児童や欠席児童の増加と相俟って、今や国民教育としての義務教育は根底から揺らぎはじめていった。

町村吏員の俸給未払い問題もほぼ同様であったが、宮城県の例でみると、一九三四年一〇月一日現在での町村吏員の俸給未払い額は約三万三八〇〇円、町村数で六一に達していた。そして未払い月数と人数は、次の通りである（表17[44]）。その人数は四九九人に対し、その未払い金額は三万三八一六円に及んでいた。半年以上の未払い吏員が六一人もいるがその各人の生活実態の困窮ぶりは想像に難くない。そのほか凶作被災地の実地指導に当っていた農会技術員の俸給未払い状況も同様であり、なかにはその未払い期間が一四カ月の長期にわたった事例もあった。このように一九三四年の大凶作の最末端の現地での被害は、貧農層はもちろんのこと、教員・町村吏員・農会技術員、そしてこれら地域住民の購買力に頼る地元住民や商店、さらには老人・子どもたちの生活と健康を根底から崩壊させていった。

二　東北農村〝疲弊〟の根底にある土地制度問題

(一)「東北型農村構造」と「地主王国」

通説的には、昭和恐慌の特徴の一つは「世界的に悪性の農業恐慌をともなっていた」とされている。日本の農業恐慌は、「日本農業の基軸をなしていた『コメとマユ』の同時的破綻をもたらし、大部分の農村にとって致命的な打撃となった。（中略）そのため、地主および農民諸階層の経営破綻と生活窮乏、あるいは農村財政の崩壊という事態が各地で発生し、その状況は『農村破滅の危機』と形容されるほど惨憺たるものであった[45]」。この昭和恐慌の惨状の上に、東北地方農村は一九三四年の大凶作の直撃を受け極度の窮乏に陥った実態については、既に述べた通りである。

この東北地方農村の窮乏問題は、大冷害による大凶作に基因することが大きい。しかしこの窮乏問題の根底には、「東北型農村構造」と特徴づけられるような東北特有の土地制度が半封建的とも呼ばれる歪んだ地主・小作人関係を生み、小作人・貧農層の窮乏をいっそう深刻なものにしていった。

表18　自作・自小作・小作別農家戸数割合（1933年）（%）

	自　作	自小作	小　作
青森県	28.94	38.24	32.88
岩手県	37.40	40.87	21.73
宮城県	20.78	41.15	38.17
秋田県	18.34	44.57	37.09
山形県	22.65	44.20	33.15
福島県	32.79	37.93	28.28
東北地方	27.51	40.98	31.51
全　国	31.06	42.26	26.68

東北地方の土地制度（耕地の所有関係）は伝統的に強固な地主制度に支えられていた。その点では対照的に近畿地方の農村構造は、資本主義的な農業生産を基礎にしていた。次の内務省統計によると、大づかみにその両地方の特徴的な傾向をうかがい知ることができる。なおこの表には明示していないが、近畿地方の自作戸数は三一・一〇パーセント、自小作戸数は三九・六〇パーセント、小作戸数は二九・三〇パーセントである。つまり商品経済が比較的発達し近代的農業経営が進んでいた近畿地方では、自立した自作農が比較的多く、逆に小作農はやや少ない。またこの統計では示されていないが、地主層（なかんずく巨大地主）ははるかに少ない。したがってこの地方での地主・小作人関係は、近代的な土地契約関係で東北地方のような地主に対する小作人の隷属関係はあまり強くない。

表18[46]によると、東北地方の自作戸数割合は、岩手・福島両県を除いて全国平均よりかなり低い。また小作戸数割合は東北地方の約三二パーセントに対し、全国平均では約二七パーセントと、五パーセントも高い。特に宮城・秋田の両県は三八パーセントと全国平均より一〇パーセント以上も高い。このような大きな差異の裏側には、自作の中に多くの地主が含まれていたことを意味し、両県とも穀倉地域を中心とした「地主王国」と称された所以がそこにあった。

次に地主の農地所有とかかわる「広狭別耕地所有戸数割合」は、同じく内務省資料[47]によると次の通りになる。表19から明らかなことは、東北地方

表19　広狭別耕地所有戸数割合（1933年）

（%）

	5反未満	5反～1町	1町～3町	3町～5町	5町～10町	10町～50町	50町以上
青森県	39.8	25.9	23.1	7.8	3.0	1.0	0.11
岩手県	40.0	26.9	24.8	5.9	2.3	0.6	0.05
宮城県	44.5	25.4	19.0	6.7	3.1	1.3	0.14
秋田県	47.3	21.8	20.2	5.8	3.3	1.5	0.24
山形県	46.6	20.4	21.6	6.9	3.2	1.3	0.14
福島県	42.2	21.6	27.1	6.2	2.2	0.6	0.05
東北地方	43.0	23.5	23.1	6.5	2.8	1.0	0.12
全　国	49.8	25.1	17.6	4.4	2.2	0.9	0.06
近畿地方	57.5	25.1	14.3	2.1	0.8	0.3	0.01

の大地主が特に多いことである。先述した「地主王国」の秋田県が突出し（〇・二四パーセント）、次いで宮城・山形の両県（〇・一四パーセント）である。なおこれとは対照的に近畿地方は〇・〇一パーセントにすぎない。自作農中地主と目される三町以上の耕地所有者の全耕地所有者に対する割合は、全国平均の七・六パーセントに対し、東北地方では一〇・四パーセントを占めている。なお近畿地方のそれは僅かに三・二パーセントと東北地方の三分の一程度にすぎない。これは近畿地方では小作と自小作が自作化する傾向があるのに対し、東北地方では相次ぐ凶作や寒冷な気象条件、そして農産物流通の遅れや農業生産方法の後進性などによって、東北農民の多くは小作農に転落し、「土地ガ半農奴主的大地主ニ帰属スルコトニ為ルモノデアル[48]」ことが、その窮乏ぶりを増幅させていった。

なお五〇町以上の大地主数は、北海道を除いて、新潟県が二六二人で第一位、秋田県が第二位（二一二人）、宮城県が第三位（一六三人）、山形県が第四位（一二二人）、次いで青森県が第五位、福島県が第八位、岩手県が第一〇位と続いていた。その東北六県の合計は七五七人と、北海道を除く全国一三五二人中の五六パーセントまでを占めていた。中でも千町歩以上の超巨大地主は、宮城県の斎藤家、山形県の本間家など三人がいた。全国的に昭和初期には「土地所有ノ零細化傾向ガ存スルノニ対シ、東北地方デハ大地主ノ土地集中化ト零細所有化トノ傾向ガ存スルノデアル」[49]という二極分解が進んでいった。

さらに帝国農会の『東北地方農村に関する調査』（実態篇）[50]によると、東北地方土地制度の特徴を次のように列挙している。

「(一)　一般に土地所有が大であり、就中五〇町以上の大土地所有者が多きこと。然もこの大土地所有は（中略）増大の傾向を辿り、依然として東北農村の大きなる支配力となってゐる。

(二)　一般に小作農が多いこと。

(三)　小作地は田に多く、畑に少ないこと。

(四)　農家一戸当耕作面積が大にして、従って一般に経営規模が大であること。而も猶、一町未満の零細経営が過半を占めてゐること。」

この「東北型」農業の行きつく先を、内務省『調査資料』は、「封建的上下服従関係ニ立ツ東北地方小作制度モ次第ニ自己矛盾ヲ暴露シ、地主ノ経済的窮迫ト小作人ノ自覚ト共ニ次第ニ崩壊過程ヲ辿ルニ至ッタ[51]」とまでに断言した。実際にはこの地主・小作人制度は戦後の二度にわたる農地改革に至るまで強固に存続したが、この小作制度はすでに内部矛盾をきたして衰退化への道を辿りつつあった。

次に具体的に宮城県のケースを紹介したい。宮城県の農家戸数の推移をみると（表20[52]）、昭和恐慌（農業恐慌）と大凶作の影響がいかに大きかったかがよくわかる。特に小作農家の累積状況がそのことを如実に示している。恐慌と大凶作の過程で、農家総数はほぼ一貫して増加の傾向にある。その中で自作農家と自小作農家が相対的に減少傾向を辿っているのに対し、小作農家は一九二九年と一九三七年比で、実数で一万〇一二四戸増、その比率で七・六パーセントもの大幅増である。総数で六三七一戸の増加であるが、うち自作農家が一一七五戸減、自小作農家が二五七八戸減と大幅に減少していたのに対し、小作農家はその大幅減分をはるかにオーバーして増加し続けていたのである。恐慌と大凶作の連鎖による自作農と自小作農層の小作農への劇的な転落ぶりが、いかに甚大であったかを示す、明白な

表20　宮城県自作・自小作・小作別農家戸数の推移

（戸・％）

年	実数				比率		
	総数	自作	自小作	小作	自作	自小作	小作
1929	98,956	22,052	42,746	34,158	22.3	43.2	34.5
1931	102,156	21,524	43,289	37,343	21.2	42.4	36.5
1933	103,333	21,370	42,518	39,445	20.7	41.1	38.2
1935	105,739	20,979	40,463	44,297	19.8	38.3	41.9
1937	105,327	20,877	40,168	44,282	19.8	38.1	42.1

数値である。

参考までに紹介すると、近畿五県では一九二九年を一〇〇とした場合、自作農で〇・七パーセント増、自小作農で一・六パーセント増と相対的に農民の自立化傾向が明瞭であるのに対し、小作人は東北地方と違って二・三パーセントもの減少である。つまり近畿地方での小作農の減少は、昭和恐慌を脱した段階での小農の賃労働者として工場に吸収されていったことが背景にあった。それに対し宮城県を含む東北地方では、資本主義経済の発達とはほぼ無縁で、依然として農業への依存度を深めていったことを意味していた。そうした状況のもとで、東北地方が農業恐慌と相次ぐ凶作によりいかに大きな打撃を受けたのか、そしてその後遺症がいかに長く続いていったのかを示す統計資料である。

さらにこのことを土地所有の推移を宮城県でみると、次の通りになる。表21[53]によると、恐慌と凶作の連鎖のもと、〇・五ヘクタール未満の零細土地所有者は減少と増加を繰り返し、また三ヘクタール～五〇ヘクタールの自作農上層・中小地主層の土地所有者が減少傾向を示していることがわかる。零細な自作農と自小作農は特に一九三四年の大凶作による土地の手離し小作農に転落（その後一時的に増加に反転）し、また中小地主の経営も悪化していった。一方、五〇ヘクタール以上の地主は、大凶作の翌年には多くの農民が喪失した農地を取得して土地集積を進めていった。

そうした状況のもと、小作・自小作農民層はその困窮生活を脱出するために必死になって農業生産の向上のため様々に模索していったが、その工夫・努力の方策を阻害したのは、客観的には地主（なかでも寄生地主）の強権的な小作料の取り立て

表21　耕地所有者戸数比率の推移（宮城県）

（%）

年＼町歩	総数	0.5未満	0.5～1.0	1.0～3.0	3.0～5.0	5.0～10.0	10.0～50.0	50.0以上
1929	100	46.9	24.1	18.4	6.2	2.9	1.3	0.2
1931	100	45.0	24.8	19.3	6.5	3.1	1.2	0.1
1933	100	44.4	25.3	19.0	6.7	3.1	1.3	0.2
1935	100	43.9	26.5	19.4	5.9	2.9	1.1	0.3
1937	100	45.3	25.4	19.4	5.7	2.8	1.1	0.1

や小作地の強制的な収用であった。この権力的な地主側の攻勢の前に貧農層の窮乏はますます深まっていった。こうした地主対小作人との対立激化が頂点に達したのが、農民運動の拡大と小作争議の激増であった（そのことについては後述する）。

東北地方、なかでも宮城・山形・秋田の三県は平野部の穀倉地帯を中心に「地主王国」であったことは、前述した。特に宮城県の場合、全国的にも有名な前谷地村（現・石巻市）の斎藤善右衛門家は、千町歩の超巨大地主であった。斎藤家の土地集積の推移をみると、一九二九年の田畑計一万二七三二ヘクタールから一九三五年のそれは一万三七〇八ヘクタールと約一〇〇〇ヘクタールほど増大させている。これは自作農や零細中小地主の没落による農地取得である。斎藤家の小作人数は二六九二人を数え、その所有地は宮城県内だけでも一〇郡一市にあり、県外では北海道・東北、その他の府県で合計八二市町村にまたがっており、その意味で全国展開した超巨大地主であった。宅地も広大で、他府県では東京を中心に大阪、福岡の各都市に及んでいた。その外金穀貸付等を営む高利貸資本家で、貸付地域は宮城県をはじめ東北各県や全国の道府県に及んでいた。このように斎藤善右衛門家は全国では有数の超巨大地主であると共に、その資力を積極活用して、高利貸資本家、信託会社経営者としても事業展開していた。当時斎藤家の当主は、「現金を持つことでは全国一の高利貸」とまで評されていた。そして全国でも著名なこの農地所有者は、当然のことながら「全国一の不在地主」であった。この典型的な超巨大寄生地主として君臨した斎藤家も、一九二八年三月に「前谷地事件」という歴史的な小作争議に見舞われた。斎藤家の小作人土地取り上げに抗議して、応援の農民組合員四〇〇人

表22　自小作別農家比率の推移（福島県）

（%）

年	総　数	自　作	自小作	小　作
1933	100.0	33.8	37.9	28.3
1934	100.0	32.8	37.8	29.3
1935	100.0	31.6	38.2	30.3
1936	100.0	31.5	37.3	31.2

余りがその小作人の耕作地を共同耕作した一大争議であった。

宮城県の上位一〇人の大地主には約七六〇〇人の小作人が従属し、また県内一〇〇町歩以上の大地主五五人で、そこには小作人が合計二万〇九三五人がいた（一九二八年現在）。まさに「地主王国」宮城を象徴する数値である。

福島県の場合、広大な平野部を擁していないこともあって、宮城県の斎藤家のような超巨大地主は存在しない。ここでは対地主問題よりもむしろ自作農の小作農民への没落問題が大きかった。表22[54]によれば、まず自作農家は年々減少していることが目立つ。一九三三年から三六年までに二・三パーセント（実数にして二七五八戸）の減少である。これに対し小作農は二・九パーセント（四四八七戸）も増加している。このことは主として自作農から小作農への転落を示している。大凶作による農村疲弊は農村内部の地主と小作人との対立を拡大すると共に、小作農の窮乏化を一層促進していった。

娘身売り問題で俄然マスコミの注視を浴びた山形県最上郡の東小国村と西小国村（共に現・最上町）の場合、地主・小作人関係は主として村外の不在地主との問題が中心だった。そもそも高額の小作料納入を前提とする地主・小作人関係は、県内どこでも展開していたが、可耕地が限られていた山間部の最上地方は意外にも地主も小作人もさほど多く存在しなかった。一八八五（明治一八）年、山形県全体の田地の小作地率は三六・七パーセントであったが、最上地方のそれは僅か一七・二パーセントに過ぎなかった。ところが一九一八（大正八）年には四四・五パーセントと上昇し続け、ついに昭和恐慌期の一九三〇年には六〇・五パーセントに達し、県平均の小作地率とほぼ同じ水準にまで上昇した。

こうした最上地方（最上郡）の中でも、東・西の両小国村の小作地率はそもそも低かった。東小国村の場合、一九一八年で二七パーセント、一九二六年でも二九パーセントにとどまっていた。ところが大凶作の翌年には三七パーセントにのぼり、さらに一九三九年には四五パーセントに達していった。西小国村の場合、一九一八年で二六パーセントであったのが、一九三五年では六四パーセントと上昇を続けていた。この両村の小作地率は昭和年代に入ってからその趨勢にやや異なる点があるものの、農業恐慌と大凶作の直撃を受け、この時期に急速に地主制が展開されていた。

なお昭和初（一九二六）年の所有規模別の耕地所有者数をみると、両村とも一町歩未満層が圧倒的（六一～六九パーセント）で、一九三五年に至っても六四～六七パーセントとほぼ同じ水準である。この両村の多くは山間部に位置しているので、そもそも耕地は比較的狭く限定的であったからに外ならない。

ただ注目すべき重要な問題点は、村外の不在地主の存在の大きさであった。両小国村の場合、一九三五年時に在村地主は四二人いたが、一方村外の不在地主はその五倍の二〇八人もいる事実である。この不在地主数は耕地だけでなく林野を含めた人数であるが、この不在地主数の割合の高さ（地主総数の八三パーセント）には驚かされる。なおこの不在地主の代表格は、比較的商業活動が旺盛な近郷の金山町の大地主（最上郡第二の大地主といわれる）で、山村を含めて九四町歩以上の所有者（東小国村の例）であった。その不在地主を含めて、東西両小国村（総耕地面積は約二千町歩）はわずか四人の地主が両村耕地の一五パーセント近くも所有していた。そうした状況のもと、東小国村の総農家の六割以上、西小国村では農家の半数以上が小作農であり、自小作農を含めると総農家の実に八八パーセントが小作経営を行わざるをえなかった。自分の所有者だけで農業を営んでいた家は、おそらく一集落で、一、二戸しかいないと思われる。

この深刻な農村内部の構造は、恐慌と大凶作の過程を経て急速に悪化していった。そして収穫の四割前後を小作料として地主に収められない小作農は、きわめて苦しい生活を余儀なくされていった。追い詰められた小作農は「可愛い娘ごを世間に出して難儀させて、苦しい生活をしたのである」（「早坂氏回想記」）と述べているように、中央の各新聞にまで掲載された東・西両小国村の娘身売り問題の根底には、地形上の問題や気象上の問題と共に、「地主・小作人関係の下に呻吟する数多くの小作農が存在した[55]」ことが、その根本原因となっていた。そこに大凶作の深刻な直撃による悲惨な娘身売りの社会経済上の根源があり、また大凶作による東北各地農村の疲弊問題、そしてさらにはその救済政策としての東北振興問題の根本問題の解決は、この土地制度の抜本的改革なしにはありえないと考える（なお東・西両小国村の記述については、『最上町史』下巻を参考にした）。

（二）大凶作と農民運動・小作争議

「乙女のゐない村―として全国的に有名な最上郡東小国村」としてマスコミで報じられたこの村での惨状は、先述したように目を覆うばかりであった。大凶作からの脱出口が見えないこの地域社会にあって、意外なことに農民運動、そして小作争議は見られなかった。その背景には「地主制の配慮があったためか、あるいは『主従関係』にあったといわれるまでに小作農が従順であったためか、東・西両小国村の地主・小作間にはほとんど目立った軋轢が生せず、地主・小作関係はきわめて良好な状態にあったようである[55]」と、『最上町史』は記述している。文中にある「地主側の配慮」とは、地主による大幅な小作料率の引下げ（例えば八割引き）などの対応措置を指していた。ただしこの措置は東・西両小国村の平年作の約八割減収という激甚被害地であったので、小作農がそもそも小作料を払おうにも払えなかった極限状況にあったからに外ならない。

しかし平穏な地主・小作人関係がどこでも保持されたのではなかった。いち早く小作人がこの問題に反応したのは、小作料の相次ぐ滞納という形だった。福島県の場合、契約通りの小作料納付状況は九万九七七九町の水稲作付総反別中、一万六一五一町歩（僅か一六パーセント）にすぎない。また地主一万八四〇七人中契約通りの小作料を受けた者は五八〇二人（三五・九パーセント）で、小作人八万一一二七人中契約通納付者は二万〇六七五人（二五・五パーセント）という状態であった。つまり、契約通りの小作料を受領できなかった地主が六四・一パーセントと三分の二近くもいたことを意味し、また契約通りの小作料を納入しえなかった小作人が七四・五パーセントもいたということは、その厳しい生活状況の深刻さを物語っていた（一九三四年一二月現在）[56]。

そのような異常な事態を生んだその基礎には、水稲減収率が全県平均で三五パーセント（なかでも南会津郡の場合は八三パーセント）という甚大な被害を受け、特に小作人層の生活基盤が崩壊しはじめていったからであった。そのため地主側も様々な対応策を講ぜざるをえなかった。例えば小作人の要求により減額協定をなしたもの、地主が先手を打って自ら減額したもの、村長または農会長などの斡旋により協定を成立させたもの、警察署長の斡旋により協定を成立させたものなどであった[57]。

そして当然のことながら小作人が地主に対して契約通りの小作料を滞納した場合、小作料問題の紛争事件に発展するケースも出て来た。それは地主と小作人との個人レベルの争いから、滞納や不払いをした小作人同士が連帯した行動に出たとき、それはたちまち農民運動に転化し、さらに小作争議に発展していった。

農業恐慌と大凶作のただ中にあって、これまで比較的少なかった東北地方の小作争議は、この時期に急速に増加し、一気に全国の中で小作争議の激化地帯と化していった。そのことを如実に示しているのが次の表である。表23から東北地方の小作争議は、一九三三年からその件数は一千件以上に達し、一貫して増加を辿り、一九三六年には一七六九件と急増していった。その件数の増勢ぶりを示すと、一九三一年を基準とした場合、各年ごとの数値は一〇〇、一一四、一五四、一九二、二四〇、二七一とまさに激増となっている。全国のそれが一〇〇、一〇〇、一一七、一七〇、二〇〇、一九九であることを考えると、いかに東北の激増ぶりが急激であるかがわかる（全国計に対する東北の割合が一九三一年の一九・一パーセントから一九三六年の二六・〇パーセントと増大していることが、そのことを裏付けている）。その中でも秋田県の一九三四・一九三五両年の小作争議件数は、当該年の東北全体の約三分の一を占めていた。またこれまで東北六県の中で小作争議発県は秋田・山形両県であったが、一九三五・一九三六の両年になると、大地主が少ない岩手県を除く五県が軒並みに多発県となった。その理由は一九三四年の大凶作とその翌年の凶作が連続したこ

表23　東北各県の小作争議発生件数

（件・％）

年	1931	1932	1933	1934	1935	1936
青　森	72	92	141	182	285	362
岩　手	7	3	11	31	37	76
宮　城	79	66	58	114	269	369
秋　田	226	260	299	487	471	207
山　形	205	217	345	274	245	300
福　島	63	116	152	165	259	345
東北計	652	754	1006	1253	1566	1769
全国計	3,419	3,414	4,000	5,828	6,824	6,804
東北割合	19.1	22.1	25.2	21.5	22.9	26.0
東北増加数	179	102	252	247	313	203

（出所）昭和6年～11年各年『小作年報』。

とと、そのさらに翌年も農民生活の窮乏が依然と継続されていたことによる。なお一九三四年の全国各道府県別の小作争議件数の上位一〇は、①秋田（四八七）、②北海道（三三七）、③山形（二七四）、④長野（二六四）、⑤福島（二三四）、⑥滋賀（二一四）、⑦栃木（二一〇九）、⑧兵庫（二〇八）、⑨埼玉（二〇〇）、⑩徳島（一九八）と、秋田県と山形県が一位と三位を占めていた。

小作争議の原因は主として天候の不順による稲作の不作（減収）に基づく、小作料の一時的減額要求の争議が中心である。したがって一般的に豊作の年には比較的少なく、反対に凶作の年に増加する傾向がある。

小作争議での小作人の要求事項件数をみると、一九三四年の五八二八件中、上位五事項は、①小作契約継続（二四二一件、全体の四一・五パーセント）、②一時的小作料の減額（二一六八件、三七・二パーセント）、③小作料納入延期（二七四件、四・七パーセント）、④小作権または永小作権の賠償（一六六件、二・八パーセント）、⑤小作料値上げ反対（一一二件、一・九パーセント）と並ぶ。つまりは、小作争議の要求の大半は、小作料の減額関係と小作権確立関係が占めていた。そのことは、飯米不足との連動による小作料の減額要求であるが、特にこの年の大凶作は小作・貧農層だけでなく、中小地主をも直撃して小作料の減免要求に対応できず、さらには小作地の

表24　小作争議要求事項（1934年）

	小作争議総数			要求事項			
	総数（件）	関係小作人（人）	関係地主（人）	小作契約継続		一時的小作料の減額	
				（件）	（%）	（件）	（%）
青森	182	740	203	125	68.7	21	11.5
岩手	31	152	47	23	74.2	3	9.7
宮城	114	1077	173	82	71.9	27	23.7
秋田	487	1009	594	292	60.0	86	17.7
山形	274	580	282	202	73.7	7	2.6
福島	165	525	280	123	74.5	27	16.4

返還（取り上げ）を迫る緊迫した事態の反映である。

因みに東北各県の小作争議の主要要求事項は次の通りである（表24[58]）。要求事項は計二〇項目であるが、ここでは上位二項目のみ掲げる。

小作料の減免を求める小作人の要求に対する地主の対応について、内務省社会局の『調査資料』第一七号[59]では、帝国議会の調査結果を引用して次のように述べている。「地主ノ態度ニハ三ツノ型ガアルトサレテ居ル（中略）。第一ハ所謂温情地主デアッテ、自ラ小作料ヲ全免又ハ被害程度ニ応ジテ減額シ、或ハ飯米・肥料代ヲ貸与スルモノデアル。斯ル地主ハ一般ニ大地主デアリ、例外的場合ニ属スル。第二ハ凶作ニ処スル地主制、新戦術ト見ラレルモノデアッテ、減収ニ基ツク小作人側ノ減免要求ヲ見越シ、減収率ニ対シ比較的低イ減免率ヲ以テ、小作人ノ減免申込前ニ減額通告ヲ為スモノデアル。第三ハ最モ強硬ノモノデ、『小作人減額拒否同盟』ノ如ク地主側ニ於テ絶対ニ減額ヲ為サナイモノデアル」。このような第二・第三の型の地主（主として中小地主）の攻撃的対応が、小作争議の激増と争議の長期化をもたらし、ついに訴訟問題にまで発展することになっていった。

小作争議の激化と長期化に伴って、地主側は訴訟手段によって司法の場で問題の決着をはかった。また小作人側も少ないながらも地主側に永小作権やその占有権確認等の訴訟を起こす場合もあった。これら小作料請求や土地返還請求などの民事訴訟は年々増加する傾向にあった[60]。その訴訟事件の内容を一九三四年のケースでみると、次のようであった。①小作料請求

（一七一九件、全体の七四・三パーセント）、②小作地返還請求（二六六件、一一・五パーセント）、③小作料と土地返還請求の合体請求（二四三件、一〇・五パーセント）の順で、合わせて二二二八件と全体の九六・三パーセントを占めていた。この訴訟事件の原告は、ほとんど小作争議の対象となった中小地主であった。

この法廷での争いは長時間を要する場合も多いので、地主側は緊急の対抗措置として土地立入禁止仮処分・動産仮差押などの法律的強制手段を執ることが多かった。この強硬措置という一種の実力行使（小作料の不納に対する地主側の小作契約解除の〝一片の通告〟）を論ずるに至る係争事項は、先述の小作権の継続問題や小作料納入問題であった。その背景と原因について『昭和九年小作年報』は、次のように記述している。[61]「近年此ノ地主ノ実力ニヨル占有ノ（小作地ノ）回収ニ関シ屢々小作人ト衝突ヲ為シ暴行事件ヲ伴フモノ急増シ、稍モスレバ最近土地返還争議ハ直接行動ニ依ル実力闘争ニ転向セントシツツアリ」と指摘し、さらにその背景として「中小地主ハ最近ノ不況ノタメ訴訟ニ依リテ対抗シ得ベキ余裕ヲ失ヒタルコトニ基因スベク」と分析している。このことは特に東北地方の事例が多く、多くの費用と時間がかかる訴訟手段をとれないほど、経済的余裕を失った東北地方の中小地主の実態が、そこに反映していた。

大凶作による小作・貧農層の窮乏打開策としての小作争議への参加はその一例である。しかしそこまで至らない他の方策を模索していた農民たちもいた。その一つの方法が、第四九回帝国議会（一九二四年）で成立した小作調停法による紛争解決策を求める方策であった。司法省管轄による小作官に調停を申告する件数は年々増加し、[62]一九三二年（三二二二件）、一九三三年（四八八八件）、一九三四年（五〇一三件）であった。そして一九三四年の県別受理件数は、[63]①秋田（三五七件）、②新潟（二八〇件）、③山形（二三八件）、④山梨（二二六件）、⑤宮城（一八七件）と続き、そのほか青森（一一六件）、福島（八七件）と東北五県が上位を占めていた。なお申立別でみると、[64]地主側は一〇七四件で、小作人側が二一二五件（全体の六四パーセント）であった。そして関係当事者数のうち[65]小作人は一九三二年（一万七五〇三人）、一九三三年（二万〇三九七人）、一九三四年（二万一七九三人）と増加の一途を辿り、この大凶作年では全体の七一・五パーセントまで占めていた。この事実は、小作人の多くが大凶作の直撃を受けた結果、藁にでもすがる思いで呻吟している姿を物語っていた。したがってその調停申立の内容は、小作料に関するものが全体の四五パーセント、小作契約関係の継続及び消滅に関するものが四二パーセントを占めていたことからも、小作人の実に深刻な困窮ぶりがよく覗われる。

なお東北各県の調停申立受理小作人側件数(66)（一九三四年）は、次の通りであった。青森（争議単位総件数一一六件中九七件、八四・三パーセント）、岩手（同一五件中一四件、九三・三パーセント）、宮城（同一八七件中一六七件、八九・三パーセント）、秋田県（同三五七件中二〇一件、五六・三パーセント）、山形県（同二三八件中一八二件、七六・五パーセント）、福島県（同八七件中六九件、七九・三パーセント）と、これまた小作人がこの小作調停にいかに強い期待を寄せたかがわかる。それにもかかわらずその成立（解決）は七八・五パーセント（一九三四年(67)）と、必ずしも期待通りの満足すべき結果を得られていなかった。

そうした期待と不満足の結果のもと、当面の小作人生活の窮乏問題は小作調停法が存在しても、依然として基本的には解決されていなかった。その最大の原因は、封建的な主従関係にも擬せられた程の強固な地主・小作人問題という土地制度での、根本的な改革がなされていないまま放置されていたからであった。

三　大凶作と軍の危機意識

一九三六年の二・二六事件の起動力となった青年将校グループの中心人物の一人であった元陸軍大尉末松太平が、戦後に回想した記録『私の昭和史』(68)によれば、満州事変に出征した部下の兵士たちの様子を次のように記している。「ちょうどこのころ（一九三二年―筆者）は、出征兵士の郷里である青森県農村は、冷害による凶作にさいなまれていた。（中略）ただでさえ貧困な農家出の兵士が多かった。そこに凶作と出征がかちあった。出征兵士の後顧の憂いは深かった」[69]。末松太平はもともと青森の歩兵第五連隊の中隊長であったので、入隊してくる兵士たちの農村の窮乏ぶりに深く同情し、さらには地元紙の新聞記者や農民運動の指導者としばしば交流し、農民の困窮の原因究明に関心を寄せていた。その関心をさらに実践に結びつけなければ国家体制は革新できないとまで確信した。その確信をさらに強固にしたのは、次の異様な出来事であった。ある農民兵士の父親からの手紙にあった「お前は必ず死んで帰れ。生きて帰ったら承知しない」との内容に驚き、そのあとに「おれはお前の死んだあとの国から下がる金がほしいのだ」という趣旨の一文があった。戦死者の遺族にとっては何よりも軍から支給される金が目あてという、この残忍な父親の手紙は、最後の手段としてこうせざるをえなかった極度な窮乏のすさまじさを物語っていた。最前線に立つ青年将校たちは陸軍大学校卒のエリート幕僚たちとは違い、隊付将校として日常的にあまりにも困窮している農民兵士の苦境に接し、国軍の基礎を崩しかねない日本軍隊の危機を直感したのだった。

二・二六事件「公判調書」で、反乱軍の中心的な青年将校らは、反乱の直接的（あるいは間接的）な動機を次のように供述していた。磯部信一（元一等主計、死刑）は「入営兵士の家庭の大半は貧困」、香田清貞（歩兵大尉、死刑）は「赤貧洗フガ如キ家庭ノ者ガアリ」、菅波三郎（歩兵大尉、禁固五年）の「今や農村の疲弊甚しく特に東北の惨状は黙視することを得ず」、中橋基明（歩兵中尉、死刑）は「兵ノ身上状態ハ農村ノ窮状ヲ反映スルモノ」、対馬勝雄（歩兵中尉、死刑）の「余ノ郷里（注・青森県）一般ノ貧困ハ益々甚シク」、また宮田晃（予備役歩兵曹長、禁固一五年）の「農村窮乏其ノ他ニ依ル兵ノ苦境」と次々に農民（特に東北農村）の惨状が大きな決起要因となっていたと供述していた[70]。

二・二六事件より四年前の五・一五事件の「檄文」では、その決起の動機の一つに「塗炭に苦しむ農民」を挙げ、さらに具体的には同事件の陸軍側被告後藤映範は公判廷で次のように述べていた。「農民疲弊は心ある者の心痛の種であり、漁村然り小中商工業者然りです。……軍隊の中で農兵は素質がよく、東北農兵は皇軍の模範である。その出征兵士が生死の際に立ちながら、その家族が飢に泣き後顧の憂ひあるは全く危険である。……財閥は巨富を擁して東北窮民を尻目にかけて私欲を逞うしてゐる。一方東北窮民のいたいけな小学子弟は朝食も食べずに学校に行き家庭は腐った馬鈴薯を擦って食べてゐるといふ窮状である。之を一日捨てて置けば一日軍を危険に置くと考へたのである」(71)。

上記の国内で震撼させた二つの軍事クーデター事件は、それぞれ一九三二年と一九三六年であったが、そのちょうど中間に位置する大凶作の年をはさんでいる。その歴史的大凶作に見舞われる以前も、そしてその以後も東北農村の深刻な疲弊問題は基本的には何も解決されていなかったのである。そこに五・一五事件、そして二・二六事件共に、軍事クーデター決起の重要な動機の一つの理由となっていた。そこには軍部にとって東北の農民兵士たちの惨状は、直ちに軍組織の最底辺（つまり最末端の根幹）を揺るがす「軍の危機」を誘発しかねなかった。そのことは看過できない重大な問題であっただけに軍としても、東北の大凶作、そして東北農村の疲弊問題に重大な関心を寄せていた。

その具体的な動きが、一九三四年一〇月の「陸軍パンフレット」『国防の本義と其強化の提唱(72)』の刊行であった。この作成は陸軍省新聞班によるものであったが、それは軍一部局の見解ではなく軍中央全体の意志を伝えた見解表明で、その後の日本の進路に大きな影響を与えた。そこでも国防上の観点から「富の偏在を来し、国民大衆の貧困、失業、中小産業者農民の凋落を来し、国民生活の安定を庶機し得ない憾がある」と社会の矛盾を批判していた。さらに「国民生活に対し現下最大の問題は農山漁村の匡救である」と断じ、その抜本的対策を求めていた。

陸軍中央は、必ずしも急進ファシズムの青年将校らの言動に賛同していないものの、大凶作などによる農村出身兵士の体位や体力の低下には重大な警戒心をいだいていた。陸軍の基幹となる多数の農民兵士（なかでも「強兵・良兵」の供給源ともいわれた東北農村出身の兵士）の基盤の崩壊は、直ちに「強兵」が「弱兵」となる危険があるからであった。その具体的な事例の一つに、壮丁甲種合格者の比率の低下があった。

表25(73)によれば、かつて一九二六年ころまで占めていた盛岡連隊区内の壮丁甲種合格者の受験壮丁に対する割合は、全国一位から五位までの〝模範的地位〟を誇っていたが、昭和恐慌と大凶作のあいつぐ襲来による農村の極度の疲弊を反映して、一九三三年に至って全国の中で一気に下位グループに低落していった。その全国順位のみならず、その

表25　壮丁甲種合格者ノ受験壮丁ニ対スル比率（岩手県）

（%）

年	大正元	大正5	大正10	昭和元	昭和5	昭和6	昭和7	昭和8
	1912	1916	1921	1926	1930	1931	1932	1933
岩手県	50.2	51.2	43.0	41.9	31.1	31.0	27.0	25.3
全　国	36.7	37.2	36.8	35.4	29.3	28.8	28.0	28.4
岩手県順　位	1	1	3	5	12	10	30	34

甲種合格者の割合は、以前の五〇パーセントという驚くべき数値を保持していたのが、一九三三年にはその半分の二五パーセントと全国平均より三・一ポイントも下落した状況に至った。このような軍にとって憂うべき深刻な事態は、五・一五事件の先述した後藤被告が警鐘を鳴らしていたように、「之を一日捨てて置けば一日軍を危険に置く」ことに外ならない。まさに東北の農村疲弊問題は、直ちに軍部にとって「健兵」の供給源の危機に直結していた。それは「兵農両全主義」を中核としていた陸軍にとって許し難い、そして早急に打開策を求められる緊急事態であった。

したがって、それに即応するための当面の匡救対策を講じようとした。例えばまず東北農村疲弊実態調査のため、陸軍主計部は『陸軍主計団記事』誌各号[74]にその調査結果を掲載していた。「昭和九年東北凶作の実情と其の対策に就て」、「農村に於ける食生活の安定並上策」、「東北凶作地方に対する救済状況に就て」、「東北地方経済事情」などである。

同時に具体的な緊急救済策[74]として次のような対策が講じられた。㈠昭和一〇年四月から六月までの実施事項、㈡本年六月以降実施せんとする事項に分け、そして両時期とも（1）購売—糧食品、被服品、需品、（2）授産—縫製作業、委託となっていて、その授産の内容は、襦袢袴下、襟章、肩章、手袋、靴下などの軍用品だった。その総額は㈠が二五万三〇五〇円、㈡が一六二万六九〇〇円であった。

また宮城県の「災害状況調査書[75]」（昭和九年度、一〇年度）の「陸軍委託縫製作業ノ実施」の項によれば、「凶作地農山漁村救済ノ目的ヲ以テ陸軍委託縫製作業ノ実施ニ付第二師団当局ト協定シ被服本廠ヨリ材料ノ交付ヲ受ケ県下二〇ヶ市町村三〇作業団体ヲシテ約千余名ノ婦女子ヲ動員シ昭和一〇年ヨリ之ヲ開始シ以来引続キ実施シ相当成績ヲ収メツツアリ」というものであった。岩手県の事例として、陸軍は部隊周辺の農家から農作物を購入したり、兎の毛皮を大量に購入していた（一九三四年）[75]。これら軍による購売や授産事業の新たな展開は、一面では東北農村救済の面を持ちながらも、主な狙いは一九三一年以来の満州事変の軍用品（兵備）需要増大にあった。

しかしこの段階での陸軍の対応策は、当時早急に求められた東北の農村社会の疲弊対策であったことから、本格的な軍需産業の建設に至らなかった。その本格的な展開は後述する国策会社東北興業株式会社の事業展開まで俟たざるをえなかった。

一方、海軍は、直接的な農村労働力の雇用に重点をおいていった。例えば一九三四年二月に横須賀海軍工廠造機部は「純朴にして且つ労働力の強い東北地方の青年中から海軍工廠夫を募集するとし、福島県に二五〇名を割当てた。これに応募した人員は実に一二一五名にのぼった」といわれる。その結果、東北各県の海軍工廠の新規用備者数は、福島県の二四二名をはじめ、宮城県の一四九名、岩手県の八五名、青森県の七〇名、山形・秋田両県の各六〇名と合計六六六名に及んでいた。さらに第二回募集での福島県には二〇〇名が割当てられ、応募者は六九五名であったという。その際派遣された海軍技師は「本県青年の特長とする所は、第一にねばり強く、第二に骨惜しみをせぬことである」と地元紙で語っていた。つまり先述の「純朴にして且つ労働力の強い」との海軍工廠造機部の認識同様、福島県のみならず東北全体の青年の、「工」においても、そして「兵」においても、戦時体制下の軍事力の担い手として期待されていた。満州事変による軍事費の増強のもと、東北振興予備費が圧迫・縮減を受けて、農民の窮乏が一層深刻化する中での、軍需生産の担い手として東北青年層の労働力が吸収されていった。

なお横須賀海軍工廠の労働者として離村していく状況のもと、一方海軍では軍需工業の地方分散化を図っていった。当時一部から労働力の「軍部偏重」の非難があったことから、農村救済の一策として軍需工場の地方分散化の方針をとったのだった。例えば軍需工場の分工場の東北の小都市設置、軍用小船舶の地方ドックでの建造などである。同時に直接農村から軍用備品や糧食の購売も当然実施した。例えば、艦艇のハンモックやベッドに使用するワラ布団、軍服類の製造などであった。さらに糧食として牛蒡・梨・鶏卵・乾大根・なめこ・果実の缶詰、兎肉などの購入であった。[76] このように東北の農民窮乏を契機に、陸海軍共に疲弊脱出の有力な柱の一つとして大いに期待されていった。

これまで既述してきたように、特に一九三四年の大凶作による東北農村の疲弊問題が大きな社会問題として表出し、さらに小作争議の東北地方での激増による地主制の危機と、そして青年将校らのあいつぐクーデター事件（未遂も含む）と、それへの国民的同情意識の拡大によって、今や体制内の危機とまで痛感した政府（なかでも岡田啓介内閣）は、早急にその解決策を講じざるをえなくなった。具体的には、飯米不足対策としての政府所有米穀の払下げ（臨時交付法）、東北振興調査会の設置、同調査会の答申に基づく各種施設の新設、その要となる国策会社の設置、内閣東北局の発足などであった。

これらの政府の東北農村の疲弊問題対策の一連の諸政策については、次章に詳説することにしたい。その際問われることは、その諸政策がその前提をなす東北農民の窮乏実態に即して、果してどこまで有効であったのかという、歴史的検証とその評価である。

注記

（1）山形放送編著『聞き書き　昭和のやまがた五〇年』（東北出版企画、一九七六年）七七・七八頁。
（2）『新庄市史』第五巻（新庄市、平成一一年）六七・六九頁。
（3）内務省社会局『調査資料』第一六号、九〇頁、一九四〇年三月（楠本雅弘編『復刻版　恐慌下の東北農村』中巻所収、不二出版、一九八四年）。
（4）前掲（3）九二・九三頁。
（5）帝国農会『東北地方農村に関する調査』凶作篇、付表（楠本雅弘編『恐慌下の東北農村』上巻所収、不二出版、一九八四年）。

（6）前掲（3）一〇八頁。
（7）前掲（3）八九頁。
（8）『葛巻町誌』第三巻（葛巻町、平成四年）五〇〇頁。
（9）『最上町史』下巻（最上町、昭和六〇年）二五八頁。
（10）前掲書（9）二五九頁。
（11）前掲書（2）七一頁。
（12）前掲書（2）七二頁。
（13）前掲（3）『調査資料』第一七号、二・三頁。
（14）前掲（13）一一頁。
（15）前掲（13）一三頁。
（16）国立公文書館所蔵文書、配架番号二A・三七―三・東北一九〇「昭和一一年陳情書綴」、（内閣東北局）。
（17）前掲（13）二六・二七頁。
（18）前掲（13）三〇～三二頁。
（19）前掲（13）六～七頁。
（20）前掲（13）一三～一六頁。
（21）前掲（13）一〇二・一〇三頁。
（22）前掲（13）九九頁。
（23）帝国農会『東北地方農村に関する調査』実態篇（楠本雅弘編『恐慌下の東北農村』上巻所収、不二出版、一九八四年）、三一七・三一八頁。
（24）前掲（13）一二九・一三〇頁。
（25）前掲（13）一三九・一四〇頁。
（26）前掲（13）一四九～一五三頁（「警視庁管下ニ於ケル芸娼妓・雇女出生府県別調」）。
（27）前掲（13）一四五～一四八頁。
（28）前掲（13）一五四頁。
（29）前掲書（2）八二頁。

(30) 前掲書(2)八七頁。
(31) 前掲書(2)八五頁、なお「山形新聞」の日付は、昭和九年六月二四日。
(32) 昭和一〇年。
(33) 前掲書(32)四七・四八頁。
(34) 前掲書(13)一八一・一八二頁。
(35) 前掲書(5)九四・九五頁。
(36) 『秋田の明治百年』(毎日新聞秋田支局、昭和四四年)一一〇・一一一頁。
(37) 前掲書(2)七三・七四頁。
(38) 前掲(13)三三・三四頁。
(39) 前掲書(5)七七・七八頁。
(40) 前掲書(5)七八頁。
(41) 『河北年鑑』(河北新報社、昭和一一年)六一四頁。
(42) 前掲(13)一七〇頁。
(43) 前掲書(5)九六頁。
(44) 前掲書(5)九七頁。
(45) 暉俊衆三編『日本農業史』(有斐閣、昭和五六年)一六五・一六六頁。
(46) 前掲(3)『調査資料』第二〇号、二二三・二二四頁。
(47) 前掲(46)二二六・二二七頁。
(48) 前掲(46)二二八頁。
(49) 前掲(46)二三〇頁。
(50) 前掲書(23)二六五頁。
(51) 前掲(46)二四八・二四九頁。
(52) 中村吉治編『宮城県農民運動史』(日本評論社、昭和四三年)八七四・八七五頁。
(53) 前掲書(52)八七七頁。
(54) 『福島県史』第五巻(福島県、昭和四六年)四九五頁。

(55) 前掲書（9）四四二・四四三頁。
(56) 前掲書（13）一八三頁。
(57) 前掲書（13）一八六・一八七頁。
(58) 農林省農務局『昭和九年小作年報』付録、「第二・小作争議ニ関スル調査諸表」（昭和一一年）。
(59) 前掲（13）一九二・一九三頁。
(60) 前掲書（58）本文一九・二〇頁。
(61) 前掲書（58）本文一七頁。
(62) 前掲書（58）本文三二頁。
(63) 前掲書（58）本文三五頁。
(64) 前掲書（58）本文三六頁。
(65) 前掲書（58）本文三三頁。
(66) 前掲書（58）付録、「第三・小作調停ニ関スル調査諸表」。
(67) 前掲書（58）本文四三頁。
(68) みすず書房、一九六三年。
(69) 前掲書（68）八二・八三頁。
(70) 須崎愼一『二・二六事件─青年将校の意識と心理』（吉川弘文館、二〇〇三年）二六・三四・三七・六三・三二四の各頁。
(71) 丸山真男『現代政治の思想と行動』上巻、四六頁での原文を引用（未来社、一九五六年）。
(72) 歴史科学協議会『史料日本近現代史』Ⅱ（三省堂、一九八五年）一七六頁。
(73) 前掲（13）一六三～一六五頁。
(74) 国立公文書館二A・三六・委八二〇「第一期総合計画東北振興ニ関スル資料」（国立公文書館所蔵）
(75) 国立公文書館二A・三六・委八二三「東北振興第一期総合計画資料（災害）、岩手県、宮城県」（国立公文書館所蔵）
(76) 福島県の事例は主として、前掲書（54）、五〇四頁以降を参考にした。

第二章　東北の地域要望と東北振興調査会への陳情問題

一　政府の緊急措置―政府米臨時交付法の施行

第一章で紹介したように、一九三四（昭和九）年の主として東北地方を襲った歴史的大凶作は、一地方の深刻な農村社会の〝疲弊〟問題を生じたのみならず、日本の社会的危機をも招来していった。そのため政府は当面の緊急救済措置として政府所有米穀臨時交付を施行した。そしてさらに抜本的な振興政策確立のため審議・答申機関として、政府は東北振興調査会を設置した。その東北振興調査会に大きな期待を寄せた東北各地の各団体は、災害被害の救済を求める各種の陳情書を相次いで提出した。しかしその陳情内容は日中戦争突入に伴って、生産力増強・国防力強化に関連する要望が多く見られる変化が生じた。その経過とその意味について述べることにする。

（一）同交付法以前の弥縫的措置

大凶作による被災民の強い要望と新聞などの東北農村支援のキャンペーンに押される形で、岡田啓介内閣は一九三四年一一月二二日の臨時議会で災害関連予算及び「凶作地ニ対スル政府所有米穀ノ臨時交付ニ関スル法律」（以下、政府米穀臨時交付法）を提出し可決させた。

実はそれ以前に（同年一〇月六日）岡田内閣は、山崎達之輔農林大臣を通して東北六県知事に「大阪の濡米七〇万俵を一俵当り五円乃至一〇円で払下げる」という趣旨の内容を通知していた。[1]「大阪の濡米」とは、同年九月二一日の室戸台風の大阪上陸による大惨事（死者・行方不明者三〇六六人、家屋全半壊約四万二〇〇〇戸）の際に生じた濡米のことであった。そのため、東北の凶作被災地に払い下げられたこの濡米は一般的に不評で、この措置をとった当局に対して非難が集中したケースもあった。そもそも「折角の政府払下米、腐敗米が多い、全々《ママ》喰へぬものも可なりある」[2]（宮城県刈田郡白石町の例）。さらには「鶏でさへ喰はぬ、関西から廻送の濡米、三九〇俵中一〇六俵が腐敗、無責任な秋田県当局」[3]（秋田県仙北郡生保内村の例）。その濡米でさえ払下げた量は「死線を彷徨する（宮城県）玉造郡鬼首村民、濡米三二〇俵は一ヶ月で喰ひ尽す」[3]程度の僅かなものにすぎなかった。腐敗米まじりの濡米も飢餓寸前の困窮民には十分に行き渡らず、「政府払下米配給洩れ、役場に強談判」[4]（宮城県玉造郡鳴子町の例）、「目茶々な政府配給米、窮民には殆と渡らず、（宮城県刈田郡）白石町当局に囂々たる非難」[5]と、行政当局に困窮民たちが押しかけ強く抗議する事態も生じていた。このように、政府の室戸台風被災地の濡米の東北凶作被災民への払下げ政策は、様々な問題を残し緊急対応策としての効果を果し得ず、岡田内閣には早急救助策としてより有効な新たな救済策が迫られていた。

（二）同交付法成立の経緯―妥協的修正―

その新たな政策として展開していったのが、先述の「凶作地ニ対スル政府所有米穀ノ臨時交付ニ関スル法律」（昭和九年法律第五二号）であった。この法律は、次のような経過を経てようやく施行された。当初農林省は東北地方凶作地に対し、「飢寒迫る冷害農民に政府米を無償で交付」[6]という方針で、東北六県の凶作被災民の今冬の食糧として政府米八〇万石を無償交付するというものであった。この農林省原案は内務・大蔵両省との折衝の末、交付米数量は六〇万石に削減されたものの、無償交付とあって「農民一息吐けるか、成案を得た政府米の無償交付、一町歩平均一千石」[3]と、地元紙は期待を込めて好意的に報じていた。

ところが政府案として帝国議会に提案する前段階として米穀顧問会議で審議したところ、「政府米無償交付案、顧問会議無疵通過困難、〝何も東北ばかり〟と反対あり」[7]という状況になった。その主な反対理由は、①政府米を無償で飯米とすることは将来に非常な悪例となるという東北の深刻な窮乏軽視論、②政府所有米を東北に限定することへの他地域からの感情的な反発論、③政府米を貸付とせずに無償とする過度の優遇策と感じた反対論、④そもそも米穀政策と社会政策との混同とする原則的な批判論の四点にあった。したがって九月一七日の顧問会議では議論は紛糾し、原案を承認することができず、結論は次回廻しとなった。結局二一日の顧問会議では意外にも政府原案は若干の質疑があった程度であっさりと承認された。前回の厳しい異論・反論はどのような経緯があって政府原案にまとまったのかは残念ながら詳らかではない。もしかしたら、次の政府修正案が妥協策の鍵となった可能性が強い。

(三) 同交付法の要点―貸付が原則―

政府の米穀臨時交付法案は最終的には、交付量は五〇万石とすることとなり、また全額無償交付とせず原則として貸付とするもので、一九三四年一一月二九日に閣議決定された。そして一二月一〇日の第六六帝国会議に政府原案は可決成立し、そして法律第五二号を以って公布され、一二月二一日より施行された[8]。この法律は全文六条であるが、その中核をなす条項は次の第一条である。

「政府ハ市町村ニシテ其ノ区域内ニ於テ昭和九年産米ノ収穫高ガ平年作ノ半ニ達セズ且冬季ニ於ケル応急土木事業ノ施行困難ナルモノニ対シ交付セシルム為関係道府県ニ対シ昭和一〇年三月三一日迄総額五〇万石ヲ限リ米穀需給調節特別会計ニ属スル米穀ヲ交付スルコトヲ得」

そしてこの法律の施行に当り政府は一二月一七日に関係県（道）内務部長会議を開催し、「米穀ノ貸付又ハ交付ヲ受クル住民ノ範囲」を説明するに際し、「原則トシテ貸付ニ依ルコトトシ、交付ハ窮乏特ニ著シキ者ニ限リ之ヲ認ムルコト」とした。そして貸付についての条件として「米穀ノ貸付ヲ受ケタル者ハ貸付ヲ受ケタル数量ノ五分ノ一以上ヲ毎年返還シ貸付ヲ受ケタル日ヨリ五年以内ニ全額ヲ返還スルコトヲ要スルコト」と五年年賦とした。こうした厳格な解釈による施行で、この政府原案は各方面の異論や批判を配慮した上での貴衆両院での可決であった。

(四)　同交付法による交付実績とその評価

この法律による政府所有の米穀の交付（貸付も含む、以下同じ）を受けた地域は、東北六県をはじめ一六道県に及び、その一〇九〇市町村に対し、合計四六万六一九九石余が交付された。交付は第一次（三回）、第二次（二回）、第三次（一回）と三次計六回にわたって実施されたが、特に凶作激甚地帯である東北各県の交付数量は次の通りであった[8]（表1参照）。

表1　政府所有米穀の交付数量　（石・％）

県	町村数	交付数量	全体の割合
青森	108	52,753	11.3
岩手	209	97,890	21.0
宮城	109	60,534	13.0
秋田	36	13,482	2.9
山形	137	71,972	15.4
福島	202	66,778	14.3
合計	801	363,409	78.0

これまでも冷害や風水害被害の緊急救済対策として米穀統制法の枠内で飯米の貸与や無償交付（例えば先述の室戸台風による濡米の東北への交付）がなされていたが、今回の政府米穀臨時交付法は異例の単独法として帝国議会で可決成立したのである。この法律の施行によって凶作地の多くの農民が当面の大きな救済にあずかったことは、歴史的事実として評価できる。また三次にわたった交付の仕方は、できるだけ直近の減収量調査に基づいたもので、その分正確な被害実態に対応したものといえよう。それらの状況を反映して地元紙河北新報は「交付米に村民等しく感激」との見出しで次のように報じていた。「宮城県伊具郡桜村では政府交付米第一回分を交付するに当り昨年一二月二九日村内全戸から一人づつ四一八名を小学校に集め加藤村長から交付米（中略）の趣旨を説明したところ、全村民等しく感激して中には合掌して涙を流す老人あり[9]」と被災困窮民の感激ぶりを紹介した。

（五）同交付法の施行実態とその問題点

同時にこの法律は、いくつかの点で凶作地困窮民への本来的救済措置としてはきわめて不十分との批判が当初からあった。例えば政府米交付の付帯条件として郷倉などの備荒貯蓄の制度の設置を厳しく求められたことから、貧農層にとってはますます「債務農奴化への拍車」[10]との批判、また交付地が米作地に限ったため飯米欠乏の養蚕地方に適用されない不公平に対する不満[11]などであった。

なお、政府交付米五〇万石の当初算出基礎[11]は次の通りである（交付実績は先述した通り）。

「一、東北六県半作以下市町村数五七四、同農家戸数三〇万八九〇〇戸、右の内五五〇ヶ町村に本法を適用するものとして交付米数量三〇万石

一、東北以外で北海道、その他（主として北陸を指す）同一条件による交付数量一〇万石

一、残額一〇万石は余裕として留保として合計五〇万石と見積り一ヶ町村当五四五石、平均農家一戸当一石の交付をなし得ること」

先述したこの法律に対する批判・不満のほかに、より根本的な問題点があげられる。まず政府原案が本来無償交付であったものを議会対策上有料貸付を原則とする後退した修正案とした点である。これでは、五年年賦という返還条件であったにせよ、生産と生活の面で潰滅的直撃を受けた貧農や小作農にとって、深刻な負担をさらに加重することを意味していた。

そのことを当時の地元紙は次の見出しで報道していた。政府交付米の有料貸付が反って困窮民の苛酷な負担増をもたらすことから貸付交付基準の緩和を求め、「苛酷に過ぎる払下米の貸付規程、各地に規程の緩和運動」[12]（宮城県内）、「村長の胸倉をとって、米の貸付緩和要請、県当局に事情を訴ふ」[9]（宮城県名取郡玉浦村）、ついにその玉浦村では「米の貸付規程を再検討、二項目削除」[9]の対応措置をとらざるを得ないほど、村当局は追い詰められていった。さらには村当局が自らの負担で「政府米を買って恵与、惨憺たる御岳村農家一五〇戸」[13]（宮城県本吉郡）という例や、「ここは

無利子で村民に貸す、逢隈村も政府米買入」[13]（宮城県亘理郡）という、財政窮乏町村自らが窮余の手段を講じて村民救済を行った。政府の交付米は原則貸付という厳しい措置であっただけに、被災困窮民の切実な要求実態との間に著しい乖離があったことを物語っている地元紙の報道であった。

そして凶作被災各地で政府米無償交付の請願・陳情が続出していった。例えば「政府米無償交付の請願、近く白石町民大挙出県」[14]（宮城県刈田郡）、「先づもれなく政府米の無償交付陳情、けふ刈田郡町村長出県」[15]（宮城県）。さらに政府に対する災害被害激甚自治体などからの「食糧米ノ無償交付ノ件」の陳情書が次のように相次いで提出された。例えば提出者を列挙すると後述するように、福島県農会長（昭和一〇年一〇月二四日）、東北六県各県会議長（昭和一〇年一〇月二九日）、東北六県各県知事（昭和一〇年一二月二三日）などの各種陳情書が、国立公文書館に現在所蔵されている。政府米の無償交付の被災困窮民の強い要望は、各県の知事や県会議長らの政府への陳情まで展開されたほど実に切実なものがあった。しかも政府米の交付は最終的には昭和一〇年三月まで実施されたが、その陳情運動はその年の暮まで続けられていったのであった。政府米の無償交付の願い・要求が今や政治問題化するほど、東北各地の困窮農民の日々の生活がいかに深刻な事態となっていたかを物語っていた。

にもかかわらず、県内各地で起こったこうした陳情運動に対して、政府の意を体した宮城県は内務部長名で次のような通牒を発した[16]。地元紙の記事見出しは「窮民救済の趣旨、履き違ひなきやう、政府米交付にあたって宮城県、各町村長に通牒を発す」と述べ、その通牒内容を次のように伝えた。「（イ）本法の恩典に浴するも徒らに意□依頼の心を生ぜず之を以て自助自給の機となすべきこと。（ロ）借受けたるものは五年以内に町村に返還し畏くも恩賜の郷倉の貯蔵すべきなるを忘れざること」（以下省略）とわざわざ注意を喚起していた。この通牒を発してこの交付法の本旨の徹底化を特に図った理由には、全国農民組合員らによる県内での「玉浦事件」があったからであった。その事件とは、宮城県名取郡玉浦村でおきた、村民五〇名が四時間にわたって押しかけ「村長の胸倉をとって米の貸付緩和要請」[9]を強く求めた〝事件〟で、その結果苛酷な交付規定二項目が削除されることとなった一連の出来事のことであった。

さらに、政府米の交付量自体も、凶作被災実態に比してあまりにも急場しのぎの〝些少〟量にすぎなかった。例えば宮城県全体の当年の「飯米不足実に三一万九千石、宮城県農務課調査[17]」に比べると、政府米交付実績の約六万石は一八・八パーセントにすぎなかった。「玉浦事件」の背景にはこのような深刻な事態が存在していた。

そうした中で、凶作地の助役らが「政府交付米の配給漏れの宮城県県内四郡（刈田・伊具・亘理・柴田）の一二二町村に対しても政府米を配給されたい[9]」と宮城県知事に陳情した事態も生じた。

(六)〝米貸せ運動〟の展開と警察の警戒

そうした状況のもとで、全国農民組合宮城県連合会（全農宮城県連）は全県的に〝米貸せ運動〟を展開していった。〝米貸せ運動〟とは、政府米の交付量がきわめて少なく困窮農民の救済にあまり実効性がなかったことから、圧倒的に多い貧農層や窮乏民を対象に「一年据置五ヶ年賦で、即時飯米を貸付る」ことを政府に要求する大衆運動だった。

この運動を地元紙は次のように報じていた。「血のにじむ陳情、正に餓死線上彷徨の石巻釜部落、〝米貸せ〟運動を開始[18]」（宮城県石巻市）、「米貸せ運動、石森町民役場に迫る、警戒する佐沼警察署[19]」（宮城県登米郡）、「飽くまで阻止せば、糾弾演説会、南方村の米貸せ運動[20]」（宮城県登米郡）と激しさを増し、そして「米貸せ運動、農民参加者一五〇〇[19]」（米貸せ同盟東北協議会）と各地で展開されるに至った。

この運動を主導した全農宮城県連は一九三五年二月一一日に宮城県米貸せ同盟協議会を結成し、さらに東北各県各地で展開された米貸せ運動の中心的役割を果たしていった。そして米貸せ運動は全国農民組合の枠を越えて村民全体の意志として、「米貸せ運動奏功した清滝村、村会異議なく可決し、県に飯米貸付陳情[21]」（宮城県栗原郡）というように全村民の意志として村会の議決を得るまでに至った。そのことは宮城県議会でも注視され、民政党の蔵本堯議員は次のような注目すべき発言をした。「嘗テハ無産党ノ運動トナッテ現レ又一部窮乏者ノ運動トナリマシタ米貸セ運動モ今回ハ実ニ村会ノ決議ヲ経テ現レテ居リマス」[22]と指摘し、その背景として政府の臨時米穀交付制度は十分に社会政策としてなりえなかっただけでなく、実施にあたり不公平があったこと、漁村山村はこの交付制度に何ら関係づけられていない[22]、と厳しく批判した。

こうした飯米欠乏に苦悩する貧農たちの要求に応えての全農宮城県連の米貸せ運動は急速に拡大していった。一九三五年の全国農民組合第八回大会での宮城県連の報告では、その状況を次のように述べていた。「二月二二日からの米貸せ運動は相当成功している。（中略）今日一般農民の（米貸せ）同盟の数四三、全農のみの同盟を加えれば七〇に及んでいる」[23]と誇らしげに報告していた。そのことから、この米貸せ運動は宮城県下で広範に、そして全農の予想を上廻る一般農民が結集した自然発生的な大衆運動にまで展開していったことがわかる。

それだけに宮城県警察部としては、合法的な米貸せ運動であったにもかかわらず、一般農民のさらなる運動に、警戒・憂慮の念を強めていった。例えば地元紙の報道によれば、「米貸せ同盟の拡大、第二・第三の大衆運動を憂慮、当局漸く取締りに腐心」との見出しのもと、この運動が「漸次拡大して農民、大衆運動の訓練を与へ、米貸せ運動から更に第二・第三の大衆運動に展開する時は重大化するおそれなしといへず、この取締は相当の考慮を要する問題とされてゐる」[24]と報じていた。つまりこの合法的な米貸せ運動が、階級闘争的な社会運動へと転化する可能性をもつものだけに、警察当局としては厳重に注視・警戒していたのだった。

このようにして政府米の臨時交付が施行されたことは、それ自身緊急の困窮民救済措置として評価されるべきものである。しかしその交付内容（無償交付と貸付け交付）の問題と、その数量の絶対不足の問題、そして不公平な交付の仕方などが、凶作（水害・雪害なども含む）被災地の困窮民の不満を増大させ、時には集団的な実力行動に及び、ついには社会的な大衆運動として進展させた結果を生じていった。一九三四年の大凶作に起因する救済のための様々な陳情・運動の展開を複合的に分析することは、研究上新たな地平を拓く意味で重要である。

二　東北振興調査会

先述した政府米穀臨時交付法は、歴史的大凶作による東北農村の〝疲弊問題〟に直面して政府の救済措置としてとった、〝緊急避難〟的な文字通りの「臨時」対応にすぎない。時の岡田啓介内閣はマスメディアから国維会系の〝新官僚〟内閣と評されていただけに、「強兵良馬」の供給地帯としての東北地方の匡救問題については強い関心を寄せていた。そして東北各県各地の知事・県会議長・各種団体からの強い要望もあって、異例ともいえる一地方についての国の調査会の設置を決断した。

その発足経緯を東北振興調査会が自ら次のように述べている。やや引用が長くなるが肝要な内容であるので紹介したい。

「昭和九年ノ冷害ニ依ル凶作ハ由来隠蔽セラレタル東北地方窮乏ノ現実ヲ白日ノ下ニ斉セル契機タリキ。（中略）政府モ亦民間ト相提携シテ其ノ対策施設ヲ腐心シ、同年一一月之ニ加ヘテ風水害、旱害地方ヲモ含メル救済策ノ審議ノ為臨時議会ヲ召集シ適切妥当ナル応募措置ヲ講ゼリ(25)」。

「東北救済ヨリ進ンデ東北振興ヲ念慮セバ、同地方困窮ノ自然的社会的要因ヲ峻厳ニ攻究シ、其ノ調査ノ基礎ニ立脚スル綜合的組織的統一方策ヲ施設セザルベカラズ。真ニ東北地方窮乏ノ事実並ニ歴史ガ示ス如ク、他地方ニ於テハ単ニ一時的現象ニ過ギザル天災地変ノ襲来モ此ノ地方ニ於テハ常時周期的ニシテ、其レハ人為ヲ越エタル地理的条件ノ制約ト共ニ住民ヲ悲惨ナル生活状態ニ膠着セシメツツアリ。此ニ於テ政府ハ東北地方窮乏対策ヲ立案スベキ調査研究機関ヲ設置スベク、第六六回帝国議会ニ於テ東北振興調査会設置ニ要スル経費ヲ（中略）提出シ、同議会ニ於テ予算成立セルヲ以テ昭和九年一二月二六日其ノ官制ヲ公布スルニ至レリ[26]」。

岡田内閣の東北振興調査会設置への並々ならぬ決意のほどが窺われる。東北振興問題が単なるローカル問題から政府自らの〝国策〟としてのナショナルな問題として本格的に取り組まざるを得なかった背景には、満州事変を中心とした準戦時体制から盧溝橋事変にはじまる日中戦争を遂行させるための戦時体制への転換・深化があった。

かくして、政府の諮問機関として東北振興調査会は、一九三四年一二月の発足（官制公布）から、官制廃止の一九三八年四月までの約三年四カ月にわたって審議がおこなわれた。その間、「応急対策答申」（第五回総会、昭和一〇年二月）、「暫定対策答申＝東北振興両会社の設立答申」（第六回総会、昭和一〇年八月）、「恒久対策答申＝東北振興第一期綜合計画答申」（第九回総会、昭和一一年七月）、ならびに「東北振興予算の独立編成などの答申」（第一一回総会、昭和一二年七月）など計一一回の総会で各種答申をおこなった。なおその審議内容・特徴・問題点などについては、次章で詳説する。

三　東北の地域要求に基づく東北振興調査会への各種陳情

(一) 陳情書の提出時期とその特徴

東北振興調査会の政府による設置は、歴史的にも長年にわたって極度の窮乏に突き落されてきた東北地方住民にとって渇望していたものであった。しかも単に一時的な救済にとどまらず、さらに進んで「（東北）地方困窮ノ自然的社会的真因ヲ峻厳ニ攻究シ、其ノ調査ノ基礎ニ立脚スル綜合的組織的統一方策ヲ施設セザルベカラズ[26]」という長期綜合的かつ抜本的解決を企図した政府機関であることから、東北地方住民は〝旱天の慈雨〟に接したような思いで絶大な期待を寄せていった。そのため東北の各自治体をはじめ農業会・教育会・産業組合など各種団体などから、実に多様な地域要求に基づいた陳情書などが東北振興調査会や内閣東北局へ殺到した。

現在、国立公文書館に戦火を免れた膨大な東北振興調査会や東北振興両会社（東北興業株式会社と東北振興電力株式会社の二社）関係の原資料が存在している。その膨大な資料群のなかで今回特に注目したのは、東北振興調査会発足の昭和一〇年度から、同調査会の官制廃止四年後の昭和一七年度までの東北各地各団体の政府宛の陳情書である。主として内閣東北振興事務局（改組により後の内閣東北局）宛に提出された「年度別・内容分類別の陳情書件数」（表2）の総数は、九四二件に及んでいる。(27)

この表2は、国立公文書館の「内閣東北局関係文書目録二」中の「陳情書綴（目録）」によって作成したもので、(27)分類の仕方や件数について誤りがなしと断言できないが大局的には正確を期していると確信している。なお、表3で紹介してある内容分類（例）は、国立公文書館の「目録二」に所収中の昭和一一年度分を例示したもので、他の年度分の中でそのような分類が示されたものがないものをその分類基準に則して集計したものである。表2での「大分類」のさらに細かな（個別の）陳情書の題名に基づく「小分類」の具体的な内容は、表3の例を参考にしていただきたい。

まず年度別傾向を見ると、昭和一〇年度は二六六件と八年間中でこの一年だけで全体の約三割近くを占めている点が注目される。その翌一一年度（二〇四件）の分を合算するとこの二年間だけで全体の五割に達している。この意味は、東北住民の長年の悲願ともいえる政府が本格的に取り組んだ東北救済・振興のための答申機関への絶大な期待があったことに外ならない。その陳情内容が東北住民の日常的な生活要求に基づく具体的救済・振興策を提示していることからも、そのことがよく窺われる。昭和一二年度分の件数が急激に落ち込んでいるが、その理由は判然としないがおそらく日中戦争突入によって陳情する側も戦争協力のムードの強まる中で、やや消極的になっていた可能性もある。昭和一三年は一九三件と全体の二割と急増するが、日中戦争二年目の中で、東北振興政策そのものの後退と、また農村青年の出征者の増大や農耕馬の徴発などによる労働力不足に伴う、国による補助・救済を求める声の反映とも

表2　内閣東北振興事務局・内閣東北局に提出された年度別・分類別の陳情書件数（各年度）

陳情書分類＼年度	昭和10	11	12	13	14	15	16	17	合計	%
鉄道関係	56	37	28	22	7	2	1	2	155	16.5
道路港湾関係	45	34	15	12	15	3	4	2	130	13.8
（道路）	11	5	3	4	3				26	2.8
（港湾）	31	22	11	8	12	3	4	2	93	9.9
（航路）	3	7	1						11	1.2
総括・災害・治水・開墾	96	38	26	38	18	12	19	3	250	26.5
（総括的）	13	8	16	4			2	1	44	4.7
（災害関係）	32	8		27	5	2	15		89	9.4
（治水関係）	31	14	10	4	7	6		1	73	7.7
（開墾・耕地）	20	8		3	6	4	2	1	44	4.7
施設・教育・其ノ他	47	39	19	84	20	10	16	11	246	26.1
（各種施設物）	20	18		3	1	1	2		45	4.8
（教　育）	7	5		6		1		3	22	2.3
（其ノ他）	20	16	19	75	19	8	14	8	179	19.0
財政関係・会社関係	22	56	33	29	3	1	2	2	148	15.7
（財政関係）	16	24	12	4					56	5.9
（会社関係）	6	32	21	25	3	1	2	2	92	9.8
東北庁問題				8	5				13	1.4
合　計	266	204	121	193	68	28	42	20	942	
同　割　合（%）	28.2	21.7	12.8	20.5	7.2	3.0	4.5	2.1	100.0	100.0

表3　昭和11年度の陳情書内容の分類（例）

大分類	小分類	項目
鉄道関係		鉄道敷設、鉄道線延長、省営バス
道路・港湾関係	（道路）	道路敷設、道路改良、国道昇格、橋梁
	（港湾）	港湾改修、防波堤、改良工事短縮、鉄道ト港ノ連結
	（航路）	定期航路、航路標識
総括的・災害・治水・開墾	（総括的）	東北振興計画、各県振興計画、県会議員大会、当面ノ重要問題
	（災害関係）	雪害被害、雪害防止、雪害救済、冷害凶作救済
	（治水関係）	河川改修、用排水幹線、治水事業計画、治水実施助成、津波防備、砂防造林助成
	（開墾耕地）	開墾事業、耕地事業、砂防林施設、林道網計画
施設・金融・教育・其ノ他	（国の）	振興調査研究、現地実行機関、農村工業指導、水産指導機関
	（各種施設・機関）	農事奨励施設、冷害防止調査、海洋観測所、園芸試験所、林業試験所、アルコール工場、各種工場誘致
	（金融財政関係）	東北振興国庫助成、東北振興予算、各種助成金交付、県振興予算助成、電柱税撤廃、土地価格調査、統計主任会議、林道復旧費
	（教育）	小学教員俸給、青年教育奨励費、中学校教員育成、東北振興図書、東北書籍設立
	（其ノ他）	医療組合、中小商店ノ負担、煙草事業ノ改善、ガソリン値上、鉱区権差押、鉱毒ノ防止、甘藷栽培奨励、石油鉱区試掘、養蚕業ノ振興、農業対策意見、県庁舎ノ改築、国立公園編入
財政関係・会社関係	（財政関係）	地方税制、簡易金融、県債利子ノ補助、地方財政補助、林道・漁港補助、東北地租軽減、土地価格ノ調査
	（東北振興両会社関係）	東興工場ノ誘致、振電発電所設置、パルプ工場設置、化学肥料工場、振電玉川ノ毒水、十和田発電所問題、東興株払込問題、振電株払込問題、信組連ノ決議、振興2社ノ機構改正、東興ヘノ要望

思われるが一考を要する。昭和一四年度以降は泥沼化した日中戦争のもと戦時体制の強化によって東北振興事業の軍事化が進行していって、本来の東北住民救済政策がますます軽視・後退していったことの反映といえる。

そうした年度別経緯を、陳情書の内容分類からみると、まず昭和一〇年度分についていえば、災害関連の「総括・災害・治水・開墾耕地」の項が特に目立っている点である。この年は前年の歴史的大凶作に次いで冷害・水害・雪害が相次ぎ、ますます農村の窮乏が累積・加重され、その早急の救済を要望する声が高まっていったからである。なお、「鉄道関係」「道路・港湾関係」も多いのは、救済のための中期的な施設としてかねて要望の強い社会基盤強化の地域陳情である。以降昭和一三年度までほぼ同様の傾向が見られ、東北の生活要求に基づく政府への陳情が中心を占めている（その場合の政府の提出先は内閣東北振興事務局であり、昭和一一年一〇月以降は内閣東北局である）。

ただし、昭和一三年度で特に注目すべきは「施設・金融・教育・其ノ他」の項中の「其ノ他」が異常に突出していることである。その陳情内容はあまりにも多種多様で整理しにくいので一括したが、この年だけが突出した件数の理由は判然としない。ただその内容に「事変下ニ於ケル肥料需給ノ現状ニ関スル件」、（事変下の）「諸物価ノ趨勢ト其ノ影響ニ関スル件」、「綿製品等ノ制限禁止令ノ施行状況ニ関スル件」、「燃料統制ニ対スル各業者ノ意嚮ニ関スル件」、「鉄類ノ配給統制ニ対スル県下蹄鉄業者ノ動向ニ関スル件」、「皮革統制ニ伴フ失業製靴職工ノ窮乏状況ニ関スル件」、「物価統制ニ因ル事業（営業）廃休止者及失業者ノ意嚮ニ関スル件」など、東北各県知事の県民動向に関する提出分が圧倒的に多い。戦時体制が強化されていく中で、この年特に県民の戦時協力の意識や実態（場合によっては動揺や非協力）の状況調査を、内務省からの指示を受けての調査報告（したがって住民の生活に根ざした陳情書とは全く異にした）が、その件数の異常な多さの要因と推定される。

なお、この年度に初めて登場した「東北庁問題」とは、戦時体制強化に伴なって東北振興予算の大幅削減に抗議の意志を込めて、東北各県知事や県議会が、東北振興予算の独立編成と各官庁に配分される予算を横断的に取りまとめ増額を期すための「東北庁」の設置を求めた運動であった。「北海道」のような東北六県を統合し独自の権限強化を狙ったものであったが、結局〝不発〟に終わった運動であった。

昭和一四年度以降になると、前年の国家総動員法公布、当年の生産力拡充計画要綱の決定、国民徴用令の公布など日中戦争の長期化深刻化に対応した戦時経済体制が最優先政策となっていた。そうした戦争遂行施策のもと、東北からの政府への陳情内容は東北住民救済が著しく後退し、むしろ政府の生産力増強政策に便乗し、さらには積極的に東北各地に軍需工場の誘致・新設による東北経済の振興・増大を企図する陳情が多く見られるようになった。東北の知事・県議会・市町村・各種団体は、東北振興要望の内容を東北地域住民の救済から戦時経済体制の東北への浸透・扶植へと、質的転換の機会ととらえ自ら積極的に対応していった。陳情件数そのものも昭和一四年度からの四年間は、全体の九四二件中一五八件（つまり僅かに一六・八パーセント）にすぎず、しかもその陳情内容も先述した通り大きく変質していった。

例えば、災害救済要望として「男鹿地方震災復興委員会ニ関スル件」、「震災ニ因ル山林原野ノ崩壊地復旧ニ関スル件」、「災害復旧費ノ国庫助成方ニ付要望ノ件」、「桑園雪害防止施設ニ関スル件」（以上、昭和一四年度）、「耕地ノ水害復旧改良拡張事業ニ関スル件」、「災害防止林業施策拡充ニ関スル件」（以上、昭和一五年度）、「冷害対策応急施策ニ関スル件」、「冷害救済輸送物資鉄道運賃減免ニ関スル件」（以上、昭和一六年度）などが、依然継続的にこの種の陳情は展開されていった。しかし、昭和一六年の冷害・凶作等（陳情件数は一五件）を除いてはごく僅かにすぎない。陳情内容の面からすれば特に重視されていったのは戦時生産力拡充政策に対応するものであった。例えば「仙台塩釜地方工業開発ニ関スル件」、「仙塩地方開発綜合計画実現方要望ノ件」（以上、昭和一四年度）、「八郎潟利用開発ト国土計画事業実施ニ関スル件」、「仙塩地方開発綜合計画実現運動援助ニ関スル件」、（以上、昭和一五年度）、「青森工業港修築計画実現化要望ノ件」、「国土計画ノ地方分散化ノ促進方努力要望ノ件」（以上、昭和一六年度）、「会津若松市工業都市建設ト工場建設ニ関スル件」、「東北地方ニ造船所設置ニ関スル件」（以上、昭和一七年度）などである。その外に、東北六県知事や同県会議長などが提出した各陳情書中の一項目に軍需工場誘致や飛行場などの軍施設の設置の要望も含まれている例があるが、それらの事例については、後述する。

次に、それら各種陳情書の具体的な内容とその意義について述べることにする。

(二) 東北の地域要求としての陳情内容

昭和九（一九三四）年の歴史的大凶作を契機として東北の農村〝疲弊〟問題の実態とその原因調査ならびにその抜本的解決策をめざして、国の答申機関として初めて東北振興調査会が設置された。東北各地の被災民や各県自治体は絶大な期待をいだいて各種の陳情書を政府（内閣東北振興事務局、のち内閣東北局）に提出した。特に昭和一〇年度から の四年間は被災地の窮乏農民の自らの生活と生産基盤に根ざした切実な要求・要望が多く提出された。なかでも東北振興調査会が三回にわたって審議・答申した昭和一一（一九三六）年七月までの時期に、凶作・冷水害などの各種災害の救済を求める陳情が集中的に提出された。そのことを現在国立公文書館に所蔵されている東北各地からの注目すべき陳情書を通して確認していきたい。

ア・冷害・水害などの救済陳情

A・（昭和一〇年七月五日、宮城県登米郡豊里村村長）(28)

（前略）豊里村ハ純然タル農村ナルガ明治初年以来十数回ニ渉リ大洪水ニヨル水害ト年々歳々大小旱害及冷害霜害等凶作ノ為メ耕地（田畑―筆者）ノ約七割以上ヲ他市町村ノ所有ニ帰シタルガ故ニ凶作ノ度毎ニ民力ノ被弊《ママ》シタルト一般財界ノ不況ニ遭遇シ農産物価及繭糸価ノ暴落ノ為メ村民ハ極度ニ被弊《ママ》困窮ヲ来シタルト又一面ニハ運輸交通ノ不便ナルガ故ニ高価ナル肥料ノ購入ト生産物資ニ廉売ニヨル損失ト用排水ノ灌漑不便ニヨル減収等ニヨリ自然村民ノ経済困窮其ノ極ニ達シタルヲ以テ一千余歩ノ耕地用排水幹線改良及現在ノ揚水機関ノ改良事業ノ起業速進セラレムコトヲ及請願候也

陳情の具体的な内実は排水幹線の改良と揚水機関の改良事業の促進であるが、その背景をなす要因そのものは歴史的にも根深いものである。豊里村は北上川とその支流迫川に囲まれてしかも耕地は低地にあるだけに、しばしば両川の氾濫による水害にみまわれていた。それに加えて一九三四年の冷害による大凶作がそれに追い討ちをかけ、村民の六割以上を占める農民は「困窮其ノ極ニ達シタ」状況に追い込まれていった。しかも村全体の「耕地ノ約七割以上ヲ他市町村ノ所有(29)」に占められたという典型的な〝不在地主村〟という寒村で、そのため小作地率は七五・〇パーセント(29)と登米郡平均の小作地率（六〇パーセント）に比して異常に高かった（一九二九年現在）。そうした状況のもと、小作人を中心に組織された全国農民組合宮城県連合会は全県的に小作争議を展開していったが、豊里村の農民組合支部はその中心の一つとして注目され、ついに全農の全国会議派の宮城県連の拠点となって指導的役割を果していった。したがって村当局としては地主対小作人の争議が「思想問題」として発展することを極度に恐れていた。そのためにも政府に対して「耕地用排水幹線及水源改良ノ必要（ト其ノ）事業」の起業促進を強く要望したのだった。このように、災害の救済問題は社会運動防止のためにも必要不可欠の課題として、豊里村の場合特に強く認識していったのであった。

B・（昭和一〇年一一月四日、青森県町村長会会長[30]）

> 青森県ハ本州ノ北端ニ位シ天恵乏シキニ加ヘテ昭和六年以来冷害、嘯害、風害、水害等ノ天災打続キ県民ノ資力全ク消尽シ（中略）辛シテ最低ノ生活ヲ維持シ来候処本年八月二一日ノ大豪雨ニ会ヒ各河川氾濫シ数十年来ノ大洪水ト唱ヘラレ（中略）多数ノ人命ヲ失ヒ（中略）田畑約四万町歩湖沼ト化シ之等ハ皆無作又ハ皆無作ニ近ク（中略）今ヤ多数県民ハ飯米欠乏シ困窮名状スヘカラサルモノアリ（中略）疲弊困憊極ニ達シタル町村民ト財政極度ニ逼迫シ其ノ重大危機ニ直面セル町村ノミテハ到底自力ヲ以テ更生シ能ハサル現状ニ付（中略）国費ヲ以テ適切ナル救済施設ヲ速ニ実現セラレ（中略）謹ミテ陳情候也

この陳情書は青森県全体についての災害状況を述べたものであるが、付属的文書として「青森県上北郡ノ凶作困憊状況」の方が、より具体的で詳しい内容でその深刻化の広がりを示していて興味深い。この文書の各項目の題は「一、中産階級ノ滅亡　二、被害農家絶望ノ声　三、伝染病及胃腸病者ノ続出　四、自作農返上ノ声　五、欠食児童ノ救護ト妊産婦ノ保護　六、インテリー青年ノ思想動向」となっており、被害の実相を社会政策的視点でみている特徴がある。特に「六、インテリー青年の思想動向」では、「農村ノ窮乏ハ凶作ノ結果ノミナラズ経済機構ノ余弊ニ依ルモノ

ナルヲ以テ宜シク断乎現機構ヲ排除シテ積極的ニ万民飢餓ナキノ新社会ヲ造ラウデハナイカト被害農家ノ子弟ニ説クモノ輩出シ加フルニ無産党ノ此ノ間活躍スルアリ、インテリー青年ノ共鳴者多キヲ以テ将来危険思想醸生ノ根源地トナル懼アリトス　故ニ政府ニ於テ速カニ適当ナル救済方法ノ確立ヲ懇願ス」と強く要請していた。ここでも冷害、水害による深刻な被害実態が、青年たちをして反体制的な〝危険思想〟の根源地となることの危機意識を強く表明していた。先述した豊里村の事例とほぼ共通した社会認識は、災害被害救済という枠を超えて大きく国家的視野からするものであり、そこに五・一五事件、満州事変勃発を経ての時代状況の反映を読みとることができる。

C・（昭和一一年八月三〇日、秋田県仙北郡横沢村村長ほか[31]）

（仙北郡）一一ヶ町村ハ毎歳襲ハレタル冷水害ハ其ノ収穫ヲシテ益々逓減ノ惨状ニ趣カシメ生計ノ資力全ク枯渇シテ飯米ノ窮乏ヲ告ケ甚シキハ子女ノ身売ヲナシテ之ガ補ヒヲナスモノスラ生スルニ到レリ為メニ農民ノ離村スルモノ続出シ亦公課金ノ滞納相次キテ町村自治体ヲシテ危殆ニ導クニ到リ延イテハ思想上ニモ由々敷影響ヲ及ホスヘキハ火ヲ睹ルヨリモ瞭カナリトス（中略）窮乏セル関係町村救済ノ為メ本事業ヲ実現セラレンコトヲ茲ニ謹テ陳情候也

相次ぐ冷害・水害の襲来は被災住民の生産と生活の基盤を危機に晒しただけでなく、その窮乏の深化はたちまち貧農層の離村・娘身売りの続出、そして住民の公課金の滞納による町村財政の危機を生み、さらには思想問題までに発展していく様相は、この陳情書続出のこの地方だけでなく、東北各地域の共通した社会的課題そのものであった。

なお、最後に述べてある陳情内容の「本事業」の実現とは、国営開墾事業の施行とそのさらなる展開を意味し、それにより目下の東北農村の窮状解消を図ろうとしたものであった。

D・（昭和一一年三月二一日、山形県置賜一市三郡果樹栽培業者代表[31]）

本年ノ積雪ハ稀有ノ大雪ニテ各方面ノ被害甚大ナル者有之候（中略）殆ンド全滅ニ等シキ災害ヲ蒙リ（中略）一市三郡ノ被額約一〇三万六千円ニ御座候加フニ昨年一昨年ノ冷害凶作ト数年来ノ農産物価ノ暴落等ニヨリ相当甚大ナ打撃ヲ蒙リ殊ニ昭和九年ノ冷害凶作ニハ私共（果樹—筆者）栽培者何等救済ヲ受ケズ自力以テ更生ノ途講シ来候（中略）（先に各団体代表より—筆者）請願陳情セル事項ニツキ御採択ノ上御救済ノ途ヲ講シ下サレ度（中略）此段奉陳情請願候

積年の冷害や水害による被害は田畑の農耕にとどまらず、果樹・養蚕・畜産・山林・製炭の各業種生産者に深刻な影響を与えた。稲作被害が特に注視されがちであるが、実は異常気象による生産物被害は広汎に及んでいた。この陳情者は果樹栽培業者であるので、果樹（特に葡萄・梨・桜桃など）被害の救済を求めるものであった。先に提出された各団体代表による陳情書の内容をみると、果樹関連の救済策として「雪害ニ依ル果樹園免税ニ関スル件、桑園改植整理助成金ノ継続方要望ノ件、果樹園ノ雪害復旧低利資金貸付及補助金交付方要望ノ件」の各項目が挙げられていた。

なお、掲載したこの陳情書によれば、一九三四年の大凶作に際しては果樹栽培者に対しては「何等救済ヲ受ケズ」とあるところから、一九三四年の大凶作時の救済政策の一面性が窺われる。

E・（昭和一三年五月二三日、福島県会議長ほか[32]）

去ル五月一四日、福島県ヲ襲ヘタル大霜凍害ハ大正一三年五月一三日以来ノ惨状ヲ呈シ桑園ノ被害最モ激甚ヲ極メ（中略）而カモ凍害ハ桑園ノミニ留ラズ、苗代、煙草、大麦、各種苗圃、果樹、蔬菜等残ス処ナス其ノ被害モ亦夥シキ面積ヲ算シ、（中略）所謂養蚕ハ農家経済ヲ左右スル重要産業タル本質ヲ有シ、今回、養蚕農家ノ蒙リタル経済的並ニ精神的打撃ハ蓋シ、超深刻ナリト言ハザル可ラズ、（中略）殊ニ支那事変ニ幾多応召シタル遺家族ノ惨言語ニ絶ス若夫レ是ノ惨事ガ戦線ニ在ル将兵ノ耳ニ入ランカ士気ニ影響ナキヲ保シ難シ

大霜凍害は一見一時的な災害被害であるように見えるが、その被害業種は多岐広範囲に及び、かつその影響は長期にわたる可能性があった。そして「経済的並ニ精神的打撃ハ蓋シ超深刻」であることから、特に「幾多応召シタル遺家族ノ惨言語ニ絶ス」という事態は、戦線での応召将兵への士気への影響を強く懸念していた。そのことを特記している日中戦争に突入のこの段階では、自然災害と戦争との意外な関係を考察することは、東北振興政策研究の新たな課題といえる。

F・（昭和一〇年一二月四日、盛岡市長[33]）

本春以来ノ天候不順過湿低温ハ遂ニ昨年ニ劣ラス農作物ノ大減収ヲ示スニ至リ加之過搬騎兵第三旅団ノ満洲移駐ニ遭遇シ地方民ノ享ケシ打撃実ニ甚大ニシテ年来疲弊困憊ニ喘キツツモ更生ノ途上ニアリシ全努力ハ恰モ水泡ノ悲嘆ヲ懐カシムルニ至リタルノ感有之候

満州事変勃発は一九三一年九月であるが、その年の東北地方は冷害による被害激甚の年でもあった。そして一九三四年は歴史的大凶作の年であり、その翌年も冷害が続いた。その満州事変直中に岩手県に原隊として所在していた第八師団騎兵第三旅団が「満洲」に移駐した。その出兵は騎兵第三旅団に様々な消費物資を納入していた商工業者にも大きな打撃を与えた。相次ぐ凶作による「疲弊困憊ニ喘キツツ」ある地域住民に追い打ちをかけたような打撃「実ニ

甚大」な影響を与えたのだった。

G・(昭和一三年四月六日、秋田県農会長ほか[32])

今ヤ時局ノ重大ニシテ農村ハ多数人馬ノ応召徴発ノ他青年ノ都市重工業方面ヘノ移行ニ拘ラス挙ケテ生産ノ維持拡充銃後対策ニ全力ヲ傾注シ軍需農産物ノ供出ニ重責ヲ有スル秋ニ際シ此ノ如キ惨害ヲ見ルニ至リタルハ寔ニ痛恨事ニシテ之ヲ放置センカ啻ニ生産力ニ重大ナル減退ヲ見ル懼アルニ留ラス業者ノ生活上惨澹タル結果ヲ招来スルヤ言ヲ俟タサル所ニシテ速カニ之ヲ救済対策ニ万全ヲ期スルノ必要ヲ認ムル次第ニ有之候

日中戦争二年目に入り国家総動員法公布の翌月に提出されたこの陳情書には、この政治状況が敏感に反映していると見るべきである。この文書にある「惨害」とは、この年の秋田県での五〇年来と言われる記録的豪雪による犠牲者の発生と甚大な稲作被害とそれによる様々な社会的悪影響のことを指している。その「惨害」が重大な「時局」に当って「寔ニ痛恨事」であり、「生産力ニ重大ナル減退ヲ見ル懼アル」との戦争協力体制へのマイナスと強烈に認識している点に、注目したい。そのことは東北振興政策そのものが、今や国家総動員体制のもと大きく後退させられていったことの反映でもあった。

H・(昭和一〇年二月一六日、東北六県耕地協会連合会[34])

積年の冷・水害などによる農村の窮乏問題の被災者の多くは、小農といわれた貧農層や小作人層であった。この問題の解決策として開墾地の開発による耕地の拡大を積極的に求めたのが、東北各県の耕地協会であった。「東北農村ノ不振ハ農耕地ノ状態不良ナルト必要ナル耕地開発ノ未夕行ハサルニ困ルトコロ最モ多シ」とし、陳情書の一項目として農耕地拡大のために、「東北地方ニ於テ耕地拡張ヲ必要トスル理由」として、六点を挙げている。その中の第三点として、次の「小作農家戸数及小作面積ノ増加傾向特ニ顕著ナルコト」を挙げていた。

> 東北地方テハ土地兼併ノ傾向特ニ顕著ニシテ大正一三年ヨリ昭和八年ニ至ル其ノ変遷ノ状況ヲ見ルニ小作戸数ハ全国計及内地ヨリ東北地方ヲ除キタル計ニ於テハ寧ロ漸減ノ傾向ニアルニ拘ラズ東北地方ニ於テハ其ノ間ニ於テ三三五七九戸（増加率二割）ノ著増ヲ示セリ、小作面積ニ於テモ又同様ニシテ全国及内地ヨリ東北地方ヲ除キタルモノノ計ニ於テハ寧ロ漸減ノ傾向ニアルニ拘ラズ東北地方ニ於テハ四九一〇八町歩（増加率一割三分強）ノ増加ヲ示セリ、即チ東北地方ニ於テハ特ニ自作農創設ノ事業ヲ行ヒ此ノ傾向ヲ匡正スル必要アル次第ナリ

この調査結果は一九三三年に至るまでの約一〇年の趨勢を示したものであるが、東北振興政策の実施後も小作農家数と小作面積の増加傾向は依然として続いていった。小作農や小作地の問題が、耕地協会の主張する開墾地開発による農耕地拡大で解決されるかの是非は別として、地主・小作問題という土地所有関係の重要な要素である小作人の増加に着目している点は、大いに注目したい。冷・水害による甚大な被害を受けた階層は、「地主王国」と称された東北各地の貧農層・小作人層だからである。

イ・政府食糧米の無償交付の陳情

先述したように、政府の米穀臨時交付法は実質一九三五年三月二九日まで施行され終了した。その交付額は東北を中心に全国（一三道県）で計四六万六千石余であったが、被災住民の飯米不足額に対して極めて不十分なものであった。例えば一九三四年九月現在の福島県の中間調査（したがって昭和一〇年の夏の段階に至るとその額ははるかに増大した）でさえ一〇万一千石余であるのに対し、交付額は六万六千石余にすぎなかった。したがって昭和一〇年度以降も

東北各地の知事・地方自治体・各団体から東北振興調査会に政府米の無償交付を求める陳情が相次いだ。

A・（内閣東北局受付、昭和一一年五月七日・山形県会議長）「冷害凶作救済ニ関スル陳情[31]」

長時間ノ交通杜絶ト積雪多量トニ因ル経済行為ノ封鎖ハ農家ノ収入源ヲ来シ保存セル飯米ヲ売却シタルモノ多ク而モ続々購入難ニ陥リツツアリ又養蚕収入ヲ以テ飯米或ハ肥料購入資金ニ充当シ来レル養蚕業者ハ桑葉収量激減ニ因リ掃立不能ニ陥リ之ガ収入ノ途ヲ絶タレツツアルヲ以テ速カニ飯米ノ交付、貸下或ハ飯米購入貸付ノ方途ヲ講ゼラレタシ

この陳情書は一九三六年の山形県の記録的な豪雪被害の救済を求めるものであるが、次の陳情書はその前年の冷害凶作被害の救済を求める陳情書である。

B・（昭和一〇年一〇月二一日、宮城県会議員協議会[30]）

吾東北地方ハ昨九年ニ於ケル冷害凶作ノ為メ積年ノ疲弊困憊全ク其極度ニ達シ不安動揺真ニ憂慮スベキ情勢ナリシガ（中略）本年ノ天候又不順ヲ極メ冷害水害潮害ニ因ル米作ノ減収ハ昨年以上ニシテ殊ニ山間部落ハ殆ド収獲皆無ナリ而シテ被害地方ノ農民ハ直ニ其ノ日ノ飯米ニ窮シ茫然天ヲ仰イデ自失セントスルノ実状ニ在リ、此ノ際一歩ヲ謬ルニ於テハ不祥ノ事態ヲ惹起スルノ虞レナシトセズ仍テ応急特別対策トシテ又東北振興恒久対策トシテ左記要項ニ就テ速ニ機宜ノ施設セラレンコトヲ（中略）陳情候也

要項　応急特別対策

一、食糧米ノ無償交付ヲセラレタキコト　（以下省略）

C・（昭和一〇年一〇月二四日、福島県農会長）「農村民救済要望等ニ関スル陳情[35]」

米作養蚕葉煙草果実等ノ収入激減シ積年ノ農村疲弊シ《ママ》一層深刻化シ其ノ惨禍実ニ言語ニ絶ス殊ニ郷倉ニ貯穀スル余裕スラ全ク無キ実情ニシテ前途寒心ニ不堪サル所ニ有之候（中略）自暴自棄ニ陥ラントスル農村民ノ救済方ニ就テ特別ノ御詮議賜度（中略）陳情候也

要望事項

一、食糧米ノ無償交付

米並蚕繭ノ減収程度ヲ基礎トシ且ツ町村ノ実態ニ依リ適当ニ食糧米ノ無償交付ヲセラレタキコト

この陳情書は、先述した政府の米穀臨時交付法による交付実態が「原則トシテ貸付ニ依ルコト」であったことの反省を含めて、敢えて「食糧米ノ無償交付」を強く求めたものだった。

なお、内務省社会局庶務課の「調査資料」第一七号[36]に記載されている「自小作別飯米不足状況」（昭和九年九月一日現在）では、その福島県の統計上の実態が示されている。それによると同じ農民の中でも飯米欠乏農家の階層間に大きな差異があることを指摘していた。つまり飯米欠乏農家数の各階層間の占める割合は、福島県全体で「自作農」が九八五九戸（一三・六パーセント）、「自小作農」が二七一〇〇戸（三七・四パーセント）、そして「小作農」が三五四八九戸（四九・〇パーセント）と圧倒的に多い。言い換えれば、飯米欠乏農家という点から考えると県内「自作農家」では総数中二〇・五パーセントにすぎず、「自小作農家」の場合五一・五パーセントであるのに対し、「小作農家」ではその総数の中で九二・八パーセントとほとんどが飯米欠乏農家であった。このことは冷・水害などの被災農家中、いかに生活基盤の弱い小作農家を直撃していたかを如実に示している統計である。被災農家の内実を踏まえた実態解明が何よりも基礎といえよう。なおこの問題は福島県の事例にとどまらないことはいうまでもない。

政府の食糧米の無償の要望は、困窮農民にとって即飢餓に繋がりかねない緊急性の高いものだけに、地方自治体の首長や議会、各種団体は自らの課題として積極的に取り上げ陳情運動を展開した。東北振興事務局（のち内閣東北局）に提出された陳情書中政府の食糧米の交付問題をテーマとしたのは（前述のA～Cのほかに）、例えば次のような陳情がある。

①（昭和一〇年一〇月二九日、東北六県県会議長）、「食糧米ノ無償交付ヲセラレタキコト」（東北一八三）

②（昭和一〇年一一月四日、青森県木造町長ほか）、「罹災民ニ対シ政府ヨリ救助米ヲ交付セラレタキコト」（東北一八三）

③（昭和一〇年一一月、青森県会議員）、「一刻モ速カニ相当数量ノ食糧米ヲ交付スルコト」（東北一八三）

④（昭和一〇年一二月二三日、東北六県各知事）、「冷害救済ノ為メ罹災地ニ対シ、食糧米ノ無償交付」（東北一八三）

⑤（昭和一一年七月二五日、北海道東北六県連合町村会長）、「凶作地ニ食糧米ノ無償交付又ハ特別払下ヲ実施セラレタシ」（東北一九〇）

冷・水害などの災害に直面した場合、被災住民にとって直近の救済要望は何よりもその日の衣食住、なかでも毎日食する飯米の無償交付の要求に外ならない。

ウ・小学校教員給与の国庫助成の陳情

農家の極度の窮乏はたちまち町村財政に直撃を与えた。まず税収の減少（なかでも税収の過半を占める戸数割収入の減少は大きく、一九二七年から八年間の平均で福島県の場合約三〇パーセント減に達していた）。さらに町村財政の基盤である公租公課の滞納も増大して同じく福島県では特に町村税の滞納率も三〇パーセントちかくに達していた。そのため「近年不況ノ深刻ナルニ従ヒ公売執行ヲナスモ（中略）細民ノ増加ハ差押フベキ物件スラナキ状態ニシテ、又中産階級ニ有リテモ収入ノ減少ニ伴ヒ徴収愈々困難ノ実情ニ在リ、更ニ市町村税ノ滞納状況右ノ如クナルヲ以テ（中略）延テハ小学校教員ノ俸給不払ハ勿論、地方自治体諸般ノ遂行ニ尠ラザル支障ヲ来シツツアリ(37)」という深刻な町村財政の危機に直面していた。

一方、支出の面では、教育費の八〜九割は教員俸給で占められており、凶作不況のもとで国家からの義務教育下渡金をも一般財源の中に繰り入れていたケースも多く、財政困窮の町村の多くは、小学校教員給与の未払・遅配が生じ、大きな社会問題となっていた。しかも本来支給されるべき俸給は宮城県の場合、全国平均との差はもともと低く、例えば小学校本科正教員（男）は六七円九三銭に比し五〇銭の差、同（女）は二円九一銭の違いがあった。このデータは昭和八年現在であるが、一九三九年に至っては男性で三円四三銭、女性の場合は三円一七銭と全国平均との差がますます拡大していった(38)。そのことは宮城県のケースにとどまらず、同じ〝貧乏県〟である他の東北五県の場合も同様であった。福島県ではその実態を如実に示す報告が残されている。「昭和九年八月末現在ニ於ケル県下小学校教員俸給未払ハ、町村ニ於テ一二〇、俸給額ニ於テ一三万余円ニ達シ、全町村ノ三割二分、俸給総額三〇万二千余円ニ対シ其ノ四割三分ヲ占メ（中略）、斯クノ如ク不払ノ困テ来ル所以ノモノハ、一面積年農村不況ニ伴フ町村税ノ滞納増加ト、他方累年小学校費ノ増加ニ伴フニ依ルモノナルベシ、前述ノ如ク小学校教員俸給未納額一三万余円ハ全国第一ト称セラルルニ至リテハ、其ノ教育上ニ及ボセル影響蓋シ大ナルモノアルハ言ヲ俟タザル所ナリ、右ハ速ニ小学校教員俸給全額国庫負担ヲ見ルニアラザレバ到底解決ノ曙光ナキモノト思料ス(39)」。

次に同様の趣旨に基く政府に提出された陳情書（国立公文書館所蔵）を紹介したい。

A・（昭和一〇年一二月九日、東北各県教育会長[35]）

小学校教員俸給の不渡漸次増加の傾向を示し、著しく教育界を脅威しつつある実状に有之候。之を最近各県当局調査の数字に徴するに、其の不渡額は、

青森県	五八四五円
岩手県	四九二三一円
宮城県	七三五七三円
秋田県	八八二三九円
山形県	三二五九二円
福島県	一七八三〇一円

の巨額に上り、東北教育界の癌として教員の生活を脅かし、延いて国民教育の効果を著しく減殺しあるは、国家の前途の為誠に寒心に堪へざる所（中略）東北地方小学校教員俸給の全額を国庫に於て負担するの外、他に途なきものと確信するものに候。（中略）是非昭和一一年度より之が実施を見るやう政府当局を策励せられ度熱望に堪へず候。右謹んで陳情候也。

次は小学校教員俸給国庫支弁の範囲を尋常小学校のみならず、さらに高等小学校まで拡大を求めた陳情書である。

B・（昭和一一年四月二〇日、東北六県各市教育会代表者協議会[33]）

（決議についての）説明

屢々冷害、水害等ノ惨禍ニ襲ハレ（中略）都市村落ノ別ナク疲弊困憊ノ極ニ達シ、コノママニ推移センカ思想ノ悪化、良民ノ離散蓋シ想像ニ難カラズ。

（東北地方は―筆者）先進地ニ比シテ教員ノ待遇ニ於テ内容ノ充実ニ於テ著シク遜色アルヲ見ル、甚シキハ小学校教員ノ俸給サヘ三ヵ月四ヵ月ノ停滞ヲ見ルコト敢テ珍ラシカラズ況ンヤ設備其ノ他ノ経営費ニ於テオヤ。

高等小学校ハ現下ノ時局ニ鑑ミ最モ重要ナ使命ヲ帯ヒ其ノ内容ノ充実改善ハ時局匡救ニ直接ナル交渉ヲ有シ（以下省略）。

この陳情書で特に注目すべき点は、日中戦争前年においてすでに「現下ノ時局」に即応する教育の使命が強調されていることと、そして直接に対応する教育課程としての青年初期段階の教育機関である高等小学校の、国家的教育要請の重要性という二点である。

C・（内閣東北局受付、昭和一一年五月七日山形県会議長）、「冷害凶作救済ニ関スル陳情[31]」

一、義務教育費国庫負担金ノ増額

打続ク不況ト災害トニ因リ町村ノ財政運営ハ未曾有ノ難局ニ遭遇シツツアルニ臨時教育費国庫補助ハ昭和一一年度ヨリ廃止セラルル結果小学校経営ノ前途暗澹タルモノアルヲ以テ雪害地方ニハ特ニ負担金配当ヲ増額セラレタシ

義務教育費に対する国庫補助は、一九二〇（大正九）年からすでに開始されていたが、小学校費は全額ではなく半額以下にすぎなかった。昭和恐慌と相次ぐ凶作のもと町村財政の基盤が大きく崩れゆく過程の中で、義務教育費全額国庫負担の要求が各地から出され、臨時教育費国庫補助廃止の代りに（義務教育をふくむ町村行政の最低水準を保障する）町村財政補給制度が一九三六年から開始された。

D・（昭和一二年六月二二日、東北六県県会連盟理事長）、「小学校教育《ママ》恩給金全額国庫負担ヲ要望ス(40)」

> （理由）小学校教員ハ国民普通教育ナルヲ以テ之カ恩給金ハ国庫ニ於テ負担スヘキハ当然トスヘクモ現在ニ於テハ国庫ヨリ一割程度ノ負担ニテ他ハ府県費ヲ以テ負担シ居ルモ恩給金ハ年歳累増ノ一途ヲ辿リ府県財政上殊ニ東北六県ニ於ケル財政ノ現況ヨリシテ其ノ負担ハ過大ニシテ之レカ支弁ハ到底困難ナルヲ以テ東北六県ノ特殊事情ヲ酌慮セラレ全額国庫ニ於テ負担セラレムコトヲ切望ス

町村財政の機能不全化による町村の困窮は、小学校教員給与の全額国庫負担要求のみならず、さらに同教員の恩給全額国庫負担の要望へと展開していった。

その外、町村吏員俸給の未払い・遅配問題もあるが、ここでは省略する。

エ・国有林野の開放などの陳情

一九三四年一一月二七日の河北新報は、「国有林を開放せよ、各営林署に陳情殺到、万策つきた岩手県下凶作民」と報じた。その記事によると、花巻営林署に対して提出した岩手県上閉伊郡達曽部村民からの陳情書にその提出理由を次のように記していた。「（本年は）未曾有の大凶作に遭遇し筆紙に申しつくし難き悲況に有之候（中略）私共農山地は食を□むるの事業なく日一日と悲境に差し□り家族を並べて餓死するより外無之候」。よって「国有林の薪炭材の払下の恩典と廉価の救済」を要望したのであった。ここでいう「国有林の開放」はこの程度のもので全面的な開放ではないが、冷害によるこの年の減収率が九割以上という山村の残酷極まりない深刻な窮乏によって、最後に頼る命綱はすぐ目の前にある国有林の〝開放〟しかなかったのである。

また山形県最上郡及位村は、総面積のうち村有地は僅かに一〇パーセント、しかもその中でも耕地は全体の二パーセントにすぎない典型的な貧しい山村であった。一九三五年、その貧困窮乏の寒村の深刻な経済状況を打開するために村は「経済更生計画書」を作成したが、その「結論」の項では本村の更生の途は「国有林の開放」が第一の不可欠条件であるとした。つまり国有林の開放を受けて、開墾地を拡張しまた茸類の栽培と林産物の加工業の増産などを計ろうとしたものであった。そしてこのような施設を国において実施するために、特別指定更生村の指定を国に要望していた。積年の凶作被害に喘ぐ山村にとっての救世策は、「国有林の開放」に外ならなかったのである。[41]

上記の二例のみならず凶作被災の山村を中心に東北各地で見られる、国有林野開放の要望は実に痛切であった。その根本要因として全国の山林面積中、東北地方の山林面積（したがってその割合も）が異常に高いことであった。その点を表4（一九三三年末現在[42]）で確認したい。

この表によれば全林野総面積（東北六県も含む）の中で、東北地方合計面積が占める割合は一九パーセントであるのに、東北地方の国有林野の割合は二九パーセントと極めて高い。しかも全林野に対する国有林の割合は、東北も含む全国で三二パーセントであるのに対し東北のそれは四九パーセント（なかでも青森県の場合は六四パーセント）と各地方に比しても断然突出していた（ただし北海道は五三パーセント）。東北地方に異常に多い国有林のその成立経緯については、次の説明が参考になる。一八七六（明治九）年三月官林調査仮条例を制定したが、その際東北地方の山林の多くが官有地とされた。その理由は、官民有区分調査が不備であったこと、そして山麓村民が未だ山林原野の所有権を重視しなかったことなどを根拠にあげている。[43]それとは一部重なりながら次の説もある。その大部分が官有林に編入された藩有地が非常に多かったこと、藩有地はこれまで一般民の入会権が認められある程度までその使用収益が自由であったため、官有地に編入された場合も従前通り入会権が認められると山林住民が誤認したこと、派遣され調

表４－①　林野の所有関係（面積）

（千町歩）

所有別／県別	総面積	御料林	国有林	公有林	社寺有林	私有林
青　森	647	33	416	69	1	129
岩　手	1,071	44	441	118	1	466
秋　田	749	—	410	165	2	172
宮　城	386	—	135	114	2	136
山　形	625	—	368	99	2	156
福　島	1,054	3	463	179	4	405
全国計	23,843	1,426	7,721	4,323	145	10,227
全国計に対する東北の割合	% 19	% 6	% 29	% 17	% 8	% 14

表４－②　同上割合

（%）

所有別／県別	総面積	御料林	国有林	公有林	社寺有林	私有林
青　森	100	5	64	11	0	20
岩　手	100	4	41	11	0	44
秋　田	100	—	55	22	0	23
宮　城	100	—	35	30	0	35
山　形	100	—	59	16	0	25
福　島	100	0	44	17	0	39
東北計	100	2	49	17	0	32
全国計	100	6	32	18	1	43

査に当った官吏の調査が不正確であったことという説である[44]。

　ともかく藩政時代に慣習的に容認されていた入会権によって山村住民たちはそれまで自由に放牧、採草、山菜・果実の採取、枯損材・薪炭用材の伐採など自給自足的な生活用物資・用材の確保ができた。ところが明治初年の官有地への編入措置によってその入会権はほぼ完全に失われ、特に冷害・雪害による凶作時には、目の前の広大な国有林野はほとんど匡救策の役割を果しえなかった。そのため止むなく国有林野に立ち入り危急を脱するための

〝違法〟行動が多発した。例えば「国有林野犯罪検挙件数及人員」（一九三一年）の表[45]によれば、検挙件数は全国で一一三一件で、そのうち東北六県は合計で六六〇件（全体の五八・三パーセント）、検挙人員は全国で一六七八人中東北六県合計で八二八人（全体の四九・三パーセント）と、東北地方が突出していた。しかもこの数値は検挙された犯罪事例だけであることを考えると、表面化しない事例が数多く存在していたことは容易に想像できる。

このことが、これから紹介する政府への国有林開放の陳情書の要因の一つであった。

A・（昭和一二年一二月一七日、岩手県会議長）、

「本県特異性ニ鑑ミ国有林野ノ適切ナル開放ニ付格段ノ御考慮アランコトヲ望ム[46]」

（理由）本県ハ林野面積ニ広大ニシテ内国有林野ハ林野総面積ノ三二パーセント余ニ当リ県内二三三ヶ町村中一五四ヶ町村ニ亘リテ存在ス、而シテ国有林野ノ最モ多キ町村ニ至リテハ其ノ面積ハ二万二千余町歩ニ及ビ其ノ町村全面積ノ八〇パーセント以上ニ当ルモノアリ以テ本県ニ於テハ国有林野カ地方住民ノ生計ニ重要ナル関係ヲ有スルカヲ知ルニ足ルベシ、依テ国ハ地方産業並ニ住民ノ生活ヲ考慮セラレ国有林野ヲ整理シ委託林ヲ増設シ或ハ自家用、稼業用、用薪炭材ノ供給並山林副業ニ対スル原料供給ヲ円滑ニシ価額ヲ低減シ又ハ開墾可能地ヲ開放シ其ノ他パルプ、ベニア資材ノ供給ヲ為ス等地方住民ノ生活ニ適切ナル方法ヲ講ゼラレタシ、（中略）近時疲弊困憊セル山村ノ窮状ニ鑑ミ各種経済更生ノ施設ヲ画策シ夫々進捗中ノ今日国有林ニ於テモ格別ナル御考慮ヲ払ハレタシ

この陳情書の特徴は、①府県制第四四条による意見書であること、②国有林開放の具体的な内容を例示していること、③その要望内容は何よりも山村住民の生活・生計に根ざしていること。この点は各種陳情書の中でも特筆すべき

ものである。

B・(昭和一四年六月六日、東北六県県会連盟理事長)、

「東北地方国有林ヲ所属県並ニ市町村ニ移管セラレムコトヲ要望ス[47]」

(理由)東北六県ノ林野面積ハ四五三万余町歩ニシテ内国有林野ハ其ノ四割五分二厘、二二三万余町歩ノ広大ナル面積ヲ占ム然ルニ東北六県ヲ除ク全国府県ノ林野面積ハ一二六四万余町歩ヲ有スレトモ国有林野ハ一九八万町歩ニシテ其ノ比率ハ僅カニ一割五分六厘ニ過キス如斯広大ナル国有林カ東北ニ偏在スル為ニ産業ハ意ノ如ク進展ヲ見ス(中略)依テ東北六県ノ国有林野面積率四割九分二厘ヲ東北六県以外ノ府県ノ同率一割五分六厘ニ低下シテ全国並トシ即チ一五二万四八〇〇町歩ハ之ヲ所在地府県並ニ市町村ニ委譲セラレムコトヲ要望ス

この陳情書は、視野を東北六県に広め、しかも国有林を所在地の府県や市町村に移管を求める、文字通りの国有林の開放を求めたものである。

C・(昭和一三年一二月、岩手県通常県会決議)、

「本県ノ特異性ニ鑑ミ国有林ノ適切ナル開放ニ付格段ノ御考慮アラムコトヲ望ム[48]」

(理由)(国有林野)ノ最モ多キ町村ニ至リテハ其ノ面積ハ二万二余町歩ニ及ビ其ノ町村ノ全地積ノ八〇パーセント以上ニ当ルモノアリ以テ本県ニ於テ如何ニ国有林野ハ地方住民ノ生計ニ重要ナル関係ヲ有スルカヲ知ルニ足ルベシ依テ国ハ本県ノ特異性ニ鑑ミ国有林所在市町村毎ニ其ノ半分ヲ県及ビ市町村ニ移譲方針ニ御考慮セラレ度

要望ス

この陳情書では、同じ岩手県提出の陳情書Aの内容とほぼ同工異曲の感が強いが、決定的に違う点は一年後の状況を踏まえてか「格別ナル御考慮ヲ」懇願していることから、ここでは「国有林市町村ニ其ノ半分ヲ県及ビ市町村ニ移譲方針」を要望していることである。抽象的で単なる「御考慮」の懇願から、より具体的な「国有林ノ半分ヲ（地方自治体に）移譲」を強く要望している点である。その背景には根本的には何も変わらない国の森林政策に地元住民の強い不満と改革要求の切実さが感じられる。

D・（昭和一〇年八月二四日、東北六県各農会長）、「国有林野寄付金増額並依託林ノ拡張ニ関スル陳情[34]」

国有林野ノ面積広大ナル山村ハ益々窮乏其ノ極ニ達シ財源涸渇シ地方自治体ノ機能ヲ停止スルノ実情ニ有之候条従来ノ交付金以外ニ所得営業収益税付加税等ノ合算シタルモノヲ交付金トシテ増額並依託林ノ拡張方御配慮相仰度茲ニ連署ヲ以テ陳情候也

この国有林野寄付金増額や依託林の拡張の陳情は比較的早い時期から出されたもので、町村財政窮乏に対する救済陳情であった。町村財政は凶作による住民の税滞納や営業税などの不振によって、その困窮度を深めていった。そして財源確保のために広大に広がる国有林関連の国庫補助の拡大や国有林からの間接的収益源としての委託林などの拡張要望は、国への陳情として比較的提出し易い方法ともいえたので、従前から行われていた。

もし国有林が民有であったと仮定して、そこから県や町村が地租付加税、町村税付加税・営業収益税付加税などの財源をどれ位得られるかということを試算した帝国農会の調査がある。この「国有林野を民有なりとして試算せる租税額」[49]によれば、例えば岩手県のケースでその額は三四〇万四四〇〇円である。これに対し政府の交付金は二万六三四二円にすぎない。この「国有林野所在市町村交付金交付規程」は一九二九年に設けられ、それは国有林野所在町村の財源困窮を救うための措置であったが、その交付額は先述のようにきわめて少額でその効果は「焼け石に水」にすぎなかった。

その外、国有林地元財政圧迫についての緩和策として、委託林、簡易委託林、部分林、社寺保管林などの政策があった。この陳情書AとCにある委託林（依託林）とは、国有林野所在の地元町村に対し国有林野の保護を委託し、その代償として自家用薪材及び副産物の無償譲与をなすもので、一八九九（明治三二）年設立以来の措置であった。委託林による救済効果も不十分であったことからさらなる拡張を求めた陳情内容だった。

（三）陳情内容の変化（戦時体制への即応）

前述の（二）では主として凶作などの被災地住民の生活要求に根ざした陳情書が多い。内閣の機関への陳情書だけに、ごく一部を除いて圧倒的に各県知事・県会議長・県会連盟・市町村長・町村会などの行政・立法機関からのものが多い。それだけに、必ずしも被災住民の生活要求が全面的に展開されているとは限らないが、多くの場合その声がそれなりに反映されている点がその特徴である。しかも提出時期が凶作などのまだ続いていた頃なので、その傾向はなお強い。

一方、この（三）の項の時期は、日中戦争に突入した戦時経済体制期であり、さらに国家総動員法公布段階のものが多く、したがって東北各地からの陳情も主として災害救済の内容よりも、国策として戦時体制のもと生産力の拡充・国防力強化のための軍需工場などの誘致陳情が多くなっていった。この段階に至ると東北振興政策要求が、東北自らが被災救済より軍需生産力増強による地域経済力向上へと大きく軸足を転換させ、戦時体制協力へと変容させていった点に、大きな特徴があった。その点を次に具体的に検証していきたい。

ア・各種工場の誘致

A・(昭和一〇年一二月四日、盛岡市長)[33]

　輓近経済不況ノ結果中小商工業者ノ危機農山漁村ノ窮乏ハ全国的ニ絶叫セラルル所ナルモ殊ニ当地方ハ昭和六年ノ銀行破綻以来前代未聞ノ金融梗塞ヲ来シタルヲ初メトシ昭和八年三陸沿岸ノ大海嘯更ニ前年東北地方ニ襲来シタル冷害凶作ニ依リ地方民ノ困苦言語ニ絶スルモノアリ（中略）冷害凶作ノ影響激甚ナル本県本市ニ対シ各種工場ノ設立誘致其ノ他適当ノ御計画ノ実施相成候様特ニ御配慮ヲ仰キ（中略）奉悃願候也

この提出者が盛岡市長であることから判るように、早い段階から都市住民の雇用と地域経済強化のために、各種工場の誘致・設立運動を展開していた。ただここで注意すべきは、まだ凶作などの災害の影響が強く続いているこの時期は、あくまでも災害救済の面からの工場誘致の陳情であった。

B・(昭和一四年一〇月二五日、仙塩地方開発綜合計画実現期成大会)、「仙塩地方開発綜合計画実現方要望ノ件」[47]

　今ヤ支那事変ハ東亜新秩序建設ノ段階ニ入リ国防軍備ノ強化、生産力ノ拡充及海外貿易ノ振興ハ愈々喫緊ノ要務タルニ至レリ斯ノ秋ニ□リ仙塩地方開発綜合計画樹立セラレ将ニ之ヲ実現セントスルニ至レハ国家ノ為メ吾人ノ欣快措ク能ハサル所ナリ

決議　一、仙塩地方市町村ハ工場誘致ニ協力シ生産力ノ拡充ヲ図リ以テ国防国家建設ニ貢献セムコトヲ期ス

日中戦争も三年目に入り戦時経済体制が本格的に確立したことに伴い、生産力の拡充強化を通して国防国家建設に貢献するため仙塩地方開発綜合計画の実現を期すというのである。ここには最早被災住民の救済の文字は見当たらない。工場誘致の本意がこの段階では大きく変貌していったのである(50)。

イ・軍需工業の積極的な誘致

生産力増強・地方経済の活性化・地域住民の雇用確保を願っての各種工場の誘致を、さらに踏み込んでその内実を明確にしていったのが、軍需工業の東北への積極的な誘致の陳情であった。その陳情の提出団体でいえば、市長会・県会連盟・商工会議所連合会など地元経済界やそれを基盤におく都市部の市長・県会議員などであった。

A・（昭和一二年六月二二日、東北六県県会連盟理事長）、「東北地方ニ適当ナル軍需工業施設ヲ設置セラレムコトヲ望ム(40)」

（理由）　東北地方ハ共同作業、規格品製作等ノ経験ニ乏シキ為未ダ当業者ニ於テハ手工業ノ域ヲ脱セサルモ今後益々発展ヲ期シテ俟ツヘキモノアルヲ以テ政府ハ東北六県ニ適当セル《ママ》軍需工業ノ指導、見本品検査、試験製作其ノ他改良研究等ノ為機関ヲ設置シ東北地方ニ於ケル軍需工業ノ発展ニ資セラレムコトヲ切望ス

軍需工業の設置要望は、早くも日中戦争突入の直前から出されていた。近代工業の中でも中核をなしている機械工業や金属工業の発達が京浜工業地帯などに比して著しく遅れをとっていた東北地方は、即効性の強い軍需産業にすが

る方策に大きな期待を寄せていた。その一例がこの陳情書であった。

B・（昭和一三年一一月一四日、東北商工会議所連合会議長）「軍事工場ヲ東北各地ニ設置方陳情[46]」

（理由）東北地方ハ積年ノ冷害ニ雪害ニ甚シク疲弊困憊ノ状態ニ在ルヲ以テ政府ニ於テモ其ノ窮状ヲ認メ東北振興両会社ヲ創立セラレタル処ナリ
然ルニ今次事変ノ長期戦体制ニ伴ヒ経済上統制愈々強化セラレ当地方ニ於テハ中小商工業者ノ蒙ル打撃甚大ニシテ為ニ今後失業者続出ノ傾向ニ在リ
東北地方ニハ未ダ軍需工業ノ分布頗ル稀薄ニシテ到底中小商工業者ノ窮状ヲ救ヒ其ノ失業対策ヲ充足スルニ足ラズ
仍ッテ右事情ニ鑑ミ永年疲弊セル当地地域ニ此際特ニ軍需工場ヲ設置シ東北振興両会社ト共ニ其ノ振興ヲ画スルハ最モ喫緊事ト信ズ

日中戦争二年目の段階の陳情書であるが、注目すべきことは、中小商工業者の危機意識の強さ、特に五月の工場事業場管理令公布（国家総動員法発動の最初）、同月の臨時物資調整局の官制公布（物資統制の中央機関）、七月の物品販売価格取締規則の公布（公定価格制度の確立などによる物資統制強化政策に関連）と、中小企業の経営困難に直面しての、軍需工場誘致の陳情である点である。

なお、翌昭和一四年五月に同連合会議長名で「東北各地へ軍需工場設置方重ネテ要望ノ件[47]」（傍点は筆者）という陳情書が提出されていたことからも、中小商工業者の「殆営業ノ継続至難」という窮状の深刻さの程度が窺われる。そしてその打開策としての軍需工場の設置への要望が、ますます強まっていたのであった。

C・（昭和一二年九月八日、山形県愛国労働同志会・東北皇国農民連盟会長）(51)

今回の支那事変に依り山形県下の製糸工業並に蚕糸工業の一切が無期休業の運命に陥り約一千余名の男女工の失職を見るに至り非常に困却仕り居り候

此等失業男女工は同地方貧農の子弟にして失業の結果は一家を挙げて糧道を失ひ路頭に迷ふ事態に立至り居り候既に一般が御承知の如くさなきだに東北農村窮乏切なるものあり今回の失業が同地方に与へたる打撃は実に深刻にして放任を許さざるもの者有候

願くは此際此等失業労働者に対し特別の御詮議に依り労働者を必要とする軍需工場関係への雇傭方並に満州移民等に就き御斡旋被下此等労働者をして此際直ちに勤労奉国の実を挙げ得る様御取計ひ奉願上候茲に陳情に及候也

この陳情書は、内閣東北振興事務局ならびに内閣東北局に提出された全九四二件中きわめて稀有なものである。提出された陳情書の提出者はほとんどが各県知事・県会議長・県会連盟理事長・市長・町村長など地方自治体関係をはじめ各種産業団体関係者である。したがって在野の団体や個人からの提出者は私が確認した限りでは数件にすぎずきわめて異例である。ましてや右翼的な労農団体の会長の陳情書は、この一例のみである。

また右翼的な労農団体の陳情内容の根拠（理由付け）に中小企業の従業員失業問題がある。この点は先述のBの論拠とほぼ同様であるが、Cの場合「勤労奉国」の視点からより直接的に軍需工場への雇用、さらには満州移民を強く要望していることにこの陳情書の特徴がある。

ウ・河川改修と軍需生産の基盤強化

内閣東北振興事務局や内閣東北局への提出書のなかで河川改修など「治水関係」は意外と多い（七三通）。とくに一九三五年から三七年度にかけての多くは、凶作で窮乏の極に立った農村に集中豪雨や台風による大洪水・堤防決潰の災害救済要望した陳情であった。次の陳情書はその典型例の一つである。

Ａ・（受付・昭和一〇年七月一八日、宮城県遠田郡沼部村村長外各村議）、「田尻川改修工事ノ件」(52)

如何ナル年ト雖モ旱水害ノ何レカヲ受ケサルコトナク実ニ天恵ニ浴セザルタメ住民ハ飢ニ泣キ家産ヲ傾ケ生活ニ迷ヒ転住スルモノ子女ヲ売ルモノスラアリ（中略）特ニ昭和九年度ハ冷害水害ヲ蒙リシタメ農作物ハ全部不熟作ニシテ一粒ダモ稔ラズ

実ニ三〇〇余町歩ノ皆無地ヲ出現シ僅カニ三、四分作地三五〇町歩アルノミ冠水回数一一回其ノ損害高二五万円ニ達セリ今ヤ住民ノ疲弊困憊ハ其ノ極ニ達シ実ニ見ルニ忍ザル惨状ヲ致セリ此ノ時ニ当リ之ヲ救ハンガ為メニハ田尻川改修工事ノ最モ必要ナルヲ痛感ス一ハ救済ヲ意味シ一ハ永遠ニ水害ヲ除去スル恒久ノ策トモ思料セラル（中略）年々歳々蒙ル水害ハ蓋シ江合川ノ逆流ニアラズシテ流域約二万町歩ノ降雨量ハ唯此ノ一川（田尻川―筆者）ニ注カルルヲ以テ之ヲ受ケキレズ忽チ氾濫スル為ナリ（中略）若シ此ノ惨害ノ因タル癌ヲ此ノママニ放置センカ如何ニ力行スルモ永遠ニ更生ノ見込立タズ住民生活ノ不安ハ年ヲ逐フテ其ノ度ヲ増シ随テ永住スルノ希望ヲモ失ヒ耕地ハ荒廃ニ帰スヘク洵ニ憂慮ニ堪エザル次第ニ御座候

結論として、水害による惨害の〝癌〟となっている田尻川の改修工事を強く求めて陳情に及んでいたのだった。これが昭和一〇年ころの水害被害救済の一般的な陳情であった。ところが日中戦争突入の段階になると、河川改修の必

要性に「国防上」の観点が強調されるようになった。その一例が次の陳情書である。

B・(昭和一二年九月一三日、大秋田経済連盟理事・秋田市長ほか[51])

隣邦満州ノ建国ニ伴ヒ日本海ノ海運界ヘ大転機ヲ画シ各港湾競フテ其ノ特異性ヲ発揮ニ努ムル等実ニ隔世ノ感アリ我カ土崎港ハ工業港トシテ好適ノ地帯ヲ占メ秋田市ニ至ル雄勝川筋ニ天下ニ冠タル雄勝川油田アリ工場地帯トシテ茨島ノ埋立地アリテ(中略)計画ヲ進ルム工場二、三ニ止マラサルモノ有之候

港湾ノ利用ト相俟ッテ近代産業ノ勃興ヲ招来スベク更ニ二大工事ト不可分ノ関係ニアル雄勝川運河開鑿ノ計画セシ次第ニ有之候

雄勝川改修工事ノ遅延ハ一秋田市附近ノ問題ニアラヌシテ国防上捨置キ難キ重要性ノ有ル次第ト存ジ候

今ヤ時局多端挙国一致ヲ要スル秋一地方問題ヲ以テ請願スルハ情ニ於テ忍ヒサル処ニ有之候ヘトモ前述ノ如ク雄勝川改修工事ノ進捗ハ国防ト密接ナル関係有之モノト確信仕候(中略)費用増額ノ上益々(雄勝川改修、運河開鑿の工事)促進致候様御詮議ヲ賜ハリ度本会ノ決議ニヨリ此段請願候也

この請願書中でいう雄勝川改修、運河開削工事と国防上との密接な関係とは、軍需工業地帯の土地造成事業のことを意味していた。つまり秋田県有数の大河川雄物川の日本海河口部に爆破工事によって日本海に直通する新たな放水路が完成し、同時に旧雄物川は運河となり、その周辺は埋め立てられ茨島地区は広大な工業地帯としてスタートしたこととなった。そして旧雄物川河口東岸に築港されたのが土崎工業港だった。その後この茨島工業地帯には、朝日化学工業・三徳工業・東北機械製作所・三菱金属秋田製錬所などの軍需関連の軍需工場が続々と誘致・新設された[53]。雄物川の河川改修工事が単なる治水工事ではなく、「今ヤ時局多端挙国一致ヲ要スル秋」に当り「国防上捨置キ難キ重

要性ノ有スル」事業として位置付けられていたのだった。日中戦争という戦時経済体制強化の下での河川改修事業の新たな展開であった。

エ・各種インフラの建設による生産力増強

一九三五（昭和一〇）年から一九四二（同一七）年までの八年間、政府に提出された各種の陳情書は合計九四二件に及ぶが、その中で項目別で最も多かったのは鉄道関係の一五五件（全体の一六・五パーセント）で、同じ社会基盤である道路関係は二六件であった。共に多くは災害復興・救済関連のもの（一九三五年〜三七年）であるが、日中戦争期には国防力強化との関連が多くを占めていた。

A・（昭和一一年三月一五日、福島県南会津郡伊北村村長ほか各村長）、「雪害対策ニ関スル嘆願書」(30)

本村ノ位置ハ越後国界山脈中ニ在リ昨冬以来ノ積雪ニヨリ前例ヲ知ラザル被害ヲ受ケ一昨年ノ大凶作時ヨリ更ニ深刻ヲ極メ経験ニ徴スルニ田畑農作ノ凶荒ハ免ルサル処ニシテ其地林産果樹桑園等ノ被害甚大ナルノミナラズ現ニ数月ノ交通杜絶ハ糧食ノ欠乏ヲ来シ村民多数ノ生業ヲ脅ヤカサレ困苦窮乏ノ極ニ達シ寔ニ本村トシテ未曾有ノ悲境ニ遭遇致シタル次第ニ御座候

就テハ予テ御起工中ノ只見小出間鉄道ハ地方救済ノ生命線トシテ歓喜罷リ在候処今回ノ災害救済トシテ特ニ本年度本県只見ヨリモ御着工相成度是ニ依リ地方窮民生計ノ資ヲ得シムルハ最モ適切ナル義ニシテ之レニ因リテ地方更生ニ資シ得ル事ト確信仕リ候

願クハ特別ノ御論議ヲ以テ願意御採択相成度此段及歎願候也

本陳情書は只見線中福島県の只見と新潟県小出間の早期着工を切望したものであるが、その際の最大理由がその年の前年の豪雪と一九三四年の冷害による深刻な困窮の救済策としての絶大な期待であった。通例鉄道の建設理由として、通学・通勤・通院等の生活上の利便、各種産物の〝輸出入〟の増加、資源開発の可能性等が挙げられるが、この場合それ以前の問題として、地域社会の生活と生産基盤の再建策の鍵としての切実な要望であった。

B・（昭和一四年三月一五日、宮城県志田郡古川町町長ほか各町村長）、「仙台古川秋田直通鉄道建設ニ関スル陳情書」[54]

本鉄道実現ノ暁ハ宮城県中央部ニ於ケル産業振興ニ寄与スル所甚大ナルノミナラズ其ノ沿線ニハ（中略）軍需資材ニ供シ得ベキ材料頗ル多シ

（中略）同地方国有林野開発ニ因ル軍需資材供給ノ利便ト鉱業開発ニ資スルハ勿論王城寺原ニ於ケル軍事上ノ利用ニ資センガ為又奥羽表裏ノ交通連絡系統整備ノ為仙台市ヨリ古川町高清水町ヲ経由シ秋田県十文字ニ至ル鉄道建設ヲ要望スル所以ニシテ（中略）此ノ際速カニ本鉄道ノ建設ヲ実現シ軍事資源開発ト銃後国力伸張ニ資セントスルモノナリ

陳情書A提出の三年後のこの陳情書Bにある鉄道建設の目的は、大きく変化していった。前者の目的は雪害と大凶作の救済策であったのに対し、後者のそれは軍需資材の供給、鉱山資源の開発、そして第二師団の王城寺演習場への利便性にあることを明記していた。つまり困窮した地域住民の救済よりも、日中戦争遂行のための国防力強化のための鉄道建設にあった。こうして東北振興政策に籍口して今や広義国防国家強化の一翼を担ってのインフラ建設であった。

次に紹介する道路建設・改修の陳情も、一九三五・三六年度分は、主として凶作被害の匡救を目的とするものが大半であったが、日中戦争突入後は主として国防力の強化を目的とするようになった。

C・（昭和一三年二月二日、山形県最上郡新庄町町長ほか）、「国道五号線中、山形県最上郡内、路線ノ大改修速進ニ関スル件[54]」

国道五号線ハ山形県ノ中央部ヲ縦貫シ、南ハ福島ヨリ東京へ、北ハ秋田ヨリ青森へ通スル幹線道路ニシテ交通上、産業上、国防上所謂、東北裏日本ノ大動脈ニ有之候

（中略）今ヤ支那事変ノ一大国難ニ際会シ、吾人亦戦時体制下ニ在ル非常時財政ハ充分之ヲ認識シ、必要欠クヘカラサル新規事業ノ外、国際情勢ニ鑑ミ国道五号線ハ益々重要性ヲ帯ヒ、而モ東北ノ資源ヲ開発シ、民力ヲ涵養シ、以テ勇敢ナル将兵ノ充実ニ資スル対内工作ニ必要ナル国道ノ整備ハ、寸時ノ偷安ヲ許ササルモノト信ス

（中略）本道路ノ画期的使命ヲ達成シ以テ国防ノ強化、東北振興ノ実績ヲ挙ケラレンコトヲ懇望シテ止マサル次第ニ御座候

東北の日本海側を縦貫する国道五号線（現・国道一三号線）とは別に、新庄・酒田間を横断する路線（現・国道四七号線）に接続する一部路線の延長を要望する陳情書[54]（昭和一三年一二月）の中で、その新庄・酒田間路線の重要性について次のように力説していた。この路線は「国内的ニハ表裏日本、国際ニハソ満鮮トヲ結ブ国家重要路線」、「空ニ海ニ陸ニ裏日本ノ防備ヲ充実シ」、さらには酒田港は「物的人的資源ヲ総動員シテ満鮮開拓」を推進する「起点」と位置付けていた。この陳情書も同様の観点からのもので、国家総動員法体制下の認識が早くも地方の道路行政にも反映

しているとみるべきであろう。

四　この陳情書の課題

①　東北にとって東北振興への期待と需要は、本来一九三四年の大凶作による農村の〝疲弊〟（農民の生産と生活の崩壊と困窮）の救済にあったので、陳情書の主たる内容はその点に集中していった。しかし、日中戦争（一九三七年七月）とそれに伴う国家総動員法の公布（翌三八年四月）によって、国防力の強化のための生産力拡充政策の一翼を担い、社会基盤の整備・増強、工業地帯（なかでも軍需工場）の誘致・新設などが陳情の中心になった。若干の例外を除いて、その段階から東北振興政策への要望は質的に大きく変化していった。

②　その結果、本来企図していた東北農村の窮乏対策が後景に追いやられ、その課題は未解決のまま残置されていった。そして東北振興調査会の答申内容も〝総花的〟な綜合計画と、その要となる国策会社としての東北興業株式会社と東北振興電力株式会社事業に重点をおいていった。

③　陳情提出者は、初期の段階では冷害・水害・雪害の救済が中心であっただけにその被災地の町村長や町村長会などで、その陳情内容はより具体的で切実なものが多い。それに比して県知事や県会議長などのものは、やや抽象的で網羅的で、要求の切迫度も一般的なレベルのものが多い。そして工場一般や軍需工業地帯の誘致などの陳情団体は、商工会議所や商工業団体（経済連盟）など直接的に利害に絡む集団が主となっている。

④　東北としての独自の救済要望を、自ら変質させて広義国防国家の一翼を担っての東北振興政策への陳情として展開していったことには、次の二つの要因があったと考えられる。

第一の要因として、何よりも国家政策に順応・即応することなしには、国策としての東北振興政策は実現しえないという他律的要因があったからであった。つまり東北からの各種陳情は、そもそも国の政策とその財政歳出の実現を実質的な歎願・懇願という方法でするしかあり得なかった客観的枠組みを、前提としていたからであった。

第二の要因として、東北の地域要求として貫徹するための、主体的な地域主権意識と能力の稀薄さという自律的要因があったことは否めない。かりに政治的経済的に地域主権の実力のある首都圏や関西圏の強硬の要求であるならば、別の展開方法とその結果が得られたのでなかろうかと推定される。日本全体における東北の政治的経済的位相を考えた場合、資源・食糧供給地帯としての東北は近代日本の〝準国内植民地〟的な役割を積年にわたって担わせられてきただけに、東北の主体的で自立的な地域主権意識が脆弱化していたことに、その背景があると考えられる。本来主体的な地域的要求であるべきはずのものが、「歎願」「懇願」ないしは「要望」とせざるをえなかったことの大きな要因は、そこにあったと思われる。

⑤　農村の〝疲弊〟問題の早急な救済・解決をめざすことを原点に、東北各地の各種団体は東北振興調査会や内閣東北局に大きな期待を寄せ九四〇件余の陳情書を提出したが、実は内閣東北局を中心とした政府の根本的な理念や具体的な対応策は、東北の要望とは当初から大きく異なっていた。そもそも政府は東北振興政策を単なる一地方の地域救済政策としてだけでは考えていなかった。つまり東北振興政策の基本を、国の資源政策から広義国防国家の生産力拡充政策の確立・増強という視点においていたからだった。満州事変時の準戦時経済体制から、日中戦争に伴う戦時経済体制・国家総動員体制の確立・強化がその重大な背景となっていたからである。

東北地方の各種陳情の要望内容とこうした国の東北振興政策の基本理念・その具体策との〝重大なズレ〟は、結局のところ東北各地の救済要望は戦時下の国家政策の前に変質させられたのだった。そこに陳情書問題の最大の課題がある。なお参考までに記すと、上記の各種陳情書は、主として一九三四年の大凶作の救済に関わるのが圧倒的に多い。しかしこの救済問題は依然として未解決のままであり、一九三八年段階でも、東北各県知事よりの陳情書が示している通り東北農村の〝疲弊〟の根本的打開問題は、大きな課題としてその後も残されていった（資料編二を参照）。

注記

（1）「河北新報」昭和九年一〇月七日。なお、以下の新聞記事引用の大半は記事見出しである。
（2）「河北新報」昭和九年一一月七日。
（3）「河北新報」昭和九年一一月一七日。
（4）「河北新報」昭和九年一一月二五日。
（5）「河北新報」昭和九年一一月一二日。
（6）「河北新報」昭和九年一一月一一日。
（7）「河北新報」昭和九年一一月一八日。
（8）以下、農林省米穀局『凶作地ニ対スル政府所有米穀交付実績』昭和一〇年六月（復刻版『恐慌下の東北農村』下巻、不二出版、所収）による。
（9）「河北新報」昭和一〇年一月九日。
（10）『日本経済年報』第一九号（東洋経済新報社、昭和一〇年）二五九頁。
（11）『日本農業年報』第六輯（改造社、昭和一〇年）四〇七頁。
（12）「河北新報」昭和一〇年一月一〇日。
（13）「河北新報」昭和一〇年二月三日。
（14）「河北新報」昭和一〇年一月六日。
（15）「河北新報」昭和一〇年一月八日。
（16）「河北新報」昭和一〇年一月一二日。
（17）「河北新報」昭和九年一一月八日。
（18）「河北新報」昭和一〇年二月一七日。
（19）「河北新報」昭和一〇年三月三一日。
（20）「河北新報」昭和一〇年四月二日。
（21）「河北新報」昭和一〇年三月一三日。
（22）『宮城県議会史』第四巻、八六三頁。
（23）米倉辰治郎『菊地養之輔とその時代』（社会運動研究会、一九七七年）一八五頁。

(24)「河北新報」昭和一〇年三月一五日。
(25)東北振興調査会『東北振興調査会要覧』、昭和一三年、一頁（『東北振興計画集覧』上巻、不二出版、一九八五年所収）。
(26)前掲書（25）二頁。
(27)国立公文書館所蔵「内閣東北局関係文書目録二」を筆者が集計し分類した。ただし「内閣東北局関係文書」には、この種の分類集計はない。
(28)国立公文書館所蔵文書、配架番号二A・三七―三・東北一八一（以下、東北・番号のみ記載）「昭和一〇年陳情書綴（一）」。
(29)『豊里町史』上巻、三五四頁（豊里村、昭和四九年）。
(30)東北一八三「昭和一〇年陳情書綴（三）」。
(31)東北一九〇「昭和一一年陳情書綴（総括・雪害・治水・開墾）」。
(32)東北一九八「昭和一三年度陳情書（災害関係）」。
(33)東北一九一「昭和一一年陳情書綴（施設・財政・教育・其ノ他）」。
(34)東北一八五「昭和一〇年陳情書綴（一）」。
(35)東北一八六「昭和一〇年陳情書綴（二）」。
(36)内務省社会局「調査資料」第一七号「東北地方農村疲弊状況」（第二編）九～一一頁（楠本雅弘編『恐慌下の東北農村』中巻、不二出版、一九八四年所収）。
(37)大石嘉一郎編『福島県の百年』（山川出版社、一九九二年）一九二・一九三頁。なお出典は『福島県史一三』近代資料三による。
(38)宮城県教育委員会『宮城県教育百年史』第二巻（ぎょうせい、昭和五二年）、三七六～三七八頁。
(39)前掲書（37）一九三頁。
(40)東北一九四「昭和一二年陳情書綴（総括的）」。
(41)『真室川町史』（平成九年）七一五頁。
(42)『河北年鑑』昭和一一年度版（河北新報社）二六四頁。
(43)『東北地方農村に関する調査・実態篇』（帝国農会、昭和一〇年）三六二頁（楠本雅弘編『恐慌下の東北農村』上巻、不二出版、一九八四年所収）。
(44)前掲書（42）二六九頁。
(45)内務省社会局「調査資料」第二〇号「東北地方農村疲弊状況」（第三編）二六四頁（楠本雅弘編『恐慌下の東北農村』中巻、不二出版、一九八四年所収）。
（46）東北二〇〇「昭和一三年度陳情書綴（雑）」。
（47）東北二〇五「昭和一四年度陳情建議書綴（其ノ二）」。
（48）委一三三三「第二期東北振興各県計画」。
（49）前掲書（43）三七八頁。
（50）その後の仙塩地方開発計画が、内務省の国土計画的施設と陸海軍省の軍工廠の地方配置によってどう実現しさらに発展していったかについては、安達宏昭の論考「戦時期国土計画と東北地方・仙塩地方開発の事例」（安達宏昭・河西晃祐編『講座東北の歴史』第一巻所収、清文堂、二〇一二年）を参照のこと。
（51）東北一九五「昭和一二年陳情書綴（河川・港湾・道路及雑）」。
（52）東北一八四「昭和一〇年陳情書綴（四）」。
（53）この事業の経緯とその意義については、東北産業科学研究所経済調査科「東北地方工場地帯論」（二）（『東北産業研究』第三号・昭和一六年）、ならびに『秋田市百周年記念誌』秋田市、平成元年）を参照のこと。
（54）東北二〇一「昭和一三年度陳情書綴（道路・鉄道・河川・港湾）」。

第三章　東北振興調査会の論議とその答申

一　東北振興調査会の構成

(一) 同調査会の特徴

一九三四（昭和九）年一二月二六日、東北振興調査会は東北農村の疲弊救済の世論をバックに公布された（勅令第三四六号）。その第一条にこの調査会の目的が次のように明記されている。「東北振興調査会ハ内閣総理大臣ノ監督ニ属シ其ノ試問ニ応ジテ東北地方ノ振興方策ニ関スル重要事項ヲ調査審議ス」。そして第三条に「会長ハ内閣総理大臣ヲ以テ之ニ充ツ」と規定され、かつ第一条第二項には「調査会ハ（中略）関係各大臣ニ建議スルコトヲ得」とあるように、政府の諮問に基づくきわめて強力な機能を有する答申機関であった。[1]

この東北振興調査会の官制公布は、東北地方の歴史的大凶作の惨状が顕在化し、いわゆる東北農村の〝疲弊〟問題として大きな政治・社会問題としてメディアなどで喧伝された僅かの間ののちに公布された勅令で、その意味ではその迅速ぶりは注目される。しかもその当時内閣で設置していた「内閣所管各種審議会調査会等ノ調[2]」によれば、計二〇のうち調査会は僅か三つであり、かつ特定地方を対象とした調査会は唯一東北振興調査会のみであった。

こうした異例ともいえる岡田啓介内閣の積極的姿勢には、それなりの理由があった。そもそも岡田内閣は「挙国一致内閣ではあるが、組閣方針は官僚内閣であった。岡田は〝新官僚〟の中心人物と見られていた後藤文夫農相と拓務次官河田烈とを組閣参謀として[3]」組閣がなされていった（なおその岡田内閣では、後藤は内務大臣、河田は内閣書記官長の重要閣僚に就任した）。その意味で岡田内閣は、「実際は後藤内閣の観さへ呈してゐる[4]」と評されたほどの〝新官僚〟中心の内閣であった。この〝新官僚内閣〟は、後藤文夫を中心に河田烈そして藤井真信（大蔵大臣）などは、「精神的な農村救済を唱えていた『国維会』のメンバーであった[5]」ことは特に注目される（国維会系の新官僚については後述する）。彼らは東北農村の疲弊問題を日本社会の崩壊につながりかねないとの危機意識で、早急に東北振興調査会を立ち上げて、その打開策を講じようとした。その点に東北振興調査会を中心とした政府による東北振興政策の大きな特徴があった。

先述の『東北振興調査会要覧』の第一章総説によれば、東北振興調査会の目的を「東北地方窮乏対策ヲ立案スベキ調査研究機関[6]」と規定している。具体的には「東北救済ヨリ進ンデ東北振興ヲ念慮セバ、同地方困窮ノ自然的社会的真因ヲ峻厳ニ攻究シ、其ノ調査ノ基礎ニ立脚スル綜合的組織的統一方策」を提言する機関として位置づけられている。つまり、東北振興調査会の設置理由とその調査研究の目的は、大凶作によって顕在化した東北農村の窮乏の根源的な究明に対応した、抜本的打開政策の提言にあることは、明確である（しかし、その提言内容の政府による実行予算化は容易には実現せず、いろいろと紛糾した議論が展開されたことについては後述する）。

（二） 同調査会委員の構成

東北振興調査会は、調査会官制により会長は総理大臣、副会長は内務大臣及び農林大臣と規定され、委員及び臨時委員は内閣の任命と定められている。そしてその委員は内閣書記官長をはじめ各省の次官や国会議員で（発足時で計三二名）、その外臨時委員（東北各県知事など）、幹事（計一七名全員が各省の局長クラス）である。つまり東北の疲弊した窮乏民の実態を深刻に体験した代表者（例えば町村長など）は一人も入っておらず、間接的に各県知事や東北選出の国会議員らがその被災実態を代弁しているにすぎない。その意味では、政府の大臣や官僚中心の官邸内での秘密会議[7]で審議・決定する東北振興政策の提言である。したがって深刻な災害を受けた農漁民や住民の悲惨な生産と生活の実態を根源的に打開できる政策提言（総理大臣の諮問に対する答申）が、どこまで為し得たかは疑問がないではない。それでも辛うじて東北各県知事や東北選出国会議員の発言を通して、被災・窮乏した住民たちの切実な救済要望を見つめ、政府の閣僚や高官との対立・論争の意味を考えてみることにしたい。

なお参考までに、東北振興調査会の東北関係の主な各委員（国会議員）は、次の通りである。

田子一民（岩手県選出、衆議院議員）
松岡俊三（山形県選出、衆議院議員）
林　平馬（福島県選出、衆議院議員）
工藤鉄男（青森県選出、衆議院議員）
工藤十三雄（青森県選出、衆議院議員）
佐藤　啓（山形県選出、衆議院議員）
内ヶ崎作三郎（宮城県選出、衆議院議員）
菅原通敬（宮城県選出、貴族院議員）

（なお以下、上記の委員は氏名のみ記す）

二　東北振興調査会への諮問と各答申

（一）岡田総理大臣の諮問

一九三五（昭和一〇）年の年明け早々の一月一〇日、首相官邸で東北振興調査会第一回総会が開催された。冒頭、岡田啓介総理大臣は挨拶の中で、「政府ニ於テモ夙ニ東北地方振興ノ為メニ根本塞源ノ方策樹立ヲ企図シツツアッタ際デアリマスカラ（中略）内閣ニ東北振興調査会ヲ設置[8]」と調査会の設立経緯を説明し、そしてその調査結果を尊重して「将来ノ確固タル方策ノ樹立ト之ガ実施トニ勉メタイ」と、首相としての責務遂行の決意を表明した。その際この調査会を異例にも特に設置した最も重要な要因は、「東北地方ハ（中略）凶作相踵グノ状態デアリマシテ」、「殊ニ三陸海嘯ノ惨害未ダ癒エザルニ続イテ、昨年ノ冷害ノ結果稀有ノ凶作ニ陥リ」とあるように、東北農村の未曾有の危機に直面した緊急事態の打開にあったからにほかならない。そこで政府によって、席上次のような諮問第一号[9]が出された。

東北地方ノ不振ハ其ノ由テ来ルコト既ニ久シク禍害亦相踵グノ現状ニ顧ミ之ガ真因ヲ究明シ以テ災害ヲ防除シ福祉ヲ増進スベキ振興策ヲ樹立スルヲ緊要ト認ム仍テ之ガ具体的方策ニ付意見ヲ求ム

この諮問について説明に当った内閣書記官長吉田茂（戦後の首相とは別人）は、東北地方が近年災害の頻発による極度の窮乏の深刻化と共に、一過性でない長期間にわたる東北農村の「不振窮迫」の根本原因の究明を、この調査会に求めていた。そこにこそ特別に設置された東北振興調査会の目的があった（資料編一を参照）。

なお、この段階では東北振興調査会事務局はまだ設置されておらず、事務局の実務は事実上内閣書記官が担当していて、この諮問第一号の朗読者は同書記官構溝光暉であった。したがってこの諮問の提案説明者が内閣書記官長吉田茂であったのは、こうした事情があったからだった。

(二) 応急対策の樹立に関する答申

岡田総理大臣のこの諮問に対して、応急対策の樹立を審議するため次の特別委員会（及び小委員会）が設置された。[10]

第一特別委員会（審議進行ニ関スル総括的事務）
第二特別委員会（災害防除、産業振興、交通整備等ノ事項。小委員会トシテ、冷害対策、農村工業問題、交通整備ノ各事項）
第三特別委員会（精神作興、財政問題等ノ事項。小委員会トシテ、生活・教化・社会問題、行財政整備ノ各事項）

それぞれ特別委員会や小委員会の審議を経て、第三回・第四回・第五回の各総会で次の事項について可決・答申した。(11)

第三回総会（一九三五年二月二一日）
一、交通整備ニ関スル件
第四回総会（一九三五年二月二六日）
一、冷害対策上特ニ急施ヲ要スル事項ニ関スル件
（一）測候施設ノ拡充
（二）農業経営指導農場ノ設置及農村指導員ノ養成
二、東北振興事務局設置ノ件
第五回総会（一九三五年二月二八日）
一、農村工業発達ノ為緊急施設ヲ要スト認ムル事項ニ関スル件
二、東北地方生活改善ニ関スル方策ノ急速ノ急速実施ニ関スル件

これらはいずれも歴史的な大凶作に対処するための早急に求められている文字通りの応急対策で、後述する暫定対策や恒久対策に比してほんの一部にすぎない。その中で特に注目すべきは東北振興事務局の設置の件である。「東北振興事務局ノ概要」[12]によれば、東北振興上の各施策の実施は「大体現行制度通各省其ノ他ノ諸官庁各其ノ職責ヲ担任」しているが、「各種方策ヲ調査シ該計画ノ具体的樹立及実行ノ統一ヲ保持スル」ため、「内閣ニ東北振興事務局(仮称)ヲ設ケテ必要ノ事務ヲ担任セシメ以テ東北振興ノ完全ナル成果ヲ挙ゲンコトヲ期セントスルモノナリ」というものであった。つまり東北振興政策の完全な成果を得るための東北振興事務局の設置であり、東北振興事務局の廃止(一九三六年一〇月八日)まで継続され、その後は内閣東北局事務局に継承されていった。その初代内閣東北振興事務局長に就任(一九三五年六月一〇日)したのが、資源局長官兼任の松井春生で、松井はその後も内閣東北局長として東北振興政策の事実上のキー・パーソンとして活躍した(彼の東北振興政策観と国維会系新官僚としての思想については後述する)。

(三) 暫定対策の樹立に関する答申

中期的な暫定対策の樹立をめざす答申案は、一九三五年八月一六日の第六回総会で可決された。そのために、新たに改変された次の各特別委員会[13]で慎重に審議された。第一特別委員会「災害防除ニ関スル事項」、第二特別委員会「産業振興ニ関スル事項」、第三特別委員会「農村工業及副業ニ関スル事項」、第四特別委員会「交通整備ニ関スル事項」、第五特別委員会「生活改善、教化及社会問題ニ関スル事項」、第六特別委員会「行財政ノ整備ニ関スル事項」の六つの特別委員会構成で、答申案作成のための審議が行われた。なお第二特別委員会は、その重要性にかんがみて特に「金融殖産興業ノ機関ノ設立」、「大規模発電事業ノ起興助成」、「公営電気事業ノ容認」、「金融施策ノ整備改善」の各小委員会を設置して審議を深めた。

第六回総会(一九三五年八月一六日)では暫定対策として、先述の各特別委員会の審議・原案に対応した六大項目、計二四小項目の答申案が可決され、総理大臣に答申した[14]。その際「参考」として、各小項目別に事業費総額と昭和一一年度分事業費を併記した。

なお答申された計二四項目は、多くの場合第九回総会で可決した答申「東北振興綜合計画」の内容と重なる項目でもあるので、それらの主な特質とその問題点について後に論じることにする。

先述の第二特別委員会の各小委員会の審議を経て、第七回総会（一九三五年九月一九日）で、「東北興業株式会社設立ニ関スル件」、「東北振興電力株式会社設立ニ関スル件」、「金融施策ノ整備改善ニ関スル件」の三件が可決され、総理大臣に答申した[15]。

その中で特に東北興業株式会社と東北振興電力株式会社（以下、東北振興両会社と略称）の設立の件は、東北振興政策上、後述の「東北振興（第一期）綜合計画」と共に、双璧をなす程の決定的な役割を果していった。後者の「綜合計画」は一九三七年からの五カ年で終了する中期的な計画であるが、前者の「東北振興両会社」（なかでも東北興業株式会社）の事業は、戦後の一九五七年に至る二一年間継続されていった。その意味で、東北興業株式会社こそ東北振興政策上の主軸としての役割を遂行していった（ただし、日本の敗戦により、国策会社としての政府による各種援助は喪失する）。

この東北振興両会社は、民間企業としての振興事業会社ではなく、国による「特殊会社」、つまり政府が設立した「国策会社」だったことが、この両会社の最大の特色だった。そもそもその設立を審議・答申したのが、政府の東北振興調査会であったことからも明らかである。したがってこの振興両会社は、帝国議会で政府提出案が審議に付せられ可決成立の上、一九三六（昭和一一）年五月二七日法律第一五号並びに同第一六号に基づいて創立された。

この振興両会社の「国策会社」としての特質を、東北振興調査会第七回総会での答申内容に基づいて簡単に要点のみを述べることにする。その答申の中の「東北興業株式会社要綱」[15]によると次のように規定している。①会社の資本金三千万円のうちその半数は東北各県が引き受け、その株式引受資金として政府は特別の融通措置をとる。②会社の配当年六分に達しない場合、政府はその不足金額の補給措置をとる。③会社設立に関する一切の事務は政府で処理する。④会社の社長は政府が任命する。⑤会社の取締役は政府の認可による。⑥会社の業務は政府が監督し、重要な事業内容は政府の認可による。⑦政府は東北振興上必要ある場合、事業計画及運営に特別の命令をなす、との以上の七点である（資料編一を参照）。

(四) 恒久対策の樹立に関する答申

長期的な恒久対策樹立をめざす答申案は、一九三六年七月八日の第九回総会[16]で可決された。同年二月に二・二六事件が勃発し岡田内閣が倒れ、その後広田弘毅内閣が誕生した。そのもとでの第九回総会は「東北振興第一期綜合計画答申案」を可決した。その後の東北振興政策の重要な柱の一つとなった答申である。もう一つの柱は先述した東北振興両会社の創設である。今回の「東北振興第一期綜合計画」は、先の暫定対策（第六回総会）と密接な関係を有しより具体的な方策を樹立したものであり、そして一九三七年度以降の綜合的根本的方策の樹立を企図したものであった。

この綜合計画の根本理念というべき「東北振興綜合計画実施要項[17]」の第一項と第二項には、これまでの各総会の答申とは決定的に異なっていた。準戦時体制下の政府の強い要請が色濃く出ていたからである。

一、東北振興綜合計画ノ目的ハ東北地方ニ於ケル産業ノ振興ヲ図リテ同地方住民ノ生活ノ安定ヲ期スルト共ニ、国家内外ノ情勢ニ鑑ミ国防上ノ人的及物的基礎ノ確立ニ資スル為所謂広義国防ノ実ヲ挙グルニ在ルモノトス」

二、本計画ハ東北地方住民ノ自力更生ト相俟ツテ始メテ其ノ目的ヲ達成シ得ベキモノニシテ国費多端ノ今日徒ニ其ノ費額ノ多大ナルヲ望ムベカラザルハ固ヨリナルモ（以下略）

（注・傍線は一、二とも筆者）

つまり、ほぼ一年前の第六回総会答申（暫定対策ノ樹立）には全く言及していない「国家内外ノ情勢」、「広義国防ノ実ヲ挙グル」ために、「東北地方ノ自力更生」、（東北振興の）「費額ノ多大ナルヲ望ムベカラザルハ固ヨリ」と自己規制が求められていた。ここでいう「国家内外ノ情勢」とは、天皇機関説問題、二・二六事件、対中国との情勢悪化、ロンドン軍縮会議の脱退、軍部大臣現役武官制の復活などを指すと思われる。そして内閣や世論への軍部の影響増大のもとでの、東北振興政策の変化の方向性が明示されたと、見るべきである。それは間もなく始まる戦時体制突入の前兆の段階での、東北振興政策の転換を意味していた（資料編一を参照）。

その東北振興第一期綜合計画（一九三七年からの五カ年計画）の「計画要綱」[18]として、次の三〇項目が列挙されている。

一、道路ノ新設及改修
二、港湾ノ修築
三、鉄道網ノ整備改善及鉄道運賃ノ軽減
四、治水事業
五、津波等防備施設ノ整備
六、荒廃地復旧事業
七、災害防止林ノ造成
八、林道ノ開設、公私有林造成及農業用採草地ノ改良其ノ他施業改善
九、国有林野ノ開放
十、耕地改良事業
十一、開墾事業

十二、自作農ノ創設維持
十三、畜産施設ノ整備
十四、水産施設ノ整備
十五、農山漁村経済更生ノ促進
十六、産業試験研究指導機関ノ整備
十七、工業振興施設ノ整備
十八、商業振興施設ノ整備
十九、鉱業振興施設ノ整備
二十、農村工業及副業施設ノ整備
二十一、航空施設ノ整備
二十二、航路及航路標識ノ整備
二十三、海洋観測及測候施設並ニ陸地測量施設ノ整備
二十四、学校教育及社会教育施設ノ整備
二十五、社会施設ノ整備
二十六、負債整理ノ促進
二十七、金融施設ノ整備改善
二十八、租税其ノ他公課ノ軽減
二十九、地方団体財政ノ援助
三十、東北関係行政機構ノ整備

こうして、一九三七年度から一九四一年度に至る東北振興第一期綜合計画の各事業に対する政府予算総額は三億円をもって実施するとの答申が、第九回総会で可決された。

先述した暫定対策樹立のための第六回総会答申と第七回総会答申、ならびに上記の恒久対策樹立のための第九回総会答申の原案作成者は、一九三五年六月一〇日に内閣東北振興事務局長に就任した松井春生であった。その中で第九回総会での東北振興綜合計画の根本理念を、「広義国防ノ実ヲ挙グルニ在ル」において、主として疲弊した東北農村の救済・再生を主眼においた東北振興政策を転換させたことの意味は実に大きい。そのことを、内閣東北振興事務局長（のちに内閣東北局長）松井春生の政治思想と東北振興政策観について考察したい。

三　〝新官僚〟松井事務局長の政治思想と東北振興政策構想

（一）〝新官僚内閣〟の一員としての政治思想

歴史的な大凶作のただ中で成立した岡田内閣は、先述したように、〝新官僚〟の後藤文夫と河田烈を組閣参謀として成立した。そして内務大臣に後藤文夫、大蔵大臣に藤井真信、書記官長に河田烈（のちに吉田茂）といずれも〝新官僚〟と言われた人々が重要閣僚を占めたことから（首相自身は退役海軍大将でありながら）、世評では〝新官僚内閣〟と呼ばれた。因みに後藤文夫の前歴は内務省警保局長、台湾総督府総務長官、そして前内閣（斎藤実内閣）の農林大臣、さらにはその後に大政翼賛会副総裁、東条英機内閣の国務大臣を歴任した。河田烈は大蔵省出身で、のちに第二次近衛文麿内閣の大蔵大臣を務め、また藤井真信は岡田内閣の大蔵大臣に就任したが、在任中過労のため辞任した。彼らが〝新官僚〟とよばれた理由は、これまでの官僚、つまり政府機関の忠実な実務執行者とは異なって、積極的に政治的な発言を展開し、自らの主張を官僚として実現しようとしていた。つまり彼らは旧弊に堕した行政改革を求めるだけでなく、政治・社会制度の改革を提言する志向が強く、さらに反政党的傾向も濃く、一部では急進的軍部との連携を深めようとする者もいた。その意味では既成の実務官僚とは違う、政治・社会の〝革新〟を企図する〝新官僚〟の登場とその進出は、当時大いに注目される存在となった。その中の一人が当時資源局長官の松井春生だった。

さらにその〝新官僚〟グループの中心を形成していたのは、陽明学者安岡正篤の「国維会」の強い影響を受けた人々だった。安岡は、右翼思想家の大川周明らと「行地会」を結成し、強烈な反共産主義と親軍部の〝革新〟思想の国粋主義団体としての「国維会」の指導者（教祖的存在）であった。その影響を受けた官僚グループの中心は、先述の後藤文夫であり、また岡田内閣の二代目の書記官長（のちに神社本庁総理）の吉田茂であった。その吉田の手引きで東北振興事業局長に就任したのが松井春生（のち戦時中に大阪府知事、戦後は公職追放の措置を受ける）であった。彼もまた国維会系新官僚の有力メンバーの一人だった。

松井は東北振興事務局長（のちの内閣東北局長）として、一九三五年六月の就任以来、離任の翌三六年一二月までの一年半の間、東北振興政策のキー・パーソンとして活躍した。しかも局長としての指導理念は、〝新官僚〟の主張する広義国防国家確立の視点、そして東北振興事務局長と同時に兼任していた資源局長官としての資源政策の観点からのものであった。その意味で発足当初の東北農村救済型の東北振興政策は、国防国家実現のための資源政策へと大きな転換を迎えることになった。

（二）『日本資源政策』としての東北振興政策

松井は東北振興事務局長に就任する以前に、『経済参謀本部論』(19)を刊行し一躍注目を浴びた。彼はその時期からすでに、行き詰った日本経済打開のため、国家統制機関としての経済参謀本部の設置を提唱していた。そこでは国際情勢の急激な変化に即応する経済体制の強力な指導部の確立を求め、そして日本の統制経済の中核をなす経済の参謀本部的機能強化の参考として、ソ連を含む欧米諸国の類似の組織を詳しく紹介していた。あたかもその後の日本の統制経済のあり方を予言しているかのような著作であった。

そして内閣東北局長退任後に刊行された彼の『日本資源政策[20]』は、東北振興政策を考察する際の最も注目すべき著作である。この本は前資源局長官として国家総動員体制を見すえての日本の資源政策論であり、なかでも第一四章「資源問題としての東北振興」は、責任のある当事者としての東北振興政策の理念・意図が明示されているだけに、重要な基礎資料を提供していて、大いに参考になる。

その中で松井は、東北振興政策の要を次のように強調している。「東北地方こそ、将来に於て、国が要求する各種重要資源の給源でなければならぬ。同時に東北振興の要諦は、正に、斯の如き其の域内に包蔵する人的、物的資源の利用開発を企図し、以て国力の開発に貢献するに在ねばならぬのである。斯くてこそ始めて、東北振興事業が、東北地方を振興するのみの局地的施設でなく、全国振興の先駆たるべき国家的施設たることを、十分に理念せらるるであらう[21]」と、この第一四章の「資源問題としての東北振興」の結論として、力説している。

松井はこの著書でしばしば「東北振興は、単に東北の為の振興のみでなく[22]」と強調している。彼の真意は、元東北局長としての「広義国防の充実」を企図した主張に外ならない。「東北地方の疲弊状態を改善して、国内の他の地方と略々同一の水準に迄、其の経済生活、社会生活を引上ぐる（中略）一種の水平運動が、東北振興の目的だとするならば、（中略）斯くの如き（考えは―筆者）固より、偏したる見解[23]」と断固として否定したのも、同様の論理からだった。そこでは、東北地方の疲弊問題は、一地方の単なる救済運動ではなく、国際的にも「非常時」体制のもと、東北地方の軍需資源確保上の果す役割はきわめて重大であることから、それを振興することが「日本帝国の為の振興であり、其の地位を顧みて、寧ろ帝国振興の新たなる先駆たらんとするもの[24]」と積極的に位置づけられている。その東北地方の果すべき役割とは、「東亜の安定勢力として、不動の地位を自覚する我が神州日本」は「国を挙げて人的物的資源を総動員して、其の戦争目的を達成せねばならぬ[25]」国家使命のもと、東北地方は国防資源やその代用資源が「相当多量に包蔵し」、かつ「世界に誇るに足るべき水力資源、水産資源等[21]」の宝庫であり、その東北地方の振興政策は、その各種重要資源を積極的に活用・増産によって国力の増産に寄与することが最も重要な「要諦」であると力説している。だからこそ「単に政府に対する諸種の陳情や救済の要望に始終すること」は否定され、「帝国国運の進展に寄与すべき一大使命に傾注」[24]されるよう、東北地方の官民にその自覚の浸透を強く要請していた。

ちなみに、第一次世界大戦以降の近代戦における国防上の物的資源とは、単に兵器、艦船、航空機、弾薬などの直接の軍事資源のみならず、これに伴う燃料、被服、糧秣、さらにはそれらの原料、動力、器具機械、設備、土地、そしてそれらの原料素材としての各種鉱物資源などの包括的間接的軍需材料・資源なども意味していた。そしてさらには第一次世界大戦の教訓に照らして、戦場と「銃後」の両局面を通しての国民の結集が求められた。つまり国家の総動員体制とは、国民生活のための「民需」が軍需とリンクされて総動員されていった概念だった。

そのことが「広義国防ノ実」の名のもとに、先述した東北振興調査会で可決・答申した「東北振興綜合計画実施要綱」（つまり東北振興第一期綜合計画）に、その根本理念として、初めて明記されたのであった。当然のことながら、そこにはその原案作成者である東北振興事務局長としての松井春生の政治思想（〝新官僚〟イデオロギー）が反映されていると見るべきであろう。

四　東北関係委員の地域要望

（一）災害（凶作）の救済策要望

東北振興調査会の各回総会とそれに至る各種委員会での論議において、東北地方から地域救策要望をめぐっての論争が展開されていった。その議論の内容は、国内外の政治状勢の変化によって異なってくるが、基本的には東北振興政策の根本的性格とその位置づけ、ならびにその具体的な予算措置をめぐってであった。

第一回総会に当って岡田総理大臣の諮問の眼目は、東北地方疲弊の「真因ヲ究明シ以テ災害ヲ防除シ福祉ヲ増進スベキ振興策」の「具体的方策」[9]を求めたものであった。この諮問に対する答申案としての応急対策・暫定対策・恒久対策の各樹立について審議され、それぞれ可決されたことは、先述した通りである。

したがってこの調査会での審議や政府の施策に向けて、東北各地の各機関・団体から東北救済を求める九四二通にも及ぶ陳情書が提出されたことは、第二章で詳しく紹介した。ここではそれとは別に、東北振興調査会内での東北関係委員の地域要望の論議を中心に論述したい。第一回総会席上でも、当然のことながら半井清宮城県知事（臨時委員）は東北六県各知事を代表して、「東北六県ノ一人当年平均生産額ハ僅ニ九〇余円ナルヲ以テ之ヲ全国平均生産額タル一六〇余円ニ引上ゲルコトヲ目標トシテ対策ヲ樹立セラレシコトヲ求ム」[26]などの意見を述べた。この東北地方振興政策論は、先述した松井春生が否定した全国並みに向上させる一種の「水平論」であり、この振興論は東北各地の県・自治体・各機関・団体の陳情書に流れる共通の強い救済型振興論であった。そのことをより具体的に提示したのが、東北各県知事の連署による「東北地方振興ノ為ニスル根本対策樹立ニ関スル申請書」[8]（一九三四年一〇月三日）である。その具体的な救済策として次の各種助成などを求めていた。「農山漁村ノ工場化ヲ図ル為特別ノ助成」、「各種農業土木事業ノ特別ノ助成」、「国有林所在市町村ニ対スル交付金ノ増額並ニ県ニ対スル相当多額ノ交付金ノ新タナ交付」、「公共団体ニ対スル財政調整交付金ノ交付」、「東北地方疲弊ノ現状ニ鑑ミ負担ノ軽減」、「各種補助金ノ全国ヨリ高率交付」などの、各項目にわたっての東北地方に対する特別の優遇措置による東北振興の実現を申請していた。

そして一九三五年一〇月二八日の第四回東北振興調査会幹事会[27]の席上小林光政臨時委員は青森県知事として、「細民許リノ漁村ハ立ツテ行カナイ、之ヲ何ウスルカト云フ事ヲ考ヘル必要アリ」と漁村の振興策の重要性を強調し、資金対策を含めて具体的な措置を求めていた。前年の歴史的大凶作は、農業被害のみならず気象の変動による漁業被害（「凶漁」）も甚大であったからであった。また小林知事は、町村財政の困窮による義務教育の校舎の維持費用や教育費に対する国庫補助の緊急性についても強調した。さらに同年の未曾有の水害による被害は約二三〇〇万円に及びその救済と河川の改修も求めていた。被災知事としてのその惨状を早急に救済・復旧する立場からの切実な政府への要望であった。

その外に第八回総会（一九三六年四月二七日）で、林平馬は一九三六年段階においても「東北ノ農村ハ一層疲弊困憊シテマア強イ言葉デ申セバ崩壊ニ導クヤウニナッテハ大変ダト憂ヘテ居ル」状況であった。その上豪雪被害に見舞われ「一昨年ノ凶作ニ依ツテ失ハレタ収入減、是レト劣ツテ居ナイ大損害ヲ被ツテ居ル」窮状に対する早急の対策を求めた。(8)

こうした東北農村の疲弊・困窮問題について具体的に対処した調査会での論議は、総会・幹事会・特別委員会での各議事録を確認してみても、意外と少ない。前述のごく少数の委員・臨時委員の発言の外、ほとんど見い出すことができない。調査会での各種論議は、東北各地から提出された各種陳情書が膨大であったにもかかわらず、最も惨状をきわめた困窮民の救済政策よりも、応急・暫定・恒久の各対策樹立の答申案の作成に重点を置いていた。そこに東北振興調査会の大きな特質があった。したがって調査会での論議の中心は、こうした大きな枠組みの中での展開であった。

（二）国有林野の開放要望

それにもかかわらず、国有林野の開放問題は長の間の東北地方の根強い地域要求の一つであった。内閣東北局作成の「国有林野収入支出調」(28)（一九三五年度）によると、日本全体で約六〇五万円の収益があるが、そのうち東北六県でその六三パーセントを占める約三八四万円の収益を得ていた。そこに国有林野の地元自治体への利益還元要請問題の根拠があった。

第三回東北振興調査会第六特別委員会の席上、工藤十三雄は、明治六年の地租改正条例によって「当時民有ノモノ（林野―筆者）ガ国有ニ移ツタノガ多キ現状」を確認し、さらに「青森県ニ於ケル国有林野ハ全体ノ約六割ヲ占メ之ハ皆課税ノ対照《ママ》ニナツテオラナイ」ことを特に指摘して、「之等ノ収穫ハ民間ニ還元スルノ必要アリ」と主張した。(29)この問題は一青森県のみならず、多くの国有林野を抱えている東北各県の切実な問題であった。

（三）自作農の創設問題

東北地方農村の積年の疲弊の根本問題については、東北振興調査会の最重要課題であるにもかかわらず、土地制度史上の問題として具体的に究明されることはなかった。やや例外的に第二特別委員会の論議の中で、菅原通敬が次のように発言したことは注目される。「東北地方窮乏ノ原因ハ大地主ノ多キコトト小作農ノ多キ結果ト思フ」[30]。そのため自作農創設の強化を主張している。この論議は特に目新しいものではなく、従前からすでに農林省の農政の柱の一つとして唱えられていた。しかしその自作農維持政策は現実には「切角自作農ニナッテモ（中略）小作農ニ顛落スル」[31]状況のもとでは、それを「防止スルコトガ必要デアリ」[32]と菅原は特に指摘した。しかしその打開策として「小作料ノ減免ガ至難トスレバ新シキ資金ヲ考ヘル必要アリト思フ」[32]にとどまっていた。大地主制度（さらには寄生地主制度）に根本的なメスを入れることなく、弥縫的に「資金の援助」「償還の緩和」のレベルの打開策にとどまっていた。そのことは東北関係委員の問題意識の反映でもあり、各回総会の答申の限界でもあった。

（四）満州移民論への異論

自作農の顚落による小作農の増大問題の打開策として登場したのが、満州移民政策だった。暫定対策樹立に関する答申案作成のために、第五特別委員会で「満州移民ノ促進ニ関スル件」が審議され、第六回総会に向けて可決された。その審議過程の中で、原案提出者の橋本虎之助委員（陸軍次官）に対し、林平馬は「東北ノ振興ノ為ニハ移民ヨリモ殖民スルコト必要ト思フ」[33]と、満州移民より国内開墾地殖民の方が東北振興の目的に適うことを主張した。さらに佐藤啓は「満州移民中病気ヲ以テ帰国スルモノ多キモ如何」[33]との事実を問い、満州移民に対する懸念を表明した。これに対して満州移民業務に関わる拓務省の森重東亜課長は「移民中ニハ呼吸器系統ノ病気多シ」とその実状を認めつつも「最近ニ於テハオチツイテ居ル」と楽観的に弁明し、その懸念を特に問題としない答弁をした[33]。そして原案提出者の橋本虎之助陸軍次官は、同じ満州移民でも「第三次移民ノ如キハ脱退者ガ少ク第一次第二次ニ比シ非常ニ良クナッテオル[33]」とこれまたこの東北側委員の懸念を意図的に払拭しようとした。

そして、第六回総会（一九三五年八月一六日）での答申案審議においても、この陸軍省と拓務省主導の満州移民政策に、早くから加藤完治らと共に深くかかわっていた那須皓委員（東京帝大教授）は、日本の過剰な人口増加という「我国ノ現状カラ考ヘマシテ此ノ一部ヲ満州移民トシテ差向ケルト云フコトハ東北振興ニ資スルノミデナク」、「日本全体ノ立場カラ考ヘテ必要ナル事項デアル」、したがって「此ノ大イナル国策ヲ実現シテ行フト云フ上デ於キマシテモ甚ダ私ハ重要ナコトデアル[8]」と強調していた。

この強硬な主張が展開されたにもかかわらず、東北関係委員から有力な反論が出された。例えば工藤鉄男は、慎重に言葉を選びながら次のように異論を提示した。「此ノ東北ノ有力ナル壮丁ヲ満州ニ送ルト云フコトニ付イテハ国策上之ニ反対シヤウトハ思ハヌ」とわざと念を押しながらも、「ケレドモ東北六県中ニハ三〇万町歩ノ未開墾地ガアル、（中略）林野開放如キ、之ニ対シテ適当ナル施設ヲ全フスルコトガ出来マスレバ東北ノ子弟ヲ満州ニ送ル所デハアルマセヌ」と事実上明確に反論の意志を示した。そしてさらにこの国内での殖民による東北住民の生業の安定を期すことこそ「東北振興策トシテ大切ナル仕事ノ一ツデナケレバナラヌ」。だからこそ満州移民問題は「東北振興調査会トシテハ相応ハシカラザルモノト思ツテ居ル」とまで断言していた[8]。この発言は、東北振興調査会の審議方針の根本にかかわる重大な問題提起であった。

さらにこの総会で賛否両論が展開されていった中で、工藤鉄男は最後まで自説を強硬に次のように主張しつづけた[8]。「先ヅ東北ヲ開拓シテ後ニ満州ニ行ツテモ遅クハナイ」、「東北人デ満州ニ行ツテ帰ツテ来テ居ルモノモアル」が「帰ヘラウトスルト「ピストル」ヲ向ケテ居ルモノガアルデハアリマセヌカ」と、官憲による満州移民に対する威圧ぶりを指摘した。そして「東北人ガ満州ノ移民ニ適シテ居ルカラ、満州ニ優先権ヲ与ヘロト云フコトデアレバ、私ノ主張ハサウコトデハナイ」と反論した。工藤鉄男の主張は、最終的に消極的な賛成論の形をとっているが、東北振興調査会のあり方を含めて、東北住民の救済に主眼を置いた国内殖民論の展開であり[34]、軍部や拓務省の満州移民促進論に全面賛成したものではなかった。彼の主張の背景には、季節的な繁忙期における労働力不足を危惧する地主層の反発があったと思われる。

二・二六事件直後に成立した広田弘毅内閣は、国防の充実などいわゆる七大国策を閣議決定（一九三六年八月）したが、その一つに陸軍の「満州開発方策要綱」を採り入れて、「六、対満重要策の確立―移民政策および投資の助長策等」があった。こうして東北振興政策の観点とは別に、満州移民政策が全面的に強行されていったことにより、先の工藤鉄男の懸念・杞憂は完全に無視されていった。広田内閣の満州移民の国策強行によって、全国的に展開された。このためその後の東北振興調査会での論議からは消え去り、第九回総会での恒久対策樹立答申からは満州移民の推進の項目は除外された。

（五）大蔵省査定に対する反対論（抵抗）

二・二六事件によって崩壊した岡田内閣に代わって誕生したのは、それまでの外務大臣であった広田弘毅を首班とした内閣であった。広田首相は第六九回帝国議会での演説の中で「国防の充実並びにこれに関する諸施設の整備拡充に力をいたして、国防上の不安を一掃するとともに、広義国防の見地に立脚して[35]」と、内閣の最も基本となる施政方針を明確に表明した。その具体的な施策の遂行によって、「広田内閣は軍の意志に従って広義国防国家の建設に取り組むことになったのであり、戦争に向かって急進し始めた[36]」準戦時内閣と評されている。その内閣の要をなす馬場鍈一大蔵大臣による「馬場財政」もまた、「陸軍当局者をして『画期的ナル軍備ノ充実』といわしめた大軍拡を可能にする」「戦時経済に備える準備[37]」財政であった。したがって「昭和一二年度予算は前年度予算を三割を上廻る三〇億四千万円という膨大な予算となり、そのうち直接軍事費だけで全歳出の四三パーセントを占めるという状態[38]」にまでに至った国防国家予算であった。そのことは当然のことながら、国民生活関連の歳出が抑制され、それとの関連で東北振興費も大蔵省査定によってその実行予算額も大幅に削減されることになった。

広田内閣の崩壊後成立した林銑十郎内閣（一九三七年二月三日）の大蔵大臣結城豊太郎は、当初財界から非常に好感をもって迎えられたが、実際には自ら軍部と財界との密接な関係を企画した「軍財抱合」財政を展開していった。その結果、巨額な軍事拡張費が優先され逆に民政費はさらに縮減されていった。この内閣もまた日中戦争直前の準戦時内閣として「国防国家建設」を高唱した。

東北振興調査会第九回総会で可決・答申された「東北振興第一期綜合計画」経費総額は、一九三七年からの五カ年で約三億円であった。一九三六年七月八日に開催された第九回総会当時の内閣は先述した通り広田内閣だった。したがってこの「綜合計画実施要項」で「国防上ノ人的及物的基礎ノ確立ニ資スル為所謂広義国防ノ実ヲ挙グルニ在ルモノトス」[8]と、東北振興政策の目的を明確に示したのには上記の基本要因があったからだった。

東北振興調査会第四回特別委員会[39]（一九三六年六月二四日）の席上、東北振興事務局長松井春生は、「東北振興綜合計画実施要項案」を原案作成者として説明した。その際東北六県提出の綜合計画（一〇年間）の総経費は、合計で一一億五八〇〇万円に達するとし、それを五カ年として計算すると約半分の五億七九〇〇万円になると紹介した。そして東北六県提出の綜合計画総経費は各県の特殊事情を含めて合算した額なので、東北振興調査会の原案としては、独自に各省の予算計上額などを勘案して約二億五千万円（五年間）としたことを説明した。

当然のことながら東北各県選出の各委員はこの事務局原案に猛然と反発した。例えば林平馬は、東北六県提案を半減させた根拠について詰問し、松井振興事務局長からその額については「確信ハ御座イマセン、マア半分ト言フノハ前内閣ノ政策上ヨリ達観シマシテ此ノ辺ガ適当ト認メタカラデアリマス」とのその無責任ぶりを吐露させた。また工藤鉄男は、「此ノ金額デトテモヤレナイダロウ。（中略）此ノ数字ハ六県ノ数字トハ非常ニ距離ガアルモノニ付十分考ヘテ頂キタイ」と反論し、「六県長官ノ計画ハ直接地方民ニ接シテ居テ実際ニ即シタモノト思ヒマスカラ十分ニ参照シテ計画ヲ樹テラレル様ニシテ頂キタイ」と重ねて要望し、そのため「モウ一度委員会ヲ開ク様ニ致シタイ」と求めた。このような反対論の背景には、工藤鉄男が言うように「此ノ五ヶ年計画ノ平均ハ五千万円デアリマスガ昨年ノ予算ニ織込ムベキ急施ヲ要スルモノハ二七〇〇万円ト決定セルニ実際ハ一千万円ト表レタ、急施ヲ要スベキモノガ此ノ様ニ減ゼラレ」たことへの、怒りがあったことも注目すべきである。

第六回特別総会[39]（同年一一月一九日）では、第九回総会の答申（「東北振興綜合計画」）の総額三億円が政府によって二億円に削減され、さらに大蔵省査定が厳しくなる可能性があることが事務局より示唆されると、萱原通敬は「既ニ三億円ガ二億円ニ削減サレ其ノ上四分ノ一ニ査定サレテハ実ニ振興予算ノ査定ハ（中略）其ノ謂フ所ヲ知ラナイ。（中略）東北ノ窮乏ガ迫ッテモ救ハレナイ」と東北の窮乏民救済、疲弊問題解決の視点から批判した。そしてさらに「調査会ニ期待シテ居ルノニ期待ヲ裏切ルト」東北の地方住民に「思想上ノ影響ガ大キイ」とまで憂慮し、「之ハ政府ガ綜合計画ニ対スル認識ガナイカラ」と、政府の東北振興問題の姿勢の希薄・欠落を厳しく非難した。また工藤鉄男の批判はさらに厳しく、削減の原因を「陸海軍ニハ巨大ナル予算ヲ出シテイル」ことを指摘し、「国利民福ト云フ方面ヨリ見レバ此ノ方面ニモ金ヲ出スルコトハ必要デアル」と東北振興予算の削減に反対し、こうした困難な状況を招いた「大蔵省ノ一属僚ニ頭ヲ下ゲテ左右サレ削減サレタト云フコトハ調査会ノ権威ハ何処ニアリマセウカ」と、東北振興調査会の存在意義そのものを問うて政府の姿勢を厳しく批判した。

第一〇回総会[40]（一九三七年六月二四日）の席上、松井春生に代わって内閣東北局（東北振興事務局の後身）の局長に就任した桑原幹根は、第九回総会の答申に基づいた「東北振興第一期綜合計画」の予算総額三億円を、政府は一億九六〇〇万円に削減した事実を紹介し、その理由を「調査会ト政府トノ立場ノ相違モアッテ其ノ開キガ出タノデアリマス」と説明した。そして一九三六年度予算では一七〇〇万円が計上され、さらに一九三七年度予算は三億円が二億円に削減された結果、調査会原案の三七〇〇万円が二〇五〇万円に圧縮されたことを説明した。

この東北振興経費の大幅削減に、東北出身の各委員は政府査定を厳しく追求した。例えば田子一民は具体的な数値を挙げて次のように批判した。「第一期ノ綜合計画ハ答申案ガ三億二三〇〇万円、年額ニ致シマシテ六四六〇万円、ソレガ事務当局デ一億九六〇〇万円、即チ初年度デ三七〇〇万円、斯様ニ減額サレテ居ル。ソレガ更ニ大蔵省デ初年度ハ二〇五〇万円ニナツタト云フコトデアリマス」と非難し、さらには田子自身の独自の計算によれば純粋な東北振興費は何と「僅カ三六〇万円程度」にすぎないと憤激した。

そして工藤鉄男はそもそも東北振興調査会設立の目的は「権威アル施設ヲ実行スル為ニ此ノ会ガ生レタト云フコトハ歴代会長ガ言明シテ居ル」通りである。つまり答申内容が「実行ニ移シテ此ノ会ガ不実行ニ終ルヤウナコトハ（中略）無責任ナ会」となるので、このような「会ノ存続スル必要認メナイ」とまで断言した。東北振興予算の大蔵省査定による無惨なまでに形骸化された実行予算の施行は、東北出身委員にとって最早耐えられないほどに追い詰められ、ついに東北振興調査会無責任論・無意味論まで飛び出す事態に至った。その根本的要因は、先述した日中戦争突入直前の広田弘毅内閣の馬場鍈一財政、ならびに林銑十郎内閣の結城豊太郎財政、つまり「広義国防国家」遂行のための「戦時経済準備財政」と「軍財抱合財政」と評された、直接軍事費だけでも全歳出の四三パーセントまで占めるほど異常なまで増大した軍事中心財政にあった。その皺寄せをもろに受けた典型例であった。

（六）東北振興費の独立編成と東北庁設置の要望

東北出身委員の最後の抵抗は、第一一回総会[40]（一九三七年七月一四日）での、「東北振興予算ノ独立編成」と「東北振興関係行政機構ノ整備」についての論議であった。田子一民は純然たる東北振興費は三八〇万円にすぎないと喝破し、この金額は東北振興調査会が答申した年額六二七〇万円の僅か二〇分の一程度にすぎないと厳しく指摘し、そのことが「東北振興ハ声ダケデ実ハナイト云フ怨嗟ノ声ヲ発セシメルコトノナイヤウニ」と杞憂の念を述べ、そうならない措置として大蔵省と対峙し得る程の権限を有する「東北局ノ拡大強化」（つまり東北庁の設置）を求めた。

その外の各委員の賛意を得て、内閣東北局提案として次の原案が総会で可決・答申された。その答申は三項目であるが、その中心は「一、東北振興予算ノ独立編成」と「二、東北振興関係行政機構ノ整備」であった。この答申の前段で、「東北振興第一期綜合計画樹立セラレ（中略）、昭和一二年度予算ニ若干ノ経費ノ計上ヲ見タルモ、本計画ノ実現トシテハ少額ニシテ頗ル遺憾トスル所ナリ」と指摘し、その実現達成のために、これまでの関係各省の寄せ集めの予算編成ではなく、新たに東北振興綜合計画実現のための特別の行政機構として、これまでの内閣東北局を発展拡充させ、国務大臣を総裁とする東北庁のような強い権限を有する新たな行政機構の設置を要望した。

この要望（答申）は、東北地方住民の不満・怨嗟を解消させるための一方策でもあった。しかしその願いにもかかわらず、この答申内容は結局実現することなく、東北振興調査会そのものは、一九三八（昭和一三）年四月一日勅令第七六号を以って廃止された。満州事変、そして日中戦争勃発という戦時体制ただ中での東北振興調査会での論議とその答申は時代の荒波に翻弄され、原点ともいうべき相次ぐ災害と農民層の窮乏救済の目的は徐々に変質していった。その調査会答申さえ実行予算として計上された額は見るも無惨に削減された結末となった。そうした状況のもと、調査会内で東北出身委員は様々な異論、反論、批判を通して執拗な抵抗を試みたが、結局戦時体制の強大な流れに呑み込まれてしまう結末となった。そうした結果の一因としても、東北出身委員自身の弱さがあったことも否めない。そのことについて改めて後述する。

五　政府側委員の主張・反論

（一）東北振興政策の基本的方向性

東北振興政策樹立を早急に迫られた政府は、調査会第一回総会での岡田総理大臣の挨拶にあるように、「昨年（一九三四年―筆者）ハ冷害ノ結果稀有ノ凶作ニ陥リ、為ニ朝野ヲ挙ゲテ之ガ救済ニ努ムニ至ツタ」[8]世論の高まりに応じて東北振興調査会を発足させた。当時よく言われた東北農村の疲弊問題の救済にこそ、その問題解決の焦点があった。ところが調査会の審議は農村の疲弊問題を意識しつつも、その重点は徐々に産業振興、その中でも鉱工業振興に置かれるようになった。その一例が第七回総会での東北興業株式会社と東北振興電力株式会社の国策会社としての創立答申であった。この答申こそ、第九回総会での東北振興綜合計画の答申可決と共に、その後の東北振興政策の根本をなす〝車の両輪〟としての基軸をなしていった。

そのことを強力に指導していったのは東北振興事務局長としての松井春生だった。彼は先述したように資源局長官を兼任したままその職に就いており、国防力強化の視点から東北農民窮乏の救済策よりも、東北地方の物的・人的資源開発とそれを基礎とした工業生産の培養・発展の振興策を重視していった。

松井春生は、第九回総会での「東北振興綜合計画」の原案作成者として、その「実施要項の一」で先述したように「東北振興綜合計画ノ目的ハ東北地方ニ於ケル産業ノ振興ヲ図リテ同地方住民ノ生活ノ安定ヲ期スルト共ニ、国家内外ノ情勢ニ鑑ミ国防上ノ人的及物的基礎ノ確立ニ資スル為所謂広義国防ノ実ヲ挙グルニ在ルモノトス」と明確に規定した。しかし同時に彼は、政府として「広義国防ノ実ヲ挙グル」その責を果すと共に、「国費多端ノ今日徒ニ其ノ費額ノ多大ナルヲ望ムベカラザル」(「実施要項の二」)と意図的に注意してあるように、「自力更生ガ(中略)最モ根本」と強調した。そして別の個所では「東北ノ国力ノ伸張ニ付キマシテ、或ハ資源問題ニ付キマシテモ先ヅ東北ノ県ガ先ニ選ンデ考ヘテ行クト言フコトガ必要デアラウ、斯ク言フコトガ東北振興ノ根本要旨」(共に第九回総会での説明)[8]と言明した。つまり、軍事費が肥大化する中では、東北振興政策は政府が中心となって必要最小限の施設は設置するものの、その後は政府に頼ることなく「自力更生」が本旨であることを改めて強調したのだった。そのことは、先述した東北出身の各委員から出された各種の地域要求を政府側が意図的に否定してきた政治的根拠であり、その原則は終始変わることはなかった。

(二) 満州移民の積極的促進論

第六回総会(一九三五年八月一六日)で暫定対策樹立の答申が可決されたが、その中に「満州移民ノ促進ニ関スル件」の項が含まれていたことは先述した。この総会への原案作成のための審議は第六回第五特別委員会[33](同年八月六日）でなされ、その原案提出者は拓務省森重東亜課長だった。そしてこの特別委員会で満州移民推進について最も強く賛意を表明したのは陸軍次官橋本虎之助で、彼は「移民ニ付テ軍部ニ於テモ充分関心ヲ持ツテオル」と前置きし、第一次、第二次の満州移民の脱落問題を意識して「第三次移民ノ如キハ脱退者ガ少ナク（中略）非常ニ良クナツテオル」と高く評価し、移民の主体が在郷軍人であることの理由として治安維持の問題の外に、厳しい自然条件がそうさせているのと指摘していた。そのことは満州移民問題の本質にかかわることであった。

第六回総会では陸軍や拓務省に代わって最も強硬に満州移民推進を主張したのは東京帝大農学部教授の那須皓だった。彼は、満州事変勃発の翌年から早々と満州への日本人農業移民を主張していた加藤完治の主張に強く共鳴して、農林次官石黒忠篤、同農務局長小平権一らと共に、満州移民を陸軍や拓務省に働きかけていた。その結果、一九三二年八月に試験移民送出案が帝国議会を通過したこともあって、東北振興調査会でも東北農民の過剰人口の打開策の一つとして満州移民政策が積極的に論じられたのだった。那須は東北農民の過剰人口の要因は出生率の異常な高さにあるとし、その東北農民の窮乏打開のため、「此ノ一部ヲ満洲移民トシテ差向ケルト云フコトハ単リ東北地方ノ振興ニ資スルノミデナク満州移民問題」という「此ノ大イナル国策ヲ実現シテ行フト云フ上ニ於キマシテモ甚ダ私ハ重要ナルコトデアル」と「国策論」をかかげて力説した。

この主張に対して先述したように東北出身委員工藤鉄男は、これは満州振興策にはなっても果して東北振興調査会が取り上げるべき東北の振興となり得るのかと異論を提示した。この異論に対しても那須は「私ハ日本ノ国策トシテ矢張リ此ノ際急速ニ手ヲツケナケレバナラヌ重大問題ト信ジテ居リマス」と自らのかねてからの信念を吐露した。彼にとって重要なことは抽象的な「国策論」と共に、極東アジアにおける対ソ戦略とその拠点としての満州国の国力充実にあった。その具体的要因として、満州事変と満州国建国に伴う治安維持と農業生産の拡充問題が、軍部（なかでも関東軍）から早急に求められていたからであった。この調査会での論議を決定づけたキー・ワードは、政府と軍部の満州問題の進展のための国策遂行という政治の基本方針であった。さらにこの問題の評価について東北出身委員同

「昭和12年度概算新規要求額中、東北関係ニ関スル経費査定総表」[41]　（円）

東北振興ニ関スル分		東北振興関係	（イ）ト（ロ）ノ合計
要求額	査定額（イ）	既定額（ロ）	
34,973,604	14,293,386	9,269,602	23,562,988

「昭和13年度東北振興関係経費中、実行予算減額調」[42]　（円）

昭和13年度予算額	節　約　額	実行予算額
20,263,998	1,823,967	18,440,031

士の認識上の大きな相違があったこともあって、政府側の主張に押し切られる結果となった。

(三) 大蔵省査定による東北振興費の大幅削減の真因

第九回総会で答申した東北振興綜合計画経費は、軍事費の肥大と共に大蔵省査定によって見るも無惨な姿で削減させられた。この惨状に東北出身の各委員が一斉に反発・批判したことは先述した通りである。しかし事態は改善されるどころか、日中戦争突入によりますます深刻化していった。

東北振興綜合計画経費は第九回総会で可決された。その経費は一九三七（昭和一二）年度からの五カ年計画で総額約三億円だった。したがって各年度平均で六千万円だったが、各年度の実施額ははるかに少額に止まった。参考までに当初の二カ年の金額は次の通りである（上表）。

一九三七年度、調査会事務局の要求額に対する査定率は、四〇・九パーセントである。また一九三八年度の場合、要求額は不明であるが、確定していた予算額に対する実行予算額の割合は九一・〇パーセントである。この場合一見したところ実行予算額の消滅率はそれほどでないように思われるが、調査会事務局の要求額が不明なため判然としない。ただ推定するところ、前年度の実行予算額に比して約五〇〇〇万円も少ないことから、要求額からかなり削減されたのではないかと思われる。

要は第九回総会の答申額の各年平均金額（約六千万円）との対比である。一九三七年度の場合は三九・三パーセント、一九三八年度ではさらに低く三〇・七パーセントにすぎない。この結果の原因について、広田内閣の大蔵大臣であった当の馬場鍈一は、後日「国防費ガ多カツタタメ」[43]と率直に釈明していた。なお、「昭和一二年度予算節約実行方針ニ関スル件」[44]という内閣文書によれば、その節約実行の基準として「国防上緊要ナル経費ヲ除キ成ル可ク多額ノ節約ヲナス為各款項ニ付検討ヲ加フルコト」とあり、節約の基準が国防費の増大によることは明らかである。それは日中戦争の勃発とその全面的拡大に伴う、軍事費の急膨張歳出による緊急財政措置によるものだった。この日中戦争突入は、たちまち東北振興政策経費を最小限に抑えこむ主要因となり、東北出身委員が東北住民の不信・糊塗・欺瞞との非難の声をいくら紹介しても、戦争遂行政策の前には〝蟷螂の斧〟同然にすぎなかった。

六　東北関係委員の政府への妥協・迎合意見

（一）広義国防国家達成のための東北振興論

急速に変化する国の内外情勢に対応する戦時体制の強化の前に、東北振興政策は変質しはじめ、東北関係委員の中にはこの体制に積極的に妥協・迎合することによって、東北振興の活路を見出そうとする動きが出てきた。

本来東北振興調査会発足の動機は、歴史的大凶作に起因する東北農村の疲弊・窮乏の自然的社会的基盤の解明とその抜本的救済策の提言にあった。したがって当初は広義国防国家達成という観点からの言及はなかった。松井春生振興事務局長が原案作成した第九回総会の答申「東北振興綜合計画実施要項」で初めてこの文言が登場したことは、前述の通りである。

広田内閣が誕生した後の第八回総会[8]で、いち早く東北振興政策は国家への奉公・貢献であると位置づけたのは、宮城県選出の衆議院議員内ヶ崎作三郎だった。彼はその席上、日本民族の発展のために「東北人ノ精神的貢献或ハ東北人ノ国家ノ義務ニ関シ或ハ軍務ニ関シ或ハ外交或ハ兵役其ノ他ノ方面ニ対シテ貢献シ得ル所ノ性質ガ埋モレ勝デアッタ」という東北人の特性をふまえて、「東北人ノ心ノ質ヲ開発スルト言フコトガ即チ東北振興ノ終極ノ目的デナケレバナラヌ」と独自の東北振興論を披瀝した。そしてその上で「此ノ非常時局ノ対策トシテ東北人ノ眠レル魂ヲ覚マシテ彼等ヲシテ国家ノ為ニ御奉公ノ任ニ当ラシムルコトハ国策樹立ノ上ニ於テ欠ク可カラザルコトト思フ」と東北振興の精神論を展開した。そしてさらに第九回総会では、その延長戦の上に立って「東北振興計画ハ東北救済及ビ振興ノ為ノミナラズ、国策遂行ノ上及ビ広義国防ノ上ニ必要デアル」ことを強調した。松井春生の国防国家達成のための東北振興論にこうして東北出身委員からも積極的な同調者が出たのであった。同種の広義国防国家論に立った東北振興論は、内ヶ崎だけでなく松岡俊三・菅原通敬の東北出身委員の主張にも見られるようになった。

ただし、これらの東北振興論は軍部と連係した国家主義的立場からのものばかりではなかった。例えば菅原通敬は「国防ノ充実、国家ノ安固ヲ図ラウト致シマスニ就イテハ産業ノ振興ナリ国力ノ培養ト言フコトガ益々其ノ必要ヲ感ズルコトニナル」と、広義国防国家達成のため東北振興政策が強化されるべきとの論理の展開であった。つまり戦時体制に迎合することによって東北の振興の強化を求めたもので、東北振興の論理は新たな装いをもって粘り強く主張し続けていった。

（二）軍部への期待、軍需工場の誘致論

そして確信的に軍部への期待を強くいだき、さらには具体的に東北に軍需工場の誘致による地元住民の雇用の確保・拡充を求める論を展開する東北関係委員もいた。例えば内ヶ崎作三郎は第九回総会で(8)「東北興業株式会社ノ事業ニ於テハ（中略）今ヂヤ肥料製造ノ目的トナッテ居リマスケレドモ、一朝緩急アル時ニハ、軍需品製作所ニ変ヘルコトガデキル」と述べて、広義国防の観点から「殊ニ軍部方面ニ於キマシテ、恐ラクハ此ノ綜合計画ハ原案通リニ実施セラルルコトヲ希望サレテ居ルノデハナイカト思フ」と軍に対する強い期待を述べていた。

その外第一〇回総会[40]では松岡俊三が、「何ヲ軍部ハ東北ノ為ニシテ呉レタ—私ハ斯様ナ問題ガ真剣ニ東北ノ民衆カラ叫バレル時ニ於テ、如何ナル言辞ヲ軍部ガ之ニ答ヘルカト云フコトヲ聞イテ置キタイ、本当ニ軍部コソガ東北ニ工場ヲ持ツテ来テ呉レルヤウニナサツテコソ率先窮行スルト云フヤウナ気持ガアルト思フ」と、同席していた陸海両軍の次官に訴えた。これに対して海軍次官の山本五十六委員は「海軍ト致シマシテハ某工場ヲ造築スル必要ヲ考ヘ居リマス」と答え、より具体的に「其ノ中ノ一ツハ東北ノ何処カニ持ツテ行キタイ」と述べた。この答弁に松岡俊三は満腔の謝意を表し、新たな雇用先を求めていた東北住民はこのことを熱望してきただけに、この軍需工場が実現すれば「初メテ東北ガ潤フノデアリマス」と喜びを表現した。

東北出身の委員側から、抽象的で精神論的な軍部への期待は、さらに一歩進んで軍部に対して具体的に軍需工場の設置・誘致を求める発言となった。今や広義国防国家の遂行が東北振興政策の大きな目的の一つとして主張されるようになった。

（三）満州移民に対する積極的な賛同論

満州移民問題については、政府側委員（とくに陸軍省、拓務省）から強硬に主張されたが、東北側委員の一部からは地主経営の必要論が強調され、疑義・異論が出されたことは先述した。しかし、同じ東北側委員の中にもこの満州移民政策にむしろ積極的に賛同する委員も出て、必ずしも一様ではなかった。例えば松岡俊三は第六回総会[8]で、工藤鉄男の満州移民問題は東北振興調査会の答申としては相応しくないとの異論に対し、「私ハ東北ノ者トシテ本案ニハ寧ロ積極的ニ賛成シタイ」と同じ東北選出の衆議院議員同士でありながら両委員の主張は対立した（松岡は山形県選出で工藤は青森県選出。なお山形県の満州移民送出数は長野県に次いで全国第二位）。松岡は満州移民と東北振興との関連を次のように説明していた。「満州ノ如キハ東北人ノ独壇場トシテ」満州移民に「殺到スルヤウナ気分ニ向ハシメルコトハ我々東北人ヲ振興スル所以」と強調した。この満州移民促進論の根底にあるのは「日本ノ一員トシテ真ニ国家ニ貢献スル」帝国日本の国家意識であり、さらには「七度生レ変ツテ君国ニ奉ズル、斯ウ云フ意気ヲ持タシメナケレバイケナイ」と述べているように、いわゆる「七生報国」観的な強力な使命観があった。その意味では「滅私奉公」的な尽忠史観に立つ満州移民促進論であった。松岡のこのような主張は、当時の時代風潮としては主流をなしていた。

積年にわたって疲弊しきっていた東北農村の打開策としてのこの種の精神論的主張には、調査会内部では様々な議論があったにもかかわらず、政府側委員を中心とした満州移民推進の答申は可決された。その背景には、満州事変のほぼ終結と満州国の成立という経緯の中で、満州国の治安維持強化と満州農業の生産拡大という、陸軍（とくに関東軍）の日本人を核とした満州経略政策の展開があったからであった。

七　調査会での論議の限界・問題点

（一）調査会の委員構成の限界

東北振興調査会は、「真ニ東北地方窮乏ノ事実並ニ歴史ガ示ス如ク（中略）天災地変ノ襲来モ東北地方ニ於テハ常時周期的ニシテ、其レハ人為ヲ超エタル地理的条件ノ制約ト共ニ住民ヲ悲惨ナル生活状態ニ膠着セシメツツアリ、此ニ於テ政府ハ東北地方窮乏対策ヲ立案スベキ調査研究機関ヲ設置（1）」という経緯をたどって、一九三四年一二月二六日に官制公布された。そして一一回の総会を開催し各種の答申を政府に提出し、一九三八（昭和一三）年四月一日に官制廃止となった。

その約三年四カ月間に任命された委員は延べにして一〇一名、臨時委員が七〇名、その外に会長（総理大臣）が四名、副会長（内務大臣、農林大臣）が九名と延べ一八四名で構成されていた。四内閣にわたる期間でしたがって同一人物が複数回委員を務めたケースもあったので、これだけの多人数に及んでいた。そして政府任命によるこれらの委員は政府各省の次官・局長クラスが中心で、外に貴衆両院議員と若干の有識者によって構成されていた。また臨時委員は東北六県各知事、各省局長らがほとんどを占めていた。この構成からもわかるように、東北振興調査会設置の目的とされていた「東北地方窮対策ノ立案」は、どうしても時の政府の姿勢に左右されることが多い。しかも大臣、次官・局長という高級官僚の政策視点からの東北振興策という性格を有していた。また臨時委員として東北各県知事も官選知事であっただけに、時の政権の政策に縛られる傾向があったことも否めない。その意味で、本来客観公正な科学的調査に基づかなければならない調査会の答申が、どうしてもその役割を完全に果たすことはそもそも限界があった。ましてや満州事変や日中全面戦争（準戦時体制と戦時体制）のもとでは、馬場・結城・賀屋の各財政が物語るように、強力な軍部の要求に対応するため東北振興政策は圧縮せざるを得なかった。

ましてや調査会の構成メンバーに、「住民ノ悲惨ナル生活状態」を日常的に接触し熟知した住民の代表、例えば東北各地の農業会、産業組合、農民組合などの代表はもともと構成メンバーの視野に入っていないこともあって、この調査会答申には大きな限界があった。

（二）調査会審議内容の枠組みの限界

東北振興調査会は発足早々応急対策、その約半年後に暫定対策、そして約一年半後には恒久対策の各樹立のための答申を政府に提出した。東北振興調査会が、東北地方「困窮ノ自然的社会的真因ヲ峻厳ニ攻究シ、其ノ調査ノ基礎ニ立脚ス綜合的組織的統一方策」[6]について論議を重ねて、国策会社としての東北振興両会社の設立、そして東北振興第一期綜合計画を答申したことは、東北振興政策史上前例を見ないまさに画期的な快挙で、その歴史的意義は大きい。

しかし、この会の論議（したがって答申案）では、調査会設置の大きな要因となった東北農村での児童の欠食、娘身売り、夜逃げなど貧農層の極度の窮乏問題についての根本的救済策は問題にならなかった。なぜなら東北振興の趣旨は「東北ノ人ノ為ニ、東北ノ地方ノ為ニ東北ヲ救済スルト云フノデハナク」[45]（つまり日本の国策としての資源開発の為）と政府委員松井春生の帝国議会答弁にあるように、あくまでも資源政策として東北振興が位置づけられ、東北窮乏民の救済問題はその枠組みの中での従属的な課題でしかなかった。

そのことと絡んで恒久対策においても、東北地方農村の窮乏の大きな要因をなしていた社会経済史問題、つまり東北地方で最も顕著な寄生地主制による小作人の窮乏問題の改革に、ほとんどメスを入れられることはなかった。

(三) 振興政策の工業化重視シフトへの転換の問題

東北地方の主軸産業は近代になっても伝統的に農業に基盤をおいていた。例えば「有業者中農業者ノ占メル割合」(46)(昭和五年)では、全国平均の四八・三パーセントに対し東北平均は六四・五パーセントと一六ポイント以上も高い。因みに東京は六・五パーセント、大阪は一〇・五パーセントと京浜と阪神の大都市・工業地帯では軒並み低い。そのことからもわかるように東北地方は「日本の食糧供給地帯」として果してきた歴史を有しており、そのことが戦時経済体制下にあっても同様であった。

しかし、東北振興調査会の各答申では、国策会社としての東北興業株式会社、東北振興電力株式会社はもちろんのこと、東北振興綜合計画も産業振興の重点を、農業より鉱工業にシフト転換していった。その東北振興第一期綜合計画の場合、答申の三〇項目中農業振興部門については耕地改良事業など四項目にすぎない。農業振興政策の相対的軽視もこの調査会論議の問題点の一つである。

(四) 国策会社としての軍需産業への傾斜

東北振興政策の主軸となったのは、東北振興第一期綜合計画とともに、帝国議会で可決成立した国策会社としての東北振興両会社であった。この振興両会社の中でも東北興業株式会社の事業展開は、当初の東北振興中心より、日中戦争の拡大と共に軍需工業への投資事業へと重心を移すようになっていった。松井春生東北振興事務局長は、東北振興政策を広義国防国家の視点から原案を作成してきただけに、この国策会社としての東北興業株式会社は最高国益の軍需産業重視への道は当然のことであった。

こうして東北振興調査会での論議を経て、応急・暫定・恒久の各対策樹立の各答申を政府に提出して官制廃止された。しかし東北振興第一期綜合計画は軍事費増大に伴う大蔵省査定により、実行予算経費は大幅削減の措置を受け、調査会の東北関係委員をはじめ東北の官、住民共に期待が大きかっただけに、失望の色は濃いものがあった。

注記

（1）東北振興調査会『東北振興調査会要覧』昭和一三年、五頁（『東北振興計画集覧』上巻、不二出版、一九八五年所収）。
（2）国立公文書館配架番号二A―一四―纂二二二三、『昭和一〇年公文雑纂』巻一（以降、「国立公文書館配架番号」という語は省略）。
（3）衆議院・参議院『議会制度七〇年史―憲政史概観』、昭和三八年、三五三頁。
（4）小島精一『岡田内閣と一九三五年』（千倉書房、昭和九年）三一頁。
（5）前掲書（3）、三八四頁。
（6）前掲書（1）、二頁。
（7）「東北振興調査会議事規則」第六条、（前掲書（1）、六頁）。
（8）二A―三六―委七八〇『東北振興調査会総会議事録』。なお、この総会議事録は、第一回～第九回の各総会を収録。
（9）前掲文書（8）、ならびに前掲書（1）、一五三頁。
（10）前掲文書（8）、ならびに前掲書（1）、六七頁。
（11）前掲文書（8）、ならびに前掲書（1）、一五三～一五九頁。
（12）前掲文書（8）、ならびに前掲書（1）、一五六頁。
（13）前掲文書（8）、ならびに前掲書（1）、七〇～七五頁。
（14）前掲文書（8）、ならびに前掲書（1）、一六〇～一八二頁。
（15）前掲文書（8）、ならびに前掲書（1）、一八二～一八八頁。
（16）前掲文書（8）、ならびに前掲書（1）、一八九～二二四頁。
（17）前掲文書（8）、ならびに前掲書（1）、一八九頁。

(18) 前掲文書(8)、ならびに前掲書(1)、一九〇～一九五頁。
(19) 昭和九年、日本評論社。
(20) 昭和一三年、千倉書房。
(21) 前掲書(20)、二四〇頁。
(22) 前掲書(20)、二三五頁。
(23) 前掲書(20)、二三六・二三七頁。
(24) 前掲書(20)、二三八頁。
(25) 前掲書(20)、二三九頁。
(26) 前掲文書(8)、ならびに前掲書(1)、六六頁。
(27) 二A―三六―委八〇二『東北振興調査会幹事会議事録』。
(28) 二A―三六―委七八一『東北振興調査会総会議事録』参考資料。
(29) 二A―三六―委八〇一『東北振興調査会第六特別委員会議事録』。
(30) 二A―三六―委七九三『東北振興調査会第二特別委員会議事録』。
(31) 前掲書(30)、金森太郎臨時委員(山形県知事)の発言。
(32) 前掲書(30)、長瀬貞一委員(農林次官)の発言。
(33) 二A―三六―委八〇〇『東北振興調査会第五特別委員会議事録』。
(34) 同じ趣旨の発言は、林平馬委員にもみられる。
(35) 衆議院・参議院『議会制度七〇年史―帝国議会史・下』昭和三七年、五一五頁。
(36) 白鳥令編『日本の内閣』(Ⅰ)(新評論、一九八一年)二二五頁。
(37) 内田健三ほか『日本議会史録三』(第一法規出版、平成三年)二三二頁。
(38) 前掲書(37)、二二七頁。
(39) 二A―三六―委七八六『東北振興調査会特別委員会議事録』、以下、この特別委員会での論議はこの議事録による。
(40) 二A―三六―委七八一『東北振興調査会総会議事録』。なお、この総会議事録は、第一〇回・第一一回の各総会を収録。
(41) 二A―三六―委八〇九『東北振興第一期綜合計画昭和一二年度経費』。
(42) 二A―三六―委八一一『東北振興第一期綜合計画昭和一三年度経費』。

(43) 二A—三七—三—委七八七『昭和一二年東北振興調査会特別委員会議事録』。
(44) 二A—三七—一—東北四〇『自昭和一一年度、至昭和一六年度、予算関係書類』。
(45) 二A—三七—三—東北一五四『第六九回帝国議会　東北興業株式会社法案、東北振興電力株式会社法案　委員会速記記録』(松井春生政府委員の答弁)。
(46) 調査資料第二〇号『東北地方農村疲弊状況』第三編、内務省社会局、昭和一〇年七月、一一五～一一七頁(楠木雅弘編『恐慌下の東北農村』中巻、不二出版、一九八四年所収)。

第四章　日中戦争期の生産力拡充政策下での東北振興政策の展開

一　東北振興両会社法の成立

（一）東北振興第一期綜合計画の大幅削減

政府による東北振興施策は、国策会社としての東北振興両会社の設立にとどまらなかった。さらに、より綜合的で網羅的な東北振興計画としての「東北振興第一期綜合計画」の策定とその実施がなされた。それは一九三七年から一九四一年までの五カ年計画で、その規模は全部で三〇項目（分野）に及び、その経費総額は約三億円に達するほどの、突出・異例の東北振興政策プランであった（原案は東北振興調査会第九回総会での答申）。その額の大きさは、例えば一九三七年度の宮城県一般会計蔵出額総額が約一三九三万円[1]であったことを考えると、いかに巨大なものであったことがよくわかる。その意味でこの「東北振興第一期綜合計画」は、東北振興政策史上まさに画期的な記念すべき総合計画だった。

しかし、この東北振興第一期綜合計画は当初から大蔵省の厳しい査定のもと、大幅削減の危機に晒されてしまう。東北振興調査会第六回総会では矢吹省三大蔵政務次官が、また第九回総会でも中島弥団次大蔵政務次官がいずれも国家財政の逼迫を理由に、「保留」の意見を提示した。したがって東北振興第一期綜合計画は、満場一致で可決答申さ

表1　国家財政に占める軍事費の割合[7]

（単位：100万円）

年度	一般会計軍事費	（注）	国家財政規模	軍事費比率（%）
1936	1,078	—	2,282	47.2
1937	1,237	2,035	4,742	69.0
1938	1,167	4,795	7,766	76.8
1939	1,629	4,844	8,803	73.5
1940	2,226	5,723	10,983	72.4
1941	3,013	9,487	16,543	75.6
1942	79	18,753	24,406	77.2
1943	2	29,818	38,001	78.5
1944	2	73,494	86,160	85.3

（注）臨時軍事費特別会計支出年度別

表2　東北振興第1期綜合計画年次額と実施予算比較表[6]

（△印は減額）（円）

年度	計画予算額	実施予算額	増減額	増減率%
昭和12	37,241,884	16,514,228	△20,727,656	△44.3
昭和13	39,904,624	10,859,228	△29,045,386	△27.2
昭和14	39,348,741	14,571,262	△24,777,479	△37.0
昭和15	40,040,194	16,929,964	△23,110,230	△42.3
計	156,535,443	58,874,682	△97,660,761	△37.6

れたのではなかった。

　この大蔵省側の保留意見に対して、東北選出の国会議員たちが猛然と反発したことは当然の理であった。同調査会第一〇回総会の席上、青森県選出の衆議院議員工藤鉄男は大蔵省政府委員を「二重人格ノ委員」[2]として痛烈に批判し、また岩手県選出の衆議院議員田子一民は大蔵省の縮減策について「本会ノ存立意義」を否定するものとしてその不当性を強調した[2]。

　こうした大蔵省の東北振興予算大幅削減問題の根本要因には、工藤鉄男が鋭く指摘するように「陸海軍ニハ巨大ナル予算ヲ出シテイル」[3]ことに外ならなかった。そのことを裏付けるかのように、広田弘毅内閣の馬場鍈一

表3　東北振興第1期綜合計画額と各省別実施予算比較(6)

（昭和12年度〜15年度）（△印は減額）（円）

各省別	計画予算額	実施予算額	増減額	増減率%
内務省	76,574,367	31,818,393	△44,755,974	△41.6
文部省	8,082,944	1,326,870	△6,756,074	△16.4
農林省	57,802,427	20,431,419	△37,371,008	△35.3
商工省	9,034,653	1,924,624	△7,110,029	△21.3
逓信省	5,041,052	3,373,376	△1,667,676	△66.9
計	156,535,443	58,874,682	△97,660,761	△37.6

（注）1．計画予算額中、各省別額の割合（%）
内務省（48.9）、文部省（5.2）、農林省（36.9）、商工省（5.8）、逓信省（3.2）
2．実施予算額中、各省別額の割合（%）
内務省（54.0）、文部省（2.3）、農林省（34.7）、商工省（3.3）、逓信省（5.7）

大蔵大臣も、東北振興予算の大幅削減は「国防費が多かったため(4)」と述懐していた。同調査会委員として東北振興両会社設立の原案作成者であった馬場鍈一といえども、軍部の圧力には抗すべきもなかったのであった。

第一次近衛文磨内閣の賀屋興宣大蔵大臣は、「昭和一二年度予算節約実行方針ニ関スル件」との通達を出した。その中で「国防上緊要ナル経費ヲ除キ成ル可ク多額ノ節約ヲナス為各款項ニ付検討ヲ加フルコト(5)」と強調した。さらに閣議決定に基いて賀屋大蔵大臣は、「昭和一三年度編成ニ関スル件」という通達の中で「既定経費ニ付テハ国防上緊要ナルモノヲ除キ出来得ル限リノ節約ヲ為スコト(6)」と速やかな節約実行の実施を求めた。特に昭和一三年度は日中戦争第二年目に当っていたので、政府の「節約大方針」は徹底していった。この両年度の財政上の原則は、直ちに東北振興政策にも強い影響を与え東北振興第一期綜合計画執行上の大幅削減となって現われたのだった。

日中戦争期における国防力強化に伴う生産力拡充政策のもと、国家財政に占める軍事費の割合は急激に膨張していった（表1）。

こうした軍事費の急激な増大に伴って、軍部から見て〝不要不急〟の施策経費は大幅に削減を迫られ、東北振興第一期綜合計画もその例外ではなかった。そもそもその第一期綜合計画

（一九三七年度からの四カ年）の総額は約一億五六五四万円だったが、実施予算において三七・六パーセントの約五八八七万円に大幅に減額された（表2）。なかでも日中戦争勃発の翌年に至っては、振興計画予算の僅か二七・二パーセントしか実現しなかった。一九三七年度の大蔵省査定での大幅削減に、復活要求のため大挙押しかけた宮城県会陳情団は怒りの声として、「政府はペテン師だ。われわれは政府のペテンにかかったのだ(8)」と、当時の河北新報は報じたという。

その削減内実を追跡すると、「各省別実施予算」と対「総合計画」比では、文部省の実現率は僅か一六・四パーセントにすぎず、次いで商工省のそれは二一・三パーセントにとどまった（表3）。さらにその実態を「項目別」でみると、文部省の場合、「学校教育及社会教育施設、整備」の僅か八・四パーセントが突出していた。また商工省の場合、「商業組合普及並ニ事業促進」の六・三パーセント、「工業組合制度ノ普及」の九・九パーセントなどが大鉈を振られていた。つまりこれらは国防上緊要な重要施設ではないとされたことに外ならない。逆に異例なことに大幅に増額された項目に、「航空施設ノ整備」の一四五・四パーセントで、その理由は特に言うまでもない。ここにも国防力増強のための政策判断が優先していたことは明白であった。

もともと東北振興調査会の東北振興事業費総額（一九三七年度以降五カ年間）は三億二三〇〇万円であったことを考えると、表2に示された年次実施予算総額（一九三七年度以降四カ年間）との対比では、一年平均換算で一四七二万円対六四六〇万円、つまり当初原案より二二・八パーセントにすぎない。本来の東北振興要望予算は、まさに破綻そのものであり、東北住民の期待は失望の色を濃くしていった。

（二）第六九回帝国議会における東北振興両会社法案の上程

岡田啓介内閣は、東北振興調査会第七回総会を受けて東北興業株式会社法案と東北振興電力株式会社法案を第六八回帝国議会に上程した。ところが衆議院の解散（一九三六年一月二一日）によって両法案は不成立に終わった。

そして第一九回総選挙（同年二月二〇日）、さらに二・二六事件を経て、広田弘毅内閣は第六九回帝国議会で、この東北振興両会社法案を再度提出した。両法案は、衆議院委員会で一九三六（昭和一一）年五月一二日から三日間、また貴族院特別委員会で同年五月一六日から三日間、それぞれ開かれ審議された。

貴衆両院の各委員会において、原案作成に深くかかわった内閣東北振興事務局長松井春生は、政府委員として両法案の提案説明をおこなった。[9]松井はその中で主として次の三点について強調した。

第一点は、資源の開発を目的とした東北振興両会社設立の理由についてであった。「東北地方ノ深刻ナル窮乏ノ徹底的打開ヲ期スルガ為ニハ殖産興業ヲ目的トスル特殊ノ興業会社ヲ設立セシメ」ることの必要性を強調し、その中でもその重点は東北地方の埋もれる「資源」にあるとして、「各種産業ニヨリテ統一的方針ノ下ニ資源ノ開発ヲ図ラシムコトハ最モ緊要」と強調した（しかし、その後の東北興業（株）の事業内容は大きく変貌していった）。

第二点として、東北振興両会社の株式所有のあり方についてであった。「会社ノ資本金額ハ三千万円トシ其ノ一半ハ東北六県ニ於テ各平等額ヲ引受ケ他ノ一半ニ付テハ成ルベク東北地方ノ住民ヲ応募セシメタイ」と説明した。東北振興のため東北振興両会社株の所有を東北の関係機関や住民に要請し、その利益配当金の還元による〝救済策〟であった（それが結果的に破綻することになったことについては後述する）。

第三点として、最も重要なことであるが、国策会社として東北振興両会社にさまざまな優遇措置が政府により保証されていた点である。具体的には次の諸方策についてである。「政府ハ此ノ会社ニ対シマシテ其ノ配当金ガ第三営業年度迄ハ年四分、第四営業年度以降ニ在ツテハ年六分ニ達シナイ場合ハ創立初期ヨリ一五年ヲ限リ之ニ達セシムベキ金額ヲ補給スルモノデアリマス」。そして配当分の政府保証と共に、政府の会社に対する監督・管理権限の強化が強調された。政府は「監理官ヲ置キ常時其ノ業務ヲ監視セシムル外、定款ノ変更、事業計画（中略）等重要事項ニ付テハ認可ヲ受ケシメ」、また「政府ハ監督上必要アル命令又ハ東北地方振興上必要ナル命令ヲ為ルノデアリマス」と、特に政府による国際会社としての責務（政府権限への従属性）も強く求めていた。

なお、東北振興電力（株）については、東北興業（株）の殖産興業事業の円滑な遂行のための低廉豊富な電力の供給を目的とした。松井は「内容ハ大体東北興業株式会社法案ト大同小異デアリマシテ」と、東北振興政策上の同一性を説明し、具体的には「東北地方ニ数箇所ノ水力発電所ヲ建設シ出力合計約一五万キロワットヲ開発シテ」[9]と述べた。東北振興電力（株）社長は東北興業（株）総裁が兼任し、その選任は政府の任命によった。また東北振興電力（株）株式の大半は東北興業（株）が保有し、その意味で同社は東北興業（株）の事実上の子会社（投資会社）であった（しかし、一九四一年九月に、東北振興電力（株）は日本発送電（株）に吸収され事実上消滅してしまう経緯については後述する）。

東北興業（株）法案の各条（全三八条）について、貴衆両院各委員会で政府は次のように逐次説明をおこなった。その中で特に注目すべき各条文と政府説明を紹介したい[9]（なお、（　）内は政府委員による説明である）。

第一条「東北興業株式会社ハ東北地方ノ振興ヲ図ル為同地方ニ於ケル殖産興業ヲ目的トスル株式会社トス」（「殖産興業」トハ、資源ノ開発、産業ノ興起ヲ図ルコトヲ謂フ）。

第二条「東北興業株式会社ノ資本ハ三千万円トス但シ政府ノ認可ヲ受ケ之ヲ増加スルコトヲ得」「資本三千万円トシタルハ大体肥料工業ニ一五〇〇万円、其ノ他ノ事業ニ一五〇〇万円ヲ要スル見込ナルヲ以テ差当リ三〇〇〇万円ノ資本ヲ有スレバ支障ナキノ見込ナリ）。

第八条「総裁及副総裁ハ政府之ヲ命ジ其ノ任期ヲ五年トス」（総裁・副総裁ヲ政府ニ於テ任命スルハ本会社ノ重大ナル使命ニ鑑ミ株主中ヨリ之ヲ選任スル方法ニ依ラズ広ク人材ヲ天下ニ求メ得ルコトヲ企図シタルナリ）。

第一〇条「東北興業株式会社ハ左ノ事業ノ経営又ハ之ニ対スル投資其ノ他ノ助成ヲ為スモノトス

一　肥料工業其ノ他電気化学工業

二　水産及鉱産ノ資源開発事業

三　水面埋立事業

四　農村工業

五　其ノ他東北地方振興ニ関スル諸事業」

（「肥料工業其ノ他電気化学工業」ハ本会社自ラ硫酸安母尼亜年産約五万瓲、石灰窒素年産約五万瓲ノ製造ヲ為シ之ヲ東北地方ニ配給スル方針ナリ、「鉱産ノ資源開発事業」トシテハ金銀鉱ノ製錬、鉱区ノ開発等ヲ予想セリ）。

第一七条「政府ハ東北興業株式会社ノ業務ヲ監督ス」（本条ハ会社ノ業務ニ対シ政府ガ一般的監督権ヲ有スルコトヲ明ニシタルモノナリ、監理官ノ設置、定款ノ設定変更等重要ナル事項ニ付テ夫々監督ノ条文ヲ設ケタリ）。

第二二条「政府ハ東北興業株式会社ノ業務ニ関シ監督上又ハ東北地方振興上必要ナル命令ヲ為スコトヲ得」（「監督上必要ナル命令」トハ（中略）東北地方振興上必要ナル事項ニ関シテハ政府ヨリ積極的ニ命令シ得ル権能ヲ有スルコトヲ明瞭ニ規定シ以テ本会社ノ目的達成ニ遺憾ナカラシメタリ）。

第二六条「東北興業株式会社ノ毎営業年度ニ於ケル配当シ得ベキ利益金額ガ払込ミタル株金額ニ対シ第三営業年度迄ニ在リテハ年百分ノ四、第四営業年度以降ニ在リテハ年百分ノ六ノ割合ニ達セザルトキハ政府ハ第一五営業年度迄之ニ達セシムベキ金額ヲ補給スベシ（後略）」（補給期限ヲ第一五営業年度トシタルハ東北興業株式会社ノ業務ハ東北振興電力株式会社ヨリノ電気ノ供給ニ依存スルモノニシテ同電力会社ノ発動事業ノ確立スルハ約一〇年ヲ要スルヲ以テ東北興業株式会社ノ業務ノ確立スルハ夫レヨリ約五年後ト見込ミ一応第一五営業年度迄政府ノ援助ヲ要スルモノトセリ）。

以上の各条とその説明は、東北興業（株）の国策会社としての基本的性格を規定したものである。第六九回帝国議会の各委員会において、この政府案について、各委員から様々な疑問、異論や反論が展開されたことから、関連した各条と政府の逐条説明をあえて紹介した次第である。

この国策会社としての東北振興両会社法案の特徴は、他の国策会社との対比で次の点にあった。

当時の国策会社は次のように大別される。①殖民及び開発事業（南満州鉄道（株）、東洋拓殖（株）、台湾電力（株）

など）。②国防的基礎産業（日本製鉄（株）、国際電気通信（株）など）。③地方救済と配給等の統制（後者の例として、日本通運（株）、日本米穀（株）など）の三類型だった。その中で東北振興両会社は③の「地方救済」に分類され、これまでの国策会社としては例外的な位置づけで、国内の地域振興を目的とした国策会社の初の創設であった。[10]そこに東北振興両会社の最大の特徴があった。

また、松澤勇雄によれば、[11]東北振興両会社は、「救済会社であって、国内政策を内容とする政策会社ではあっても、世界政策を内容とする国策会社とは言へない」と国策会社という呼称にやや否定的である。しかし注目すべきは次の指摘である。「けれども、それが形態的に国策会社と類似して居」ると共に、「一面には、国防的生産拡充に一役買って居」ることから、〝国策会社〟と扱うというのである。この〝国防的生産拡充〟政策に寄与するとする特質も、この東北振興両会社の大きな特徴でもあった。

先に紹介した東北興業（株）法案の主な各条についての政府委員の逐条を参考にしながらも、次の諸点を指摘しておきたい。

A・国家による特別の保護（特典）

（一）　政府による補給金について

これは国策会社に対する政府保証の重要な柱の一つである。会社の利率が充分でなく一定率の配当が困難な場合、その不足額を補給する助成策である。具体的には同法第二六条で規定している通りであるが、その補給期間が東洋拓殖（株）の八年間、日本発送電（株）の七年間、北支那開拓（株）の五年間であることを考えると、東北興業（株）の一五年間は特例の優遇措置である（ただし、東北振興電力（株）の場合は一〇年間である）。

(二) 社債の発行限度について

商法の規定によれば、社債の発行限度は払込資本金の額までとされているが、東北興業(株)法案第一一条によれば、払込済み株金額の五倍まで発行することが認められている。なお、国策会社の多くは三倍までとしている。

(三) 増資条件の緩和について

商法によると、株式会社が増資できるのは資本金が全額払込みが完了した後とされているが、東北興業(株)法案第三条の規定では、全額払込み完了以前と雖も資本を増加することが認められている。

以上の各種特例措置は、起業経験の乏しい東北地方の新規会社としては国家による格別の優遇であり、その後の東北振興のための事業展開に有効に機能していった。

B・政府による監督・命令

(一) 業務上の監督について

東北興業(株)法案第二三条において「政府ハ東北興業株式会社監理官ヲ置キ東北興業株式会社ノ業務ヲ監理セシム」と規定している。そしてその監理官の権限については第二四条で具体的に明示している。つまり①東北興業(株)の金庫、帳簿及び諸般の文書物件の検査、②政府が必要と認めるときは、何時でも会社に業務上の各種の計算及び状況を報告させ得る、③株主総会その他の会議に出席し、監理官として政府の意見を述べ得る、との権限を規定している。この規定は、南満州鉄道(株)、東洋拓殖(株)、日本製鉄(株)などの各国策会社も同様である。

(二)　政府による強力な認可事項について

各国策会社は、通常政府による次のような業務について認可を受けることが規定されている。その事項とは、会社の合併または解散、定款の変更、利益金の処分、社債募集、借入金、役員の選任及び解任、事業計画の設定変更、事業の休止または廃止、重要財産の処分、認可を受けた事項の変更など広範囲に及んでいる。当然のことながら株主総会や役員会のみでこれらのことを決定することは許されない。国策会社としての宿命的な拘束である。

東北興業(株)法案に則していえば、定款の変更、合併及び解散(第一九条)、会社の事業計画の設定または変更(第二一条)、会社の資本金(第二条)、東北興業債券(第一二条)、利益金の処分(第二〇条)についてのそれぞれの各条で、政府の絶対的な認可事項として規定されている。

(三)　総裁など会社重役の選任方法について

そのことについては、東北興業(株)法案第二章「役員」の項で具体的に明示されている。それによると東北興業(株)の総裁は、株主総会における選出ではなく、第八条で政府による任命(副総裁も同様)と規定されている。また理事(三人以上)は、株主総会において二倍の候補者を選びその中より政府が任命されると明記している。この規定が裏付けとなって東北興業(株)の総裁・副総裁人事は、実態として政府の高級官僚の〝天下り人事〟が続いた。客観・公平を期待される適切な人材が求められる会社の首脳人事についてのこうした悪慣例は、帝国議会でも問題となった。またあるエコノミストはこの事態を次のような世評を引用して批判した。「国策会社につきものは官吏の天降りである。監督官庁の方でも一種の株と心得て、省内の人事異動の場合にも国策会社の人事異動を考慮に入れて居る」[12]というような辛辣な批評も、かくて当然に生まれるのである。その典型例が東北振興両会社であるとの酷評は、起こるべきして起こったといえよう。

（四）　業務上の命令について

国策会社は、本来国策行の特定分野を担う責務で政府によって設立されたものであった。従って日頃から常時その責務を遂行するため尽力することは、当然の理である。しかし政府は緊要な状況に適切な対応を求めるために、国策会社に特別に行政命令を下すことも可能となっている。その規定が東北興業（株）法案第二二条で、それに基づいて一九三八（昭和一三）年に物資動員計画による東北興業（株）に対する鉱業開発に重点を置くようにとの行政命令は、その一例であった。

（三）　同帝国議会での多様な論議と振興両会社法案の可決成立

一九三六（昭和一一）年五月の第六九回帝国議会の衆議院委員会と貴族院特別委員会で、東北振興両会社法案についての政府委員の提案説明と逐条説明をめぐって、各委員から多様な質疑・意見や異論などが活発に展開された。

これらの各委員から展開された論議の中で比較的多かったのは、東北振興両会社事業の具体的な方策に関するものだった。例えば両会社の株式取得に際しての、一般庶民の応募能力の問題だった。松井東北振興事務局長は、政府委員として法案の提案説明の中で、「資本金額ハ三千万円デアリマシテ、其一半ハ東北六県デ大体各平等額ヲ引受ケルコトニナッテ居リマス、他ノ一半ニ付キマシテハ成ベク東北地方ノ住民ヲシテ応募セシメタイト考ヘテ居リマス」[13]と力説した。問題は、応募する東北の株取得能力の問題だった。この件について松井春生政府委員は、「其一半ヲ引受ケル東北六県ノ財政状況ハ、御承知ノ通リ裕デナイノデアリマスカラ、ソコデ六県ノ株式引受資金トシテハ、（大蔵省）預金部資金ノ融通ヲ受ケルコトニ致ス方針デアリマス」[13]と打開策を説明した。そして一方では、「他ノ一半」である東北地方の一般住民の株取得可能の打開策についての説明はなかった。

この説明に関して、川俣清音委員（秋田県選出、社会大衆党）は、「東北ノ農民―東北ハ殆ド農民ガ多イノデアリマスガ、東北農民ノ生活状態及ビ今日ノ東北農民ノ挙ゲマス生産額等カラ推定シマシテモ、（中略）（生産所得は）中々渡リ得ナイデアラウ」[14]と東北興業株取得の非現実性を指摘した。そしてさらに川俣は、「東北ノ自治団体ガ―各町村ガ教員ノ俸給不振不払ナドヲ致シテ居ル今日、之ヲ自力ニ依ッテ（株式を）引受ケルト云フヤウナコトハ非常ニ困難ダ」[14]と批判した。そして佐々木家寿治委員（宮城県選出、政友会）も、「現在ノ市町村ノ懐ロ具合ヲ見マスト、到底株式応募ノ能力ガナイト思フノデアリマス」とその実情を述べ、さらに「小サイ貧弱ナル市町村ト云フヤウナ公共団体ニモ低利資金ノ供給ヲセラレテ、ヤハリ株主タル権利ヲ保有サセテ戴キタイノデアリマス」[15]と政府に支援策を要望した。

これらの論に松井政府委員はまず川俣委員に反論し、「市町村ニ於キマシテ基本財産等ノアルモノハ、コンナ株ノ引受ニ充テテモ宜イモノガアルジャナイカト思ッテ居リマス」と市町村の基本財産の運用に期待し、さらに「大体県市町村ノ財産モ困ッテ居ルトハ申シマシテモ、政府ノ六分ノ補償ノアル会社デアリマスシ、（中略）超過ヲスルノヂャナイカト思フノデアリマス」[14]と株応募について楽観的な見通しを述べていた。また佐々木委員の懸念に対しても、「市町村等ガ（株を）持ツニ至ルコトハ非常ニ望マシイコトダト思フノデアリマス」と期待を寄せた。なぜならば株式を「成ルベク東北民ニ之ヲ持タセテ、サウシテ大口デナク小口ニ広ク行キ渡ルヤウニ、（中略）利潤ノ享有ヲ成ベク普ネカラシメルト云フコトニ努メルニヤウニ株ノ配当ヲ致シタイ」との投資家育成の観点からの期待があったからだった。その際貧困している市町村財政のもとで、株取得を可能にする鍵はやはり「町村ト致シマシテハ、財産等モアリマスノデ、其ノ運用」[16]によるその積極的活用次第であると、松井政府委員は強調していた。

しかし、積年の冷害・凶作による市町村財政の困窮のもとでは、この松井政府委員の見通しは、実際にはあまりにも楽観視すぎて現実とは大きく乖離していた。市町村のみならず、株式応募を要請されていた産業組合や信用組合などの団体株や小口・零細な一般株の第二回以降の未払い問題が発生した。その結果その解決策のために、各県知事や県議会、関係団体、さらには大蔵省預金部まで捲き込んでの大問題となり、ついには帝国議会での政治論議にまで発展していった。そのことについて、産業組合の未払い問題を中心に、改めて後述することとする。

また東北振興電力（株）法案の審議では、既存の電力会社への影響問題が取り上げられた。氏家清委員（福島県選出、民政党）は、東北振興電力（株）の設立について、既存の小電力会社が最近になって、「実ハ飛ンダコトヲシタ。余リ早ク政府ガヤルコトニナッテ飛ンデモナイコトニナッタ」との感想を漏らし、「寧ロ後悔シテ居ル」状態となったことを紹介した。その理由は「政府ガ電力（料金）ヲ安クスル為ニ自分等ノ（会社の―筆者）寿命ガ縮マル」ことに気づいたからであった。そこで氏家は「果シテ事実ニ於テ既設会社ニサウ云フ悪影響ヲ与ヘルヤウナコトガアルト思ハレルカドウカ」[17]と政府委員に詰問した。

この質問に対し、政府委員としての松井（東北振興事務局長）は、東北振興電力（株）が「低廉ニ電力ヲ供給シテ参リマスレバ、自然ニ影響ガ及ンデ来ル。随テ全然影響ガナイト云フコトハ、是ハ申サレナイダラウ」と認めつつも、「多クハ其既設ノ会社ノ送電線ヲ経由スルコトニナッテ居リマス」ことから、経営上の利益も得られ「御心配ノヤウナコトハナイ」[18]と断言した。しかし水利権の競合問題もあり、既存の小電力会社の多くはその存立が難しくなり廃業を余儀なくされていった。

東北振興両会社の首脳人事のあり方について追究したのは、林平馬委員（福島県選出、民政党）だった。東北興業（株）法案第八条で総裁・副総裁・理事などの首脳人事は株主総会での選任ではなく政府による任命人事であることは先述したが、その任命が時の政権の思惑によって、総裁などの素質・能力とは無関係に情実や政治的判断に左右されることの弊害について糺した。林は国策会社の人事問題の過去の事例に照らして「兎角政府ノ特殊会社ト云フヤウナモノヤ、法人ノヤウナモノハ、動（ママ）トモスルト多クハ官僚化シテ居リマス。若シソレ今回出来ル東北ノ二大会社モ亦官吏ノ棄場所（中略）、官吏ノ隠遁場所ノヤウナ形ニ変ッテ来タトスルナラバ、ヤハリ最初ノ目的トハ違ッタ結果ヲ得ルト云フコトハ火ヲ賭ルヨリモ瞭カト言ハナケレバナラヌ」[19]と喝破した。これに対して広田弘毅総理大臣からは「是ガ少数官僚ノ仕事ニ過ギナイト云フヤウナコトニハナリ得ナイモノデアル」[20]と明言した。また松井政府委員も「是ハ官僚ノ仕事ヂャゴザイマセヌデ、（中略）十分サウ云フ注意ヲスル積リデアリマス」[21]と通り一遍の言葉で回答した。しかしその後の実態が示す通り、総裁人事は官僚の「棄場所」ならぬさらなる出世のための「待機部屋」・「渡り廊下」と化していった。その意味でこのふたりの答弁はまさに空手形的な詭弁と評されたとしても、弁解できない。

さらに重大な論議は、東北振興両会社の本質にもかかわる会社事業の目的・性格についてだった。そもそも政府による東北振興政策の動機は、積年の大凶作による東北の〝疲弊〟問題にあった。特にその直撃を受け困窮のどん底に追い込まれた農民層の救済問題は、緊急の課題であった。この窮民救済の問題と東北振興両会社の事業内容がどう結び付くか、きわめて大きな争点となった。

木村武雄委員（山形県選出、東方会）は、困窮した農民層救済の観点から、次のように政府に迫った。「現在本当ニ餓死線上ニ彷徨ウテ居リマス人々ハ、振興ナドト云フ言葉ヨリモ、生カシテサヘ貰ヘバ宜シイト云フヤウナ気持ガ非常ニ強クハナカラウカト、自分ハ斯ウ云フ具合ニ解釈致シテ居リマス、（中略）凶作ノ痛手ヲ被リマシタ農民ノ人々ニ対シテ利益ヲ与ヘラレルカ(22)」と、東北興業（株）の事業内容との関連で質問した。東北の窮乏救済の一般論としてではなく、「餓死線上ニ彷徨ウテ居ル」窮乏農民に対して、東北興業（株）は単なる振興ではなく、根本的な救済にどのような役割を果すべきかという、根源的な問いであった。

また木村は東北振興電力（株）の事業内容について、「本当ニ困ッテ居ル山間部ヤ平野部落ノ農民ニ利益ヲ与ヘルヤウナ方法ヲ講ジテ貰ヒタイ(22)」と強く要望した。同社の電力供給事業が主として東北振興のための企業向けが中心であることへの懸念が強かったからであった。さらに東北振興政策が、農民の末端に恩恵が少ない現実への批判でもあった。「色々ナ施設ガ今日マデアッタデアリマセウガ、ソレハ唯県庁内ニ止ツテ居ル。県庁カラ役場ニ参リマシテ、役場カラ組合ニ参リマシテ、組合ノ少数ノ幹部ニノミ其ノ有難味ガ止ッテ居ッタノデアリマス。ソレ等ハ殆ド一般ヘハ浸透シナカッタノデアリマス」。だから「特殊ノ人々ニノミ利益ガ独占サレテシマヒ、ソレデ東北民ガ助カッタト云フコトガナイト云フノデハ面白クナイ(23)」と断じ、そして「五年後、一〇年後ニ出来ル恒久対策ノ結果、現在沢山餓死スル者ガ出ルヤウナコトガアリマスナラバ、是ハ考ヘナケレバナラヌ(24)」と主張した。

この餓死に瀕している末端の農民の視点からの木村の舌鋒は、同じく野党でしかも長年全国農民組合系の活動家である川俣清音（社会大衆党）委員より鋭いものがあった。木村は山形県置賜地方の農民運動に参加した体験者であったが、川俣とは立場を異にした国家主義的傾向の強い中野正剛らの東方会系の一員としてであった。東北振興政策の基本的特質を考える際、この木村の主張は特に注目される。三鬼鑑太郎委員（岩手県選出、昭和会）の東北振興両会社法案は、「貧弱ナル東北民ノ救済ト云フヨリハ、東北ノ振興ト云フ方ヲ主トシテ御立ニナッタ案」(25)との本質認識と共に、こうした木村の批判的認識は注目される。

東北選出各委員の主張・批判に対して原案作成者でもある松井政府委員は、次のように反論・主張した。「此会社ノ企業利潤ハ東北ノ住民ニ帰スルノデアリマシテ、考ヘ様ニ依レバ小サナ飢餓線上ニ彷徨フ者ニ及バヌヂャナイカト云フ御説（中略）カラ御覧ヲ戴ケバ、其ノ点ハ或ハ価値ガナカラウカト思ヒマス」(26)と松井自身もその認識を認めた。しかしながら恒久対策を講じて、「将来東北ニハ啻ニ農業バカリデナク、工業等ガドウシテモ起ッテ来ナケレバナラヌ」(26)と、工業の発達によって東北の窮乏問題の根本対策とすることに期待を寄せた。同時に当面の対応策としては、東北興業（株）の肥料工業や東北振興電力（株）の電源開発などに伴う建設工事での雇用増大による現金収入の確保という利点を強調した。つまり株式の応募能力のない貧農層にとって東北振興両会社事業の恩恵は、何よりも人夫などの就労機会による雇用確保にあった。

東北興業（株）は国策会社であるものの、同時に「利潤ヲ挙ゲル会社」(27)であることから、「資源ノ開発、産業ノ振興ヲ図ラセル云フコトガ最モ緊要」(28)とする株式会社であった。東北振興電力（株）は、東北興業（株）の事業展開の基礎条件としての「低廉ナ電力ヲ供給スル」(28)責務を担って設立された会社であった。その振興両会社は、文字通り東北振興政策上の兄弟会社（東北振興電力（株）の筆頭大株主は東北興業（株））だった。

しかもこの東北振興両会社は、東北地方の単なる一ローカル開発会社ではなく、つまり国策会社として「啻ニ東北ノ為ニスル東北振興デハアリマセヌ、日本ノ国全面的ノ仕事ト致シマシテ」(29)（松井政府委員）という国家的責務を担っていたのだった。具体的には東北地方の鉱産資源や水力資源の開発と供給によって、日本全体の産業発展に貢献しようとするものであった。

これら貴衆両院での論議と政府委員の答弁・反論を通して、東北振興両会社の設立目的が一層明確となった。かくして東北住民の多くが期待を寄せていた東北農村の〝疲弊〟・窮乏の救済を目的とする東北振興両会社でないことが明瞭となり、逆に日本全体の国家的責務を担った国策的性格が、東北出身の国会議員そして多くの東北住民に強く自覚させられていった。

なお東北産業振興の一助としての、岡田伊太郎委員（北海道・政友会）の発言は注目される。彼は「近時盛ンニナッテ居ル軍需品ノ製造、是等ヲ此振興会（社）ノ仕事デモ宜シイシ、或ハ此会社ガ設立ノ斡旋ヲシテヤラレテモ宜イト思フ」[30]と、東北振興上軍需産業育成の必要性を主張した。この発言に対し松井政府委員は、具体的な内容は避けながらも「軍需工業其他ノ事業ヲ東北其他北海道ニ起シマスコトニ付テハ、政府内ニ於キマシテモ相当考慮致シテ居ルノデアリ」[31]と前向きの姿勢を示していた。この東北興業（株）の事業内容の軍需工業化の要望は、日中戦争に突入すると、政府の生産力拡充政策の推進に伴って、東北振興政策の一環として具体的に実現することになる。しかしながら、一九三六（昭和一一）年五月の段階ではまだ〝準戦時経済体制〟の時期であったので、軍需産業実施には至っていない。

衆議院委員会で窮乏農民の視点から執拗に政府に対し異論を提示した木村武雄、そして東北振興両会社事業による鉱毒問題を予想して懸念を示した川俣清音、さらに東北振興調査会答申の完全実施を強く求めた多くの東北出身議員（委員）の要望などいずれも、政府委員の強固な東北振興の国策的使命論の前に、最終的にしぶしぶ妥協して政府案を諒承した。かくして貴衆両院の本会議で政府原案は可決され、東北興業（株）法は法律第一五号で、また東北振興電力（株）法は法律第一六号で、共に一九三六（昭和一一）年五月二六日付で交付された。

二　東北振興両会社の発足

(一) 東北振興両会社設立委員会での課題

第六九回帝国議会で東北振興両会社案が可決成立し、そして法律で公布された東北振興両会社は、その約一カ月後に株式会社設立のための法的手続きに入った。政府による東北振興両会社設立委員会(一九三六年六月八日発足)は三回の総会と五回の特別委員会を開いて、両会社の定款、事業目論見書、株式募集公告、株主募集の実務などを決定し、その実務処理を行った。その総会や特別委員会の論議を通して設立される東北振興両会社の性格や課題が明確になってきた。

その第一点は、「振興」と「救済」の重点の置き所についてであった。東北興業(株)要綱に「東北地方ノ深刻ナル窮乏ノ徹底的打開ヲ期スルガ為(中略)同地方ニ於ケル殖産興業ヲ目的トスル特殊ノ株式会社ヲ組織シ[9]」と謳っているが、この東北興業(株)の根本的性質・目的については、先述した通り第六九回帝国議会ですでに決着ずみであった。その上で設立委員会でも改めて論議されたが、松井東北振興事務局長の「東北振興ノ要諦ハ東北ハ如何ニスレバ国ニ対シテ役立テ得ルカノ点ニアル[32]」(特別委員会第三回会議)の発言で一層明瞭となった。「救済」どころか、今や「振興」の究極的目的の内実が何よりも問題となったのだった。農民組合運動の地方幹部で下層農民の視点から「救済」を求めていた川俣清音(社会大衆党)ですら、今や「東北振興ノ建前ハ東北ノ救済デハナイ、日本ノ国策ノ上カラ東北ヲ建テナホスト云フノガ政府ノ方針デアル[32]」と自ら同感し賛意を表明した(第二回総会)。かくして東北振興両会社の事業展開も、軍需品の原材料としての鉱産資源の開発と軍需製品に直結する会社への投資へと進んでいった。

第二点として、設立要綱にかかげた事業資金三千万円の達成見込みの問題だった。うち半分の東北六県引受株金額一五〇〇万円(一株五〇円で三〇万株)は、政府の特別手当もあって達成可能であったが、残りの三〇万株は産業組合、信用組合、市町村などの特殊株（団体株）、そして一般からの公募株（個人株）によって賄うというものだった。しかし委員の間からは「一般公募ノ分ハ東北ニ於テハ消化不可能ナラン」（菅原通敏貴族院議員）、「東北地方ノ町村ノ財政ハ極度ノ困窮状態ニアリ」（石井光雄日本勧業銀行総裁）などの懸念の声が出ていた。それでも株式募集公告の結果は「株式ノ申込ハ中々予想外ニ景気ヨク」（結城豊太郎日本興業銀行総裁）、「各県ヨリ割当率増加ノ申込アリ」、「公募ノ結果ハ（中略）盛況ニシテ」（松井春生東北振興事務局長）と、予想外の好結果となった。その内容をよくみると、表面上は達成したもののその実態は零細株によって占められていた。例えば東北興業（株）の「株式申込一覧表」によれば、東北地方の五株（二五〇円）所有株口数は七〇六人、また一〇株（五〇〇円）所有株口数は六八六人、合わせて一三九二人も占めていた。こうした五株所有の超零細株主は東北地方の六一・五パーセント、さらに広げて一〇株までの超小口株主数の割合は七五・〇パーセントにまで至っていた(33)。

こうした状況のもとでは、第二回以降の所有株の未払い問題が生じた場合、たちまち会社の事業展開に大きな支障を来たすことになる。事実、産業組合、信用組合、町村などの団体株、そして先述の零細株も含めて、相次ぐ未払い問題が起き、帝国議会でもその解決策をめぐって論議が展開された。

第三点として、東北住民に大量に株式を所有させることによって、その配当金を地元に還元させることによって「東北人優先」と銘打った公開株であったが、そもそも東北地方の経済・金融面での脆弱性もあって、結果的に中央の財閥や大手資本が突出した大株主となったことであった。東北興業（株）の株式申込の各団体分（合計六万〇三五〇株）中、財閥系資本が次のように名を連ねていた。三井合名と三菱合資が共に五〇〇〇株、住友合資が二〇〇〇株、三和系の山口合資が一〇〇〇株と財閥系資本が合計で一万三〇〇〇株を所有した。そして日本赤十字社が一万五〇〇〇株、大手鉱山の松尾鉱業が一万株、さらには日本興業銀行、安田銀行、第一銀行、三和銀行、第一生命などの大株主を含めると総計四万五〇〇〇株もの申込みがあった。「地元優先」と称したにもかかわらず、地元の七十七銀行さえ一〇〇〇株にすぎなかった(32)（なお、申込額は後で調整された）。

東北振興両会社設立委員会の設立委員には、各省の次官クラスや貴衆両院の有力議員らと共に、日本興業銀行、日本勧業銀行の総裁、住友・安田・三和・第一の各銀行ならびに三井合名・三菱合資の各常務理事など日本を代表する財界・金融のトップクラスが就任していた。そのことが創設される東北振興両会社の大口株主として、その役員や経営内容に大きな影響を与えていくことは、想像に難くない。

(二) 東北振興両会社の創立総会—その特色と問題—

東北振興両会社の設立委員会の終了後、株式会社設立の法的手続きを完了し、直後の一九三六(昭和一一)年一〇月七日に、東北振興両会社の創立総会が開催された。それまでの東北振興調査会や設立委員会とは違って、政府の手を離れた株式会社としての創立総会だった。

株式引受人総数は、六四七八名(株式数六〇万株)、うち出席者は六〇〇八名(株式数五七万八四八〇株)といわれた。ただし実際の本人出席は一七三名(株式数一七万八四八〇株)にすぎず、他は代理人出席であった。設立委員長水野錬太郎(寺内・加藤・清浦各内閣の元内務大臣)が創立総会の成立したことを宣言して、議事が進められた。

議事は、①会社設立に関する報告事項、②理事候補者の選挙及び監事の選任、③株式総数の引受、第一回払込、設立費用などの調査報告、④役員の報酬の各件について審議され可決された。なお東北興業(株)総会は同日の午前、東北振興電力(株)総会は午後に同じ会場(日本工業倶楽部)で開催された。そして両総会共、ほとんど「異議ナシ」・「賛成」の声で平穏裡に閉会した。

この創立総会には次のような特色と問題点があった。まず何よりも東北振興調査会の活発な論議を経て、かつ帝国議会での様々な審議の上での、国策会社としての設立だった。そして政府による法律として公布された会社として、国の政策上の強い規制を受けている点に大きな特徴があった。したがって総裁・副総裁は先述したように政府の任命によるものであるが、理事も株主総会で選出された倍数(六名)中、その中から政府が任命する人事選任法であった

（東北興業（株）法第八条二項）。その結果、田坂一郎、椎野与七、藤沢進の三名が、総裁吉野信次、副総裁金森太郎と共に、政府によって任命された。なお吉野信次は東北興業（株）総裁と共に、東北振興電力（株）社長も兼務した。また監事は株主総会で二瓶貞夫と山下太郎が選出された。

この人事については、大きな問題を残した。総裁の吉野信次は、犬養毅内閣の商工次官、東北興業（株）総裁退任後は第一次近衛文麿内閣の商工大臣、さらには「満州国」顧問などを歴任した〝革新官僚〟として立身出世街道を歩み続けた人物だった。副総裁の金森太郎は山形県知事などを歴任した内務官僚であった。また理事の田坂一郎は三菱商事（株）元参事、椎野与七は三井物産（株）出身と共に財閥系の人物で、もう一人の理事の藤原進は中央金庫理事、さらに監事の二瓶貞夫は元陸軍糧秣本廠長・陸軍主計監という最高級陸軍幹部の経歴者であり、もう一人の監事山下太郎は日魯漁業の社長で日本軽金属（株）、日本化成工業（株）など軍需企業の取締役でもあった。

問題の第一点は吉野に代表されるように、東北興業（株）総裁の座は、次の出世のための一時的な〝待機場所〟にすぎなかったこと。そしてこの就任期間は僅かに七カ月にすぎなかったことだった。これでは総裁の座は文字通り〝腰掛け〟にすぎなかった。第二点として東北で労苦を共にした東北出身の人材が、誰一人重役にいないことであった。東北の〝疲弊問題〟を出発点として創設されたこの会社だけに、こうした人物配置はこの会社の将来を懸念される事態だった。第三点として、先に役員の前歴を紹介したが、その多くは高級官僚、大財閥出身者によって占められていることである。会社の事業展開や取引銀行などを含めて、誰のための東北振興なのか、そのことを予知させる布陣である。第四に、注目すべきは監事に異質にも陸軍経理畑の高級幹部が就任したことである。高度国防国家体制のもと、東北振興事業の軍需工業さらには軍工廠との関係を強化する上で、この人事は効果的であったと思われる。

こうした政府の企図した重役人事の問題点は、その後の会社の事業展開の方向性と深く結び合うものだった。

三　東北興業（株）の事業展開

（一）第一回定時株主総会までの事業の開始

日中戦争勃発（一九三七年七月七日）の約二週間前の六月二五日に、東北振興両会社の第一回定時株主総会が開かれた。

初代総裁吉野信次は総裁挨拶で、「第一事業年度は本年三月末を以って終ったのでありますから会社創立以来約六ヶ月を経過したのであります」[33]と述べたように、創業早々の時期だけに、東北興業（株）法第一〇条（ならびに同社定款第三三条）での規定事業（①肥料工業其の他電気化学工業、②水産及鉱産の資源開発事業、③水産埋立事業、④農村工業、⑤其の他東北地方振興に関する諸事業）のほとんどの事業は未着手の状況であった。

ただ、吉野総裁も言及しているように[33]、東北興業（株）事業の根本目的は「東北に於ける各種の資源を開発」にあることから、鉱産資源開発事業として東北振興電力（株）に対する二〇万株の出資がすでに実施された。この東北振興電力（株）との関係は、一九四一（昭和一六）年の日本発送電（株）への合併まで役員会を東北興業（株）と合同で開催するなど密接な体制を保持していた。その関係は、その後展開されていった東北興業（株）の直営事業と投資会社に対する豊富・廉価な水力発電による電力供給が、絶対不可欠の要件であったからである。ただし同じ資源開発といっても、まだ計画段階にすぎなかった。

そうした状況で注目すべきは、同社定款で規定されていた事業としての「肥料事業」は本来同社の直営根幹事業として構想されていたが、早くも挫折したことだった。一九三四年の歴史的大凶作のもと、東北農村の〝疲弊〟問題は、困窮農民の生活と生産を崩壊寸前に追い詰めていったことは前述したが、東北振興調査会や帝国議会でその「匡救」対策として、東北振興電力（株）による豊富で廉価な電力を利用して安い肥料を生産し農家に供給する必要性が強調されていた。国策会社としての東北興業（株）はその使命を遂行するため当初からこの事業を直営事業の根幹として位置づけ企画してきたが、それは実現しなかった。その理由について、同社副総裁金森太郎は「東北興業株式会社の事業に就て」[33]の論述の中で、次のように説明していた。「この事業に対して会社としては十分な技術も経験も持って居りませぬので、寧ろこれ等は既設の事業者の技術なり経験なりといふものを利用して、さうして興業会社と組合って成るべく早くその事業の開始を見るといふことが今日の東北の実情から云って最も必要であらう」と釈明していた。その「既設の事業者」とは具体的には日東化学工業（株）（八戸市）をはじめ東北振興化学（株）（岩手県）、朝日化学（株）（秋田市）などで、いずれも東北興業（株）の投資会社であった。

会社としての硫安生産事業についての「十分な技術も経験をもって居りませぬ」という実態について、会社の化学工業資源研究部主任だった服部賢武の戦後の証言によれば、実にお粗末なものであった。服部によれば「肥料関係の技術者は終戦までに確か一人来ただけだった。（中略）ゼロから出発した東北興業にとって、技術がないということは大きな壁となった[34]」と告白しているが、こうした状況のもとでの直営の根幹事業としての肥料生産体制は、そもそも無責任きわまりないと言わざるをえない。しかも元副総裁安田吉助によれば、追い打ちを受けたのは「日本興業銀行の幹部から、〝素人は硫安などの先端産業に手を出すな〟と猛然に反対されたのが決定的だった[34]」という事実だった。なお日本興業銀行は、会社にとっては取引銀行であり、また株主でもあったことから、その幹部の発言はたしかに致命的であった。

なお、このことに関連して第七五回帝国議会に提出された東北興業（株）法改正法律案資料によれば、硫安生産断念の理由として、第二次大戦勃発によるドイツからの原料資源と機械の輸入杜絶という国際的要因を挙げていた。しかし一九三七年段階ではその理由付けにはそもそも無理がある。そこには会社としての硫安生産のための技術者不足とそれに伴う無責任ぶりを、意図的に伏せたという意図がうかがわれる。

この本来根幹事業としての会社直営構想にあった肥料生産事業の挫折は、その後の東北興業（株）の事業展開の方向性にも影響を与えていった。会社の定款で規定されていた五分野の直営事業は、本来会社としては重要な基幹事業であったのが、後述するように最も期待されていた鉱産開発事業をはじめ見るべき振興上の企業成果を挙げることはできなかった。例えば金銀銅などの鉱山開発とその生産増強は、大貫金山の生産中止（閉鎖）に象徴されるように期待通りには生産量を得ることができず、経営上安定した収益を得たのは亜炭生産事業のみであった。

その結果、会社創立五年の時点で、直営は二〇事業（一五八〇万円余）に対し投資業は四五社（投資額合計七二九〇万円）と、直営事業の資金運用額は全体の二一・七パーセントにすぎない。[35]このように創立五年時にすでに投資事業会社化への道を歩んでいたことを意味していた。この方向への転機となったのが、先述した直営事業としての肥料（硫安）生産事業の挫折であった。会社創立早々でのこの挫折は、その後の直営事業の不振を予知する出来事でもあった。

（二）第二回定時株主総会までの日中戦争突入期の事業確立

第二回定時株主総会は、日中戦争勃発から約一年後の一九三八年六月二九日に開かれた。その意味でこの株主総会は、戦時経済体制下一年目の東北振興政策遂行のための総会であった。そのことを強く意識して、その席上第二代総裁八田嘉明は挨拶の中で、会社事業のあり方について次のように決意を表明した。[36]

一、時局の認識を明かにして国策に順応したる事業の選定並実施に努むると共に東北地方独自の事情を考慮して之が実施に謬なからしむること

一、鉱産資源の開発に就ては東北に於ける未開発資源の最大なるものとして今後極力之が開発に努め殊に産金事業は時局柄最も努力を要すること

一、軍需工業を東北に興すことは多年の要望にして時局に際し愈々其の切なるを痛感するものあるを以て之が誘致に努むと共に其の準備工作として機械工業、鉄工業等の親設充実に努むること

（以下二項目は省略）。

「営業報告書」によれば、第二回株主総会までの事業展開は次の通りだった。

第一、肥料其ノ他ノ電気化学工業（東北振興化学（株）、東北振興アルミニウム（株））。
第二、農林畜産資源ノ開発並培養事業（東北振興パルプ（株）、秋田油脂工業（株）、弘前油脂工業（株））。
第三、水産資源開発並培養事業（東北振興水産（株）、渡波製氷冷凍冷蔵（株））。
第四、鉱産資源開発事業（大貫鉱山）。
第五、機械工業（（株）岩手鉄工所、東北振興酒田農機工業（株）、東北振興秋田農機具（株）、東北船渠鉄工（株））。
第六、繊維工業振興事業（宮城県是共栄蚕糸（株）、東北振興ニッポン絨毯（株））。
第七、東北物産販売斡旋事業。

なお、（　）内は参考までに直営事業名と投資会社名を記した。

直営事業は第四の大貫鉱山と第七の東北物産販売斡旋事業のみで、この段階ですでに東北興業（株）の投資会社化が本格的に始まっていたことがわかる。その中で東北振興化学（株）は先述した直営事業である肥料生産事業の転換先の投資会社の一つで、同社の会長には東北興業（株）の総裁が就任した。

これらの投資会社のうち、日中戦争遂行のための国策対応の著しい会社名とその事業内容は次の通りである。

東北振興アルミニウム（株）設立の経緯は、東北興業（株）の内閣総理大臣宛の「東北振興アルミニウム株式会社設立ノ為投資認可申請書」（昭和一二年一一月一四日）によく示されている。それによれば「アルミニウムハ日常諸器物ノ必須材料タルノミナラズ軍需軽金属主要部分トシテ国防上最モ重要ナル資材[37]」のゆえに、東北振興電力（株）より所要電力の供給を受けて本会社を五〇〇万円の投資によって設立しようとするものであった。本会社の資本金は一千万円であることから、東北興業（株）の投資額はその半額に及んでいった。そして第一期事業としてアルミニウム製造は年産三〇〇〇万トン、売上代金五四〇万円を計画していた[37]。当然のことながら、そのアルミニウム生産は、主として戦闘機や軍用軽金属向けであった。

東北船渠鉄工（株）は、東北興業（株）の投資会社として一九三八（昭和一三）年一月二二日、内閣総理大臣によって認可された。その際認可申請書に添付された「東北船渠鉄工株式会社企業目論見書」[37]によれば、事業目的五項目の一つは「軍需品関係ノ製造販売」とあり、また企業計画の中に「機械・汽錘ノ製作修理ヲ引受クルノ外軍需品ノ製造又ハ其下請ヲナシ」と明記しており、収入の部には「軍需品製造納入代金」として一万五千円を計上していた。つまり本会社は船渠（ドック）と造船の両事業と共に鉄工事業という三部門体制の会社であり、その一角に軍需品製造が占め、そのことは本会社の定款第二条四項[37]でも規定されていた。その意味で表面的には軍需企業とは思われないが、紛れもない軍需品製造会社であった。なお本会社の資本金三〇万円のうち一〇万円は、筆頭株主である東北興業（株）の投資によるものだった。

（三）第三回定時株主総会までの「生産力拡充計画」下の事業展開

日中戦争突入の三年目に入ったこの段階では、初期の予想に反して戦争は長期化していった。一九三八（昭和一三）年五月には国家総動員法が施行され、戦争完遂のために人的物的資源を統制・運用するこの強力な戦時特別法は、当然のことながら国策会社としての東北興業（株）事業に大きな影響を与えた。

さらに一九三九（昭和一四）年一月七日に成立した平沼騏一郎内閣が「生産力拡充計画」を閣議決定したこと[38]によって、その具体化がいっそう強められていった。早くも一月一七日に閣議決定した「生産力拡充計画要綱」は次の内容で構成されていた。まず「前文」は、

「本計画ハ現下内外ノ情勢ニ鑑ミ東亜ノ安定勢力タル我国国力ノ充実強化ヲ図リ併セテ我国運ノ将来ニ於ケル飛躍的発展ニ備フル為重要ナル国防産業及基礎産業ニ付（中略）日満支ヲ通ズル生産力ノ綜合的拡充計画ヲ確立シ万難ヲ排シ之ガ達成ヲ期スルモノトス」

そして「根本方針」として、

「（一）本計画ハ国防力ノ基礎充実ニ主眼ヲ置キ特ニ統一的計画ノ下ニ急速拡充ヲ要スル重要産業ニ之ヲ限定ス

（二）（省略）

（三）本計画ハ重要資源ニ付我勢力圏内ニ於ケル自給自足ノ確立ニ努メ以テ有事ノ場合ニ於テモ可及的第三国資源ニ依存スルコトナカラシムルコトヲ目標トスルモノトス」（以下、「目標」、「実施方法」は省略）。

上記について『商工政策史』の解説[39]によれば、「対象となる「計画産業」は、鉄鋼・石炭・軽金属・非鉄金属・石油および（中略）硫酸アンモニア・パルプ・金・工作機械・鉄道車両・船舶・自動車・羊毛・電力の一五産業である」とされ、すなわち「鉄鋼をはじめとする重化学工業および鉱物資源を中心とし、それに動力資源である電力と、消費物資ではあるが国防上重要な羊毛とが加えられている」と述べている。

この平沼内閣の「生産力拡充計画要綱」を意識して、第三回定時株主総会で、東北興業（株）総裁横山助成は総裁挨拶[40]の中で、次のように強調していた。

「東北興業は国策会社であるが同時に東北地方民の会社であるといふ信念の下に総ゆる観点よりして会社使命の達成に最も効果的に事業計画を樹立し又実施し来ったのであります」と自負していたものの、国家総動員法体制、そして生産力拡充計画の前には、その東北振興計画の完全実施は後景にかすんでいかざるを得なかった。そうした状況のもと、横山総裁はその挨拶の末尾で国策遂行上の決意を、次のように述べていた。

「今や我国は非常時局に際会し国家総動員態勢の下に国家国民の全機能を挙げて長期建設の大業に邁進しつつありますが、時局の進展に伴ひ労力、物資、資金の全面に亘る統制は愈々強化され、特に物資動員計画の上からする資材の使用制限其の他幾多の困難と障害が加重され予定の計画を遂行する上に尠からぬ困難を感ずることと存じますが振興両会社の使命達成は帝国の生産力拡充乃至国策の上に重要なる意義を有することに鑑みまして、当社は本年度事業の計画に当りましては刻下の経済事情と産業国策の動向を察して良く事業の選択を誤らず（中略）資金の節約と其の効率の向上に最善の注意と最大の努力を払ひ（後略）」と結んでいた。

つまり会社の「営業報告書」[40]で説明しているように、日中戦争の長期化により「生産力拡充、国防資源ノ開発ヲ緊急且不可欠ト為ス」状況のもと、「当社ノ諸事業亦飽迄東北振興ノ根本義ニ立脚スベキヲ念トスルハ勿論ナルモ他面右時局趨勢ノ線ニ対応善処スベク充分ノ考慮ヲ払ヒ以テ東北振興ニ国策順応トスル一石二鳥ノ事業遂行ニ専念シ来リタリ」と弁明していた。換言すれば、〝国策順応〟ならざる「東北振興事業」はその必要性はあるとしても、現下の緊迫した時局のもとでは何よりも軍需関連事業が最優先とされたのだった。

さらに「営業報告書」[40]は、本年度新たに投資した時局対応の会社名を紹介していた。「本年度ニ入ルヤ先ヅ軍需資材タル皮革問題ノ一助トモナルベキ東北振興皮革株式会社設立ヲ発端トシ爾来逐次東北振興精密株式会社、株式会社盛岡精器製作所、東北振興繊維工業株式会社、東北振興ゴム株式会社、東北振興秋田鉄工株式会社、東北畜産工業株式会社等ノ諸会社ヲ設立スルト共ニ会社直営事業トシテ鉱産資源開発ニ主力ヲ注ギタリ」。いずれも先述した政府の「生産力拡充計画要綱」で具体的に例示した産業名と、何らかの形で関連した分野の企業名だった。

ここで、〝国策順応〟と一体化した東北興業（株）の投資会社の事業内容を説明したい。

東北振興精密機械（株）は、自動車及び航空機部品製作事業を目的として設立されたもので、同社定款第二条一項[43]によれば「航空機、自動車及内燃機関ノ部品並ニ付属機械、其ノ他精密機械及ゴム加工品ノ製作、修理及販売」と記しているることからも軍需品製作は明瞭である。しかも同社の設立要因に同社の「設立投資認可申請書」[41]に明記してあるように、生産力拡充国策があった。その申請書を受けて同社は、資本金一五〇万円のうちその半額（七五万円）を東北興業（株）の投資を得て創設された。そして同社の取締役会長に、東北興業（株）の副総裁金森太郎が就任した。

（株）盛岡精器製作所は、兵器、航空機及自動車などの機械工業品の製作に不可欠なゲージ製作会社として設立されたが、この会社も資本金一〇〇万円のうちその半額を東北興業（株）が設立投資した子会社だった。注目すべきは、

表４　新投資会社の設立年と操業年

投資会社名	設立年月	操業年月
東北振興精密機械（株）	昭和13年７月	昭和14年４月
（株）盛岡精器製作所	13年９月	14年４月
東北振興ゴム（株）	13年10月	14年１月

政府に対する同社の設立投資認可申請書によれば、「生産力拡充方策ノ進行ト今次ノ支那事変ノ進展ニ連レ（中略）斯業ノ拡充増産ガ関係方面ヨリ切実ニ要望セラレ居ル状勢ニ有之候」[41]とあるように、同社の設立投資は軍部からの熱い期待と強い要望が主要因であった。

なお参考までに記すと、（株）岩手鉄工所の設立は前年の一九三七年八月であるが、本来は主として岩手県内の鉱山用諸機械器具並びに修理を目的とした会社だった。ところが一九三八年に軍部よりの受注が四万四千円と受注総額の一割を占め、日中戦争の長期化に伴いその金額は年額三〇万円と予想されるほど、軍からの受注額が急増していった。その受注品は手榴弾、砲弾などの弾丸類や軍用の十字鍬、つるはし等であった[41]。鉱山用の民生用製造と共に軍需用のそれへと質的転換していったことは明瞭である。そしてさらに注目すべきことは、同社の取締役社長高橋佐太郎は退役の陸軍少将であると共に、取締役には東北興業（株）監事二瓶貞夫が就任した。彼の前歴は陸軍糧秣本廠長（陸軍主計監）だという事実から、軍需品の生産と軍高級幹部との密なる関係が特に注目される。

第三回株主総会までの東北興業（株）の投資会社数は二四社に及んだ（直営は七事業所）。ただしその大半は、設立直後だったりまたは操業するまで一定期間を要したりしたので、本格的な生産品はそれほど多くはなかった。参考までに先に紹介した新投資会社の設立年と操業年を順に記すと、次の通りだった[42]（表４）。

なお、その操業年は必ずしも全面的操業年を意味しないので、本格的な大量生産は次年度以降となった。

（四）第四回定時株主総会までの第二次世界大戦下の事業強化

一九四〇（昭和一五）年六月二四日に開かれた第四回定時株主総会で、冒頭総裁横山助成は次のように挨拶した[43]。「支那事変以来四箇年（中略）画期的な東亜建設の新段階に入り、長期戦の態勢は益々強化せられ」と第二次世界大戦勃発も含めて、国内外の戦時的環境の深化を強調した。さらにはその具体的な展開として「政府は聖戦の目的完遂の為国家総力戦の趣旨の下、国家総動員法を広範囲に発動せしめ以て生産力拡充並輸出振興方策を中心とする我国経済力の涵養に努力しつつあるのであります」と強調した。当然のことながら、そのことは東北興業（株）の事業展開に決定的な影響を与えた。「東北地方の振興を主眼とすると共に」と一応はその建前について言及するものの、もはやこの段階では「東北振興」という語は修辞的な表現にすぎず、総裁の事業説明の大半は「国家の根幹たる生産力拡充計画の一端に寄与せんとする方針の下に逐次其の事業計画に取捨選択を加へて実行して参った」との根本方針事業に費やされていた。

またその「営業報告書[43]」の説明の中でも、「当社ハ（中略）本来ノ使命タル東北振興ヲ事変目的完遂ノ為ノ前記最高経済国策ニ合致セシムルヲ事業方針ノ第一義ト為シ着々各種事業ノ計画並経営ヲ実施シ来レル」と明確に示した。

そうした国家総動員体制のもと、創業以来今回の株主総会までの期間、投資会社は三二社（資本総額一億四九〇〇万円中、東北興業（株）出資額は五四〇〇万円）、直営事業は一一（計画資金は七二〇万円）、投資並直営の計画資金の合計額は一億五六〇〇万円（うち東北興業（株）負担額は六一二〇万円）と大きく進展していった。因みに、その中で投資会社への出資額（負担額）の割合は八八・二パーセントと圧倒的で、資金面から事業内容を考えると、東北興業（株）はほぼ投資会社化していた。

今期に新たに投資または増資した会社中、特に次の会社の事業内容は注目される。

東亜軽金属工業（株）は、前年七月に東北興業（株）が政府認可申請し、八月に認可された会社で、その認可申請書[46]によればその会社の設置理由として次のことが記せられていた。「「金属マグネシウム」ハ今次ノ事変以来其ノ需要ハ頓ニ増加シ数年前ニ比シ約一〇倍ニ達スル状況ニ在リ、之ガ用途ハ戦時ニ於テハ焼夷弾ノ重要原料トシテ必要ナルノミナラズ平時ト雖モ「マグネシウム」合金ハ航空機（中略）ノ材料トシテ極メテ重要ナ資材ニシテ」とその必要性を強調していた。東北興業（株）総裁が述べているように[43]、まさに「生産力拡充国策の一端に寄与する為」であった。その際この種の優良技術の援助を得るため、山形県に所在する鉄興社と提携して、資本金三五〇万円を以って本会社を設立した。

東北船渠鉄工（株）に対する新たな資本増加のための株式引受認可申請が政府に一九三九年一二月に出され、翌年二月に認可された。本会社はすでに一九三八年四月に資本金三〇万円中東北興業（株）が一〇万円を出資していたことは先述したが、今回さらに三〇万円乃至三五万円の株式引受投資を行うものであった[44]。その理由は「政府ノ生産拡充計画ノ一端ニ寄与シ併セテ東北地方ニ於ケル一般機械工業ノ発展及交通運輸並漁業ノ振興ヲ図ラントスル」ものであった。具体的には政府の物資動員計画との関係で、造船部門では「一般民間船ノ外ニ駆逐艦等ノ修理、利用ニ就テモ（海軍ト―筆者）内々ノ諒解ヲ求メツツアリ」という軍事施設としての役割が生じたからだった。この時点から本会社は海軍との関係を積極的に築くようになり、艦艇の修理や搭載する武器などの製造にもかかわるようになった。

（五）第七五回帝国議会での東北興業（株）への批判・要望

一九三九（昭和一四）年一二月二五日に召集された第七五回帝国議会は、翌四〇年二月一四日から貴衆両院の両委員会ならびに本会議で、「東北興業株式会社法、東北振興電力株式会社法中改正法律案」が上程審議され原案が可決成立した。

東北興業（株）にとって法改正の最大の眼目は、会社の事業拡充に伴う資金調達の強化、つまり東北興業（株）法第一一条・第一二条・第一五条に基づく政府保証社債発行限度の増額にあった。一九三六年度から五カ年間の東北興業（株）の第一期事業計画はほぼ順調に遂行していったが、途中の日中戦争勃発に伴う生産力拡充計画が新たに生じ、そのため第一期事業計画は一部改訂され、事業はさらに拡充していった。一九四一年度以降一九四四年までの第二期事業計画は、化学工業・機械工業・鉱産業などを中心にいっそう戦時体制下の国策遂行の事業内容がますます拡充していった。そのため第一期及び第二期事業計画遂行による総事業資金は一億一四〇〇万円に達した。その所要資金中、充足できない金額が増大したための社債発行限度の増額を帝国議会で承認を受けることが、東北興業（株）にとって絶対不可欠の要件であった。慎重な審議の結果国策遂行上止むなしとされて、政府保証社債発行限度三五〇〇万円を七〇〇〇万円に増額するとの政府案は、承認可決された。

この議会の論議の中で、社債発行限度増額問題そのものよりも、東北興業（株）の体質やあり方についてという本質的問題が争点となった。特に東北出身の議員を中心に、東北興業（株）に対する各種の批判や要望が党派を越えて集中した。その根底には、東北選出議員として地元有権者の意識を踏まえて東北振興の大幅な後退への、御し難い怒りの表明があったと考えられる。その争点は具体的には次の諸点であった。

（ア）　東北興業（株）の総裁人事について厳しく批判したのは、岩手県選出の泉国三郎（政友会）であった。泉は衆議院本会議で「東北興業総裁ノ地位ガ、真ニ東北振興ノ事業ニ専念スルノ地位ニアラズシテ、個人ノ個人的地位ノ躍進ノ土台ニ利用セラルルナラバ、会社ノ為ニ洵ニ歎カハシイ次第」と詰問した。そしてその具体的な事例を挙げ「初代総裁吉野信次君然リ、二代ノ八田嘉明君然リ、何レモ中途ニ会社ヲ棄テテ、後ハ野トナレ山トナレ、自分ダケハ商工大臣ニ飛躍シタト云フ悪例ヲ作ッタ人達デアリマス」[45]と非難した。実はこの問題については、東北振興両会社法案を可決した第六九回帝国議会において、すでに総裁人事が官僚の〝待機部屋〟とならぬよう、東北出身議員から強く警告されていたことは、先述した通りである。

以前から予想されていた懸念があったにもかかわらず裏切られた現実として、泉と同様に強い憤りをもって批判したのは、大石倫治（宮城県選出、政友会）だった。大石は「八田嘉明君ハ東北興業総裁ニ就任致シマシテ、其ノ披露ノ挨拶ニ於テ何ト言ハレタカ、自分ハ一生ヲ此ノ東北振興ノ為ニ捧ゲル、骨ヲ東北ノ野ニ埋ムルト公言ヲ致シタノデアリマス」とわざわざ紹介し、にもかかわらず「僅カ半歳ノ余ニシテ商工大臣ノ椅子ニ迎ヘラレマスルヤ、欣然トシテ弊履ヲ棄ツルガ如クニ此ノ国策会社ヲ去ッタノデアル」(46)と厳しく糾弾した。このように東北興業（株）総裁の地位を御都合主義的に弄ぶかのようにいとも簡単に交替させる政府の人事政策は、その程度にしか見ない政府の政策的評価の低さを物語っていた。先述した両議員のみならず、党派を越えた東北選出の各議員には、こうして政府の東北軽視に対する危機感が渦巻いていた。

なお参考までに記すと、第三代までの東北興業（株）の総裁の経歴と在任期間は次の通りである。初代総裁吉野信次の前歴は商工省工務局長、商工省次官で総裁の在任期間は八カ月のみで、その後は第一次近衛内閣の商工大臣、「満州国」顧問などを歴任した。第二代総裁八田嘉明の前歴は鉄道省建設局長、同省次官、満鉄副総裁で東北興業（株）の在任期間は一年四カ月で、その後は第一次近衛内閣の拓務大臣、次いで各内閣の商工大臣、鉄道大臣、逓信大臣、運輸通信大臣と五大臣という経歴を誇った。第三代総裁横山助成の前歴は石川、京都、東京の各府県知事、警視総監で、総裁としての在任期間は一年九カ月で、のち勅撰貴族院議員となった。

（イ）次いで問題となったのは、東北興業（株）の定款で規定してある会社の根幹事業としての硫安製造が、直営事業から除外されたことへの批判であった。先述の泉国三郎と大石倫治はその断念の理由を求めた。さらに林平馬（福島県選出・民政党）は、東北農民にとって安価な肥料の供給が絶対的な不可欠な条件であることを強調し、東北興業（株）の直営事業（会社としての「自給自足」事業）を何よりも優先すべしとして、「ドウカ肥料ノ自給自足ハ是非トモヤッテ貰ヒタイ。（会社の）他ノ総テノモノヲ止メテモト言ヒタイ。極論スルナラバサウ言ヒタイ、他方面ニ八百屋的ニ手ヲ出スコトヲ手控ヘテモ、全力ヲ先ヅ此ノ肥料ノ自給自足ト云フコトニ集中サレタラドンナモノデセウカ」(45)と政府に迫った。東北興業（株）事業の最重要・最優先事業を他の事業を中止しても肥業製造直営に置くべしとの、きわめて大胆な提言であった。その背景には、会社直営の肥料製造による低廉な供給事業中断に、「東北民ハ東北興業会社ノ存在ノ価値ヲ疑ッテ居ル[45]」という会社への根本的な疑念・不信が広がっている事態が生じていたからであった。

この根源的疑問に基づく質問・要望に対し、政府委員としての内閣東北局長宇都宮孝平は肥料製造の重要性を認めつつも、直営の「硫安ノ製造ニ付キマシテ（中略）ハッキリシタコトヲ今申上ゲラレナイヤウナコトニナッテ居リマアス[47]」と無責任な答弁にとどまっていた。その真相は先に紹介したように、直営事業として展開できなかったのは何よりも会社の技術陣が決定的に不足していたからだった。この分野からの撤退は、会社創立期早々からの農民救済策が後退したことを物語っていた。

（ウ）東北興業（株）は真剣に農業に主力を置くべきだと主張したのは、福島県選出の釘本衛雄（民政党）だった。彼はまず東北興業（株）は「色々沢山ノ会社ヲ無理ニ作ッテ、何処ニ主力ヲ注イデ居ルノカ分ラナイト云フヤウナ状態ニ在ルコトガ東北興業ノ不振ナル主ナ理由デアル[48]」と断じ、その打開策の一つとして「東北ハヤハリ農業地帯デアリマスカラ、農業ニ関シタコトニ主力ヲ注グベキデアル[48]」と強調した。元来東北興業（株）の事業は、東北地方の殖産興業の培養に主眼を置くとされてきたが、その殖産の内容が非農業部門の機械工業、金属工業、鉱産業を中心とする事業を中心に展開してきた。まだ東北農村の生産と生活の両面における窮乏問題が未解決の状況のもとで、先述の肥料の安価な供給問題と共に、東北興業（株）事業の抜本的な改善を求めたものだった。

（エ）さらに東北興業（株）株の未払い問題の具体的な実態とその原因についてはやや詳しく後述するが、この問題に関連してその株が東北地方以外（特に東京）に大量に流出した問題も含めて、看過できない大問題として厳しく批判したのは、大石倫治と林平馬だった。

大石倫治は、東北興業（株）の株配当金の地元還元という東北振興の大義名分のもと、当初零細株を含めて東北全域で大量の株式の払込みがなされた事実を踏まえ、それが一転して第二回以降の払込みが落ち込み、新たに株の未払い問題が社会問題化したことを指摘した。大石はその原因を、東北農村は今なお「東北振興ドコロカ、東北ノ経済不振ノ原因ヲ成シテ居ルコトモ見逃スコトガ出来ナイ」(49)と述べ、その具体的な要因例として「第二回ノ払込ニ当リマシテドウナッタカ、実ハ悲惨ナル状態ニ陥ッテ居ル、有ユル繰合ヲシテ応ジタ所ノ株式ガ、払込以下デ以テ中央方面ニ吸収セラレザルヲ得ナイヤウナ状態ニナッテ」(49)と厳しく指摘した。依然として「疲弊ノ極度ニ達シタ」農村の状況のもとでは、各地の一〇株以下の零細株を中心に支払い不能な事態が広がっていったことは当然のことと言える。

東北興業(株)の事業内容と一部競合していた産業組合などの東北興業(株)の株未払い問題は三年も続いたが、大蔵省預金部の出動もあって第四回以降の未払い問題は一応解決した。しかしその後遺症は新たな問題を生じさせた。そのことを問題にしたのは林平馬だった。東北各地の零細株や産業組合などの東北興業(株)未払い問題は、その肩代わりとして東京の大株主が大幅に保持する事態となった。林は「多数ノ株ガ東北外ニ流レ出デシマッタノデ」、「実際ノ利益ハ東北以外ニ吸収サレルヨウナコトニナル」(50)と批判した。

東北住民のための東北興業(株)株の配当金の地元還元という東北振興政策は、実際には崩れはじめたのであった。こうした状況をも含めて大石倫治は、「近時東北振興ノ声ハ何処へ行ッタノカ、全ク行方不明ノ状態ニ陥ッタノデアル」(49)と喝破し、東北振興の根本的なあり方を改めて問うた。

こうした東北振興政策空洞論は、東北出身議員を中心に声高に叫ばれたことを受けて、衆議院本会議(一九四〇年三月八日)で、政府提出の東北振興両会社法中改正案を可決するに際して、次の希望事項二点が付帯された。(51)

一、政府ハ東北興業並ニ東北振興電力両株式会社ノ従来ノ経営方針ガ消極且官僚的ナルニ鑑ミ是ガ是正ニ就キ適当ナル処置ヲ講ズベシ

二、政府ハ東北地方ガ農業ヲ中枢トスル特殊性アルニ鑑ミ東北興業株式会社ヲシテ右特殊性ニ適応スル事業ノ実現ヲ期セシムルヤウ適当ナル処置ヲ講ズベシ

こうした希望条項を付帯せざるを得ない程、今改めて東北振興政策は原点に立ち帰るよう迫られていた。

（六）第五回定時株主総会までのアジア・太平洋戦争直前の事業拡充

アジア・太平洋戦争へ突入する約半年前の一九四一年六月二五日に、第五回定時株主総会が開催された。その株主総会は六月に開催されたが、その際の事業の基本方針・営業報告書・財務諸表の内容は前年度についてであった。したがって今回の事業内容は一九四〇（昭和一五）年度分のものであることから、その年度の基本的大前提をなす政治・経済・産業史上の国家政策について簡潔にでも述べることは重要である。

前年七月に第二次近衛文麿内閣が成立し、大本営政府連絡会議で「世界情勢の推移に伴う時局処理要綱」が決定された。その「時局処理要綱」では、日中戦争の処理、日独伊枢軸の強化、東南アジアの重要資源確保など、対米英戦争を想定した南進政策を事実上決定した。そして九月には北部仏印への武力進駐と日独伊三国同盟の締結、そして一〇月には全政党解党のもと大政翼賛会が結成されたという、第二次世界大戦参加への〝前夜〟が形成されていった。したがって物資動員計画と生産力拡充政策はますます強化され、それは「大戦前夜をはっきりとあらわす開戦準備のものであった[52]」。

第五回株主総会で第四代総裁川越丈雄は、総裁挨拶の中で次のような決意を表明した[53]。「今や我が国は外は大東亜共栄圏確立の画期的新段階に入り、内は国家総力の発揮に依る高度国防国家体制の樹立に邁進することとなり」、また「当社は設立の目的たる東北地方の殖産興業に専念し、併せて高度国防国家建設の一環として国防力の増強に尽瘁することこそ現下の国家的要請に応へ事変目的完遂に寄与する所以なりと信じ（中略）経営に最善の努力を致し来った」と力説した。

この「国家的要請」に応える適切緊要なる事業を中心に、一九四〇年末までの投資会社数は四〇にのぼり、その資本総額は一億六一〇〇万円（うち東北興業（株）の出資額は五九四〇万円）であり、さらに直営事業数は二二、その計画資金は、一二八〇万円に達し、この両者の東北興業（株）負担額は合計七二〇〇万円を超えるまで拡大していった。「国防力の増強に尽瘁する」主な投資会社の具体的な事業は次の通りである。

川越総裁が前述した「軍需及生産拡充上重要資材たる亜鉛及鉛は大部分が海外に依存する現状」のもとで、「帝国鉱業開発株式会社と提携して」[53]設立されたのが、東北興業（株）が投資した東北亜鉛鉱業（株）だった。東北興業（株）による政府への同社の「会社設立認可申請書」[54]によれば、会社設立を必要とする理由は、「軍需其ノ他生産力拡充上重要資材タル亜鉛及鉛ノ本邦ニ於ケル生産ハ極メテ少量」である現状にあった。ところが（株）藤田組の所有する秋田県小坂鉱山で黒鉱製錬に際し生じた銅鍰を適切な方法により、亜鉛、鉛、鉄を抽出しうる可能性ありとの判断で、会社設立を企図したものであった。技術的には不安定性を含みながらも多大な期待を寄せて会社設立を決断させた要因には、「国策遂行上焦眉ノ急務ナルコト茲ニ言ヲ俟タザルナリ」という、国策会社としての使命感があったからであった。

この時期、既に設立されていた東北興業（株）の投資会社は、例えば東北振興秋田鉄工（株）、東北振興酒田農機工業（株）、（株）岩手鉄工所、（株）福島製作所、東北船渠鉄工（株）などは何らかの形で、軍需品生産にかかわっていたことから、東北興業（株）は活発に増資を拡大していった。

なかでも注目されたのは（株）福島製作所への増資活動への展開であった。政府への東北興業（株）の「株式会社福島製作所株式買入並増資株引受認可申請ノ件」[54]によれば、当該会社株式一万三〇〇〇株（総額六五万円）の買入並びに資本増加による新株式一万株（総額五〇万円）を引受ける計画の申請だった。現今の「未曾有ノ時局ハ企業経営ノ方向ヲ一変シテ来タ」状況のもとで、（株）福島製作所はこれまで以上に「一層軍部トノ紐帯ヲ緊密ニスルト共ニ（中略）国ノ志向スル重点ノ線ニ沿」う事業へと展開を強化していった。具体的には「軍ノ高度機械化傾向ニ資スル為メ新ニ隣接地域ニ（工場を）拡張シテ新鋭軍需ノ充足ヲ期セントス」[55]るもので、その生産内容は軍機密にかかわることで明示はしていなく、「セH」、「ニD」、「リD」の記号を付しているのみである。しかしその生産受注先は大阪造兵廠や横須賀航空廠であることから、軍需品（武器）製造であることは明瞭である。先の申請書の中で「昭和一五年三月海軍管理工場ニ、四月陸軍管理工場ニ各指定セラレ重要兵器ノ製造ヲ受クルニ至リ(54)」との記述がこのことを明確に裏付けていた。

なお参考までに記すと、（株）福島製作所の主な技術者の前歴は、芝浦製作所、日立製作所、日本飛行機など軍需会社の技術者で、中には呉海軍工廠出身者も居て、これら軍需技術者出身者は五〇名も占めていた。

こうした投資会社の軍需会社への道が年々深まっていく中で、親会社としての東北興業（株）は本来の「東北振興」の事業化はますます稀薄になっていき、国の「生産力拡充政策」の強化と共に、事業の主流はいっそう「軍需生産」事業中心に傾斜していった。

四　東北興業（株）事業の中間的総括

東北興業（株）の第一期事業計画は、会社設立当初の企業目論見書を基本として、東北六県当局や地元団体などの要望をも勘案してたてたもので、その計画は一九四〇（昭和一五）年までの五年間を第一期として立案したものであった。その第一期事業計画はその五年間で資金投下予定額を六五〇〇万円とし、その事業促進に努めて実施された。ところが一九三七（昭和一二）年の日中戦争勃発に伴う戦争経済体制に突入し、さらに「生産力拡充計画要綱」の閣議決定により、その事業計画の見直しが迫られ新たに事業計画の修正が策定された。「既定ノ方針ニ準拠シツツモ尚此ノ急激ナル経済事業ノ変遷ニ対応シテ東北地方産業ノ振興ヲシテ同時ニ生産力拡充国策ノ一環トシテ事変目的達成ニ寄与セシムルコトヲ根本トシ(56)」て作成したのが、修正第一期事業計画だった。その結果計画資金は総額八〇六〇万円となって事業は急速に拡大していった。ここではこの修正第一期事業計画に基づく一九四〇年度までの事業実績について、中間的総括をしたい。

表５　東北興業（株）の主な投資状況[57]

（1940年度末現在）

投資会社名	軍関係記述	資本金（万円）	東北興業出資額（万円）	設立又は増資年月
東北振興パルプ（株）	(注)	5,000	2,500	昭和13.1
東北振興電力（株）	(注)	3,000	1,325	11.10
東北振興アルミニウム（株）	軍需	1,000	500	12.12
東北振興化学（株）	(注)	1,000	400	12.12
岩手炭礦鉄道（株）	(注)	1,000	20	13.8
岩手開発鉄道（株）	(注)	500	50	14.8
東北亜鉛礦業（株）	軍需	400	200	16.1
東亜軽金属工業（株）	焼夷弾原料	350	100	14.9
（株）福島製作所	陸軍造兵廠	300	125	13.11
東北振興繊維工業（株）	軍毛布	300	125	13.11
東北アルコール工業（株）	兵器用塗料、火薬ノ原料	200	100	15.4
東北振興精密機械（株）	海軍	150	75	13.7
東北船渠鉄工（株）	横須賀海軍工廠	100	54	13.4
（株）岩手鉄工所	軍部	60	15	12.8
（株）盛岡精器製作所	兵器、航空機	50	25	13.9
岩木精機工業（株）	軍需	50	25	15.12
東北振興ゴム（株）	陸軍造兵廠	30	18	13.10
東北振興酒田農機工業（株）	大阪工廠、軍需品	30	19	13.2
東北振興ベントナイト工業（株）	横須賀海軍航空廠	19	10	14.9

第五回定時株主総会で川越総裁は、一九四〇年度末までの投資会社は四〇社、また直営事業数は二二に達したと述べた。その中で主な投資会社の資本金と東北興業（株）出資額などは次の通りである（表５）。

なお「軍関係記述」は、各投資会社の投資申請書や設立趣意書、起業目論見書などでの記載に基づくものである。またその中での（注）の五社はこの時期では未確認のもので、この時期以降に軍関係記述があるものが含まれている。

投資会社の資本金の規模の大小にかかわらず、ほとんどがその濃淡の度合は別として軍需生産に関係していたことが窺われる。とくに「生産力拡充計画要綱」が閣議決定された一九三九年初頭以降、その傾向は著しい。この段階からは、「東北振興」という名の事業は軍需生産事業と深くリンクするようになった（以前から「高度国防国家」建設の一翼として位置づけた事業展開があったものの…）。

この段階までの東北興業（株）の事業を概括的に評価すると、わずか五年間で投資会社四〇社、直営事業二二を立ち上げたことは、これまで産業基盤の乏しかった東北地方にとってはまさに画期的なことだった。しかも政府の特別の庇護による国策会社としての事業展開であったことから、将来的展望は洋洋たるものだった。その結果、東北振興電力（株）、東北振興パルプ（株）、（株）福島製作所などの従業員千人以上の比較的に規模の大きい投資会社が各地に創設された。そのことにより各地に新たな雇用が生まれ、その消費により地域経済力が活性化した大きな要因となった。そしてこれらの投資会社の多くが、戦後の東北産業の中枢を担ったことも注目される。その意味で国策会社としての東北興業（株）の歴史的役割は、東北産業にとって極めて重要な基盤を果していたと積極的に評価できる。

一方、東北振興政策の〝起点〟は、東北振興調査会第一回総会で岡田啓介総理大臣が諮問第一号で指摘したように、東北地方の積年の疲弊（窮乏）の根本原因究明による東北農村の打開策（救済策）であった。ところが国策会社としての東北興業（株）の事業展開は、直営事業よりも投資事業に重心を移し、その投資会社も年々民需生産中心の会社から民需軍需併用会社へ、さらには国策に順応した軍需中心へと大きく転換していった。東北振興政策のそもそもの本旨が徐々に後退し、高度国防国家、国家総動員法体制、生産力拡充政策遂行のための一翼を担う東北振興政策へと変貌していった。それでもこの段階でも建前としての東北振興を何らかの形で明記していたことも忘れてはならない。

そして注目すべきことは、本来東北住民のための東北興業（株）であるはずの同社の役員構成は、その中枢が政府の高級官僚や財閥関係者によって占められていた点である。前歴の点でいえば(58)、先述したように初代総裁の吉野信次は商工省工務局長、商工次官、特許局長、第二代総裁八田嘉明は鉄道省建設局長、鉄道次官、第三代総裁横山助成は警視総監、東京府知事であった。副総裁金森太郎の前歴は山形県知事、理事の山中錬治は東京営林局長であった。そして財閥系出身理事としては田坂一郎（三菱商事）と椎野与七（三井物産）がいた。また実務を司る主計課長の蜂谷洲平（三井物産）、化学工業課長の保坂文蔵（三菱製鉄）、企業課長の黒川英雄（三菱製紙）など財閥出身者が名を連ねていた。換言すれば、本来東北住民のための東北興業（株）の総裁をはじめ重役陣には東北の代表は誰ひとりおらず、課長クラス一一名中東北出身者は三名のみであった。そのことは、東北興業（株）の本店所在地が東京であることにも象徴されていた。

なお、三井・三菱を中心とする東北興業（株）の大株主の動向[59]にも注意すべきである。一九三六（昭和一一）年度の東京所在の大株主は、日本赤十字社の五五〇〇株を筆頭に、三井合名会社と（株）三菱社の各三五〇〇株、次いで（株）安田銀行の二二〇〇株、第一生命保険相互会社の一五〇〇株とつづいていた。それが四年後になると、日本赤十字社、（株）安田銀行、第一生命保険相互会社の持株は従前通りであるが、三井系は三井物産（株）が一〇〇〇〇株、三井合名会社が三五〇〇株、また三菱系は三菱商事（株）が一〇〇〇〇株、（株）三菱社が三五〇〇株と、両財閥系で合わせて二万株も急増し、さらに王子証券（株）も二万株を新規に保有した。これら新旧の株所有状況を見ると、上記の諸会社の株所有数は五六二〇〇株に及び、東京の財閥系の株所有数が急速に伸張していった。

なお、このような財閥系諸会社の優位性は、東北興業（株）の取引銀行先にもよく示されていた[60]。「定期」「通知」「特別当座」の各預金額合計（一九三九年一一月末現在）の順位でいえば、①安田銀行、②日本興業銀行、③住友銀行、④三菱銀行、⑤第一銀行、⑥三和銀行、⑦三井銀行と財閥系銀行が圧倒的に占めていた。

東北興業（株）の事業展開におけるそうした財閥系人物の果している役割を考える際、投資会社の社長を含む重役人事は特に注目される。一九三九（昭和一四）年度の主な各投資会社の役員就任状況は次の通りである（表6）。なお総裁・副総裁は先述した通り高級官僚出身者であるが、田坂一郎理事は三菱商事（株）、椎野与七理事は三井物産（株）出身者で、この両人で一五社の投資会社の重役に就任していた。藤沢進理事は産業組合中央金庫前理事で投資会社八社の重役に就任していた。なお「表6」の就任調の投資会社以外にも実際には存在していたので、それらを含

表6　東北興業(株)役員の主な投資会社役員への就任調[61]

(昭和14年度)

東北興業（株）役員名	投資会社名	同社役員名
総裁	東北振興化学（株）	会長
総裁	東北振興アルミニウム（株）	相談役
総裁	東北振興パルプ（株）	相談役
副総裁	東北振興化学（株）	取締役
副総裁	東北振興パルプ（株）	副社長
副総裁	東北振興精密機械（株）	会長
副総裁	岩手炭礦鉄道（株）	相談役
副総裁	（株）福島製作所	相談役
田坂理事	東北振興化学（株）	監査役
田坂理事	東北振興アルミニウム（株）	副社長
田坂理事	東北振興パルプ（株）	取締役
田坂理事	東北振興精密機械（株）	取締役
田坂理事	（株）盛岡精器製作所	取締役
田坂理事	岩手炭礦鉄道（株）	取締役
田坂理事	（株）福島製作所	監査役
田坂理事	東北振興秋田鉄工（株）	会長
田坂理事	岩手礦業輸送（株）	取締役
椎野理事	東北振興アルミニウム（株）	常務監査役
椎野理事	東北振興化学（株）	取締役
椎野理事	東北振興パルプ（株）	取締役
椎野理事	東北振興皮革（株）	会長
椎野理事	東北振興繊維工業（株）	社長
椎野理事	東北振興精密機械（株）	監査役
藤沢理事	（株）岩手鉄工所	監査役
藤沢理事	東北振興アルミニウム（株）	取締役
藤沢理事	東北振興パルプ（株）	常任監査役
藤沢理事	東北振興酒田農機工業（株）	会長
藤沢理事	東北船渠鉄工（株）	取締役
藤沢理事	東北振興繊維工業（株）	取締役
藤沢理事	東北振興ゴム（株）	会長
藤沢理事	東北振興精密機械（株）	監査役
山中理事	東北振興パルプ（株）	常務取締役
杉山理事	東北振興アルミニウム（株）	常務取締役
杉山理事	（株）盛岡精器製作所	取締役
二瓶監事	東北振興秋田鉄工（株）	取締役
二瓶監事	（株）岩手鉄工所	取締役
山下監事	東北振興パルプ（株）	取締役

表7　過去年度（昭和11年度～13年度）事業費予算実績比較[62]

（単位千円）

	昭和11年度			昭和12年度			昭和13年度			合　計		
	予算	実績	%	予算	実績	%	予算	実績	%	予算	実績	%
自営事業				3,182	863	27	6,489	2,916	34	9,671	3,779	39
投　資	2,500	2,500	100	13,106	11,750	90	7,105	6,299	89	22,711	20,549	90
合　計	2,500	2,500	100	16,288	12,613	77	13,594	9,215	59	32,382	24,328	75

めての合計は、次の通りである。田坂一郎理事は（会長二、副社長一、取締役六、監査役二）一一社、椎野与七理事は（会長三、社長一、取締役二、監査役四）一〇社、藤沢進理事（会長二、社長一、取締役四、監査役七）一四社である。その中で「表5」にあるこれらの各投資会社の事業内容（特に「軍関係」）を勘案すると、三井・三菱らの財閥系重役の事業展開の中に占める軍需生産との関係がよく窺い知ることができる。戦時体制下の財閥系企業の有り様を知る好材料となりうるであろう。

政府の特別な庇護による国策会社としての東北興業（株）は、同時に株式会社である以上会社経理面での健全化を図るのは当然である。しかし東北興業（株）の事業は、草創期でありまた技術陣の不足や産業基盤の脆弱さもあり、経理面では創立早々から苦難の連続であった。この事実を率直かつ客観的に記述していたのは、「表7」（「過去年度事業費予算実績」）などを記載した「極秘」の押印のある文書（東北興業（株）蜂谷洲平主計課長作成）であった。

東北興業（株）の経理での責任者である蜂谷主計課長は、三井物産（株）出身の経理担当者として、客観的厳正さをもって次のように冷静に分析していた。会社創立以来の「過去三年間ニ於ケル会社ノ成績ニ付キ経理的立場ヨリ之ヲ検証スルト（中略）決シテ良好ナルトハ謂ヒ難ク寧ロ寒心スベキ状態ト謂フモ過言ニ非ザルモノト思ハル[62]」と結論付けていた。その「寒心スベキ状態」を具体的に次の三点にわたって分析していた。

第一点として「事業ノ予算ト実績ノ比較」（表7）についての問題だった。過去三カ年間の事業費予算の合計金額三二三八万二千円に対する実績合計金額は二四三二万八千円と「予算」の七五パーセント相当にすぎない。そしてそのうちの「自営事業」の実施率は僅

表8　過去年度事業益金予算実績比較[62]

（単位千円）

	昭和11年度			昭和12年度			昭和13年度		
	予算	実績	%	予算	実績	%	予算	実績	%
自営事業				4			224	37	17
投　資	48	48	100	150	143	95	303	239	78
計	48	48	100	154	143	93	527	276	53

かに三九パーセントにすぎず、したがって事業費の未実施率は「自営」と「投資」を合算して二五パーセントと、全体の四分の一が実施未消化となっていた。その原因としてそもそも予算を計上する際「過大ニ見積ラレ実行性ニ乏シキモノ相当含ミ居タルモノ」と考え、この〝水増し予算〟について率直に自己批判した。このままの異常事態が続いた場合、「投下資本ノ減少ハ自然収入減ヲ招ク結果トナリ」、「経理上凡ユル方面ニ於テ不都合ヲ招来スル虞アルモノト思考ス[62]」と警告した。

第二点として「事業益金ノ予算ト実績ノ比較」（表8）上の問題だった。

予算と実績との比較において予算規模の小さい昭和一一年度は過不足は見られないが、昭和一二年度の場合一万一千円（七パーセント）の収入減、そして翌一三年度に至っては二五万一千円（四七パーセント）と大幅の収入減となっていた。その結果他と合わせた不良資産（繰延分）は五三万六千円に達し、「決算ニ於テ甚ダシキ無理ヲ生ゼシメタルコトトナレリ[62]」と、経理担当者として蜂谷主計課長は憂慮した。

第三点として「会社ノ収支実績」（表9）についての問題であった。

昭和一一年度の収支実績をみるに、「過不足」なく、形の上では健全財政であった。昭和一二年度の場合、六八万四千円の予算に対し支出（実績）は一四万九千円のオーバーとなり、その分を繰越（不良資産）として処理していた。翌昭和一三年度では、予算額一一九万九千円に対し総支出は一五八万六千円と三八万七千円の超過（不良資産）になった。つまり昭和一二・一三両年度は共に赤字財政でその合計の不足額（繰越金額）は五三万六千円に達していた。この金額は、蜂谷主計課長からいわせると「莫大ナル不良資産ヲ繰越ツツアル状態ニアル」ものの、「一般会社ニアリテモ設立後ノ（中略）操業開始ニ至ル迄

表9　過去年度（昭和11年度～13年度）会社収支実績[62]　（単位千円）

科目		昭和11年度	昭和12年度	昭和13年度	合計
総収入		342	684	1,199	2,225
	事業益金			37	37
	受入配当金	48	143	239	430
	受入利息	62	74	65	201
	雑収入	15	17	66	98
	政府補給金	217	450	792	1,459
総支出		342	833	1,586	2,761
差引損失		0	149	387	536

（注）総収入中、政府補給金の割合、昭和11年度（63.5%）、昭和12年度（65.8%）、昭和13年度（66.1%）、3カ年度合計（65.6%）

ハ斯ル経理状態ニアルハ寧ロ普通[62]」と容認せざるを得ないこととの認識であった。

しかし蜂谷主計課長が特に注意を喚起したことは、政府の補給金の問題であった。「当社ハ一般会社ノ場合ト異リ政府ヨリ補給金ヲ受ケ其ノ一部ヲ経費ノ支出ニ充テ居ルニ拘ラズ尚五三万余円ノ不足ヲ生ジタルニ就キテハ大イニ考慮スル所ナカル可カザルモノ[62]」と警告を発した。確かに昭和一一年度は一応健全財政の形をとっているが、その内実は政府補給金の二一万七千円（総収入の六三・五パーセント）があったからに外ならない。同様に昭和一二年度は六五・八パーセント、翌一三年度は六六・一パーセントと総収入のなかの政府補給金が、東北興業（株）の財政を決定的に支えていた。仮に会社経理の六割以上を占めていた政府補給金の存在がない一般会社ならば、創業早々〝赤字倒産〟の危機に直面していたことは必至だったに違いない。

だからこそ蜂谷主計課長は自己の責任を賭けて、次のように警鐘を鳴らした。「前期ノ欠損ヲカムフラージュシ合理的ニ繰越ス適当ナル手段ヲ発見スルニ苦シミツツアル事情」を踏まえて、「確固タル計画ト実行性ナキモノニ対スル予算ノ計上ヲ抑制」することを提案すると共に、予算執行は節約して予算の枠内とすることが「最モ緊急事ナリト信ズ」と明言し、「蓋シ会社ノ経理ハ事業ノ収益ヲ基礎トス

表10　過去５か年の投資額と政府補給金額[63]

（単位千円）

	貸借対照表		損益計算書		
	投　資	本年度利益金	利益総額	うち政府補給金	同割合（％）
昭和11年度	2,500	166	343	217	63.3
12年度	14,250	314	684	450	65.8
13年度	20,549	604	1,199	793	66.1
14年度	27,836	1,317	2,100	1,170	55.8
15年度	44,596	1,688	2,895	1,494	51.6
合　計	109,731	4,089	7,221	4,121	57.1

ルニ非サレバ健全ナルヲ得ザルヲ以テ（する—筆者）ナリ」[62]と訴えた。

しかしこの主計課長の警鐘はその後も生かされることはなかった。投資関係でみると、昭和一二年度と一五年度対比で、投資会社数で一四社対四三社（三・一倍）、投資金額で一四二五万円対四四六〇万円（三・一倍）と伸張し、先に蜂谷主計課長の抑制警鐘発言は無視される結果となった。利益総額は六八万円対二九〇万円と四・三倍と急増したが、その大半は政府補給金（対利益総額平均で六割近い）に依存している割合が多いことがわかる（表10）。換言すれば、政府補給の保証があってこそ、東北興業（株）の事業展開、株主への株金配当が可能となったのであった。この政府保証の補給金制度は国策会社としての政府からの特権的恩恵制度の一つであるが、そのことは同時に極端な場合会社として赤字経営に陥っても強力な国家による庇護がある以上、常に安定した経営が保持できる可能性を意味するものであった。

実はそこに国策会社としての落し穴（つまり経営上の甘さ、強いて言えば〝病弊の根源〟）があった。東北興業（株）の多様な事業展開に、一部メディアや国会議員の間から、「放漫経営」「百貨店商法」との非難を浴びせられた理由はそこにあった。時には「東興コンツェルン」と評された程に実に多種多様な会社を創設または増資し、国策会社の投資会社として君臨したが、先の「東興コンツェルン」なる語は取り様によっては痛烈な皮肉とも映る。なぜなら三井・三菱などの既成財閥は別格としても、新興コンツェルンの日産、日窒、理研などには及ぶべきもない小規模の投資会社にすぎなかったからであった。

また東北興業（株）に対株式市場の評価は低調だった。東洋経済新報社の『会社四季報』[64]（昭和一五年第三輯）によれば、国策会社一一社についての各種データが掲載されているが、株価について言えば、南満州鉄道の七七・六円を筆頭に、次いで南洋貿易の七七・〇円と満州重工の七四・五円が続き、六〇円台の東満州産業（六九・〇円）、東洋拓殖（六八・三円）、そして五〇円台の南洋拓殖が続いていた。問題の東北興業は三五・三円と低迷し、それは払込金額を下回る唯一の例であった。しかも配当金も〇・四五割と最低クラスで、利回りは四・二五分とこれもまた最低グループにとどまっていた。これでは株式市場のみだけでなく、産業界からも低評価を受けるのも当然といえよう。

この大きな要因には先述した政府補給金保証という庇護のもとでの経営陣の甘い放漫経営手法によるものと考えられる。国策会社は一般的にこうした〝病弊〟に陥る体質を有するが、東北興業（株）の場合は特に顕著であった。その傾向を一層促進した要因として、当初東北農村の疲弊問題に起因した東北振興を宗として発足した東北興業（株）は、その基盤や体制の未確立のままに、急速に生産力拡充政策の渦に巻き込まれ、おぼつかない軸足を軍需生産に転換せざるをえなかったことも一つの大きな理由であったと考える。

これが、東北興業（株）の第一期事業計画終了時点までの、中間的総括である。

注記

（1）『宮城県累年統計書』（宮城県総務部調査課、昭和三五年）一三四頁。
（2）東北振興調査会「東北振興調査会要覧」一九三八年、二頁（『東北振興計画集覧』上巻所収、不二出版、一九八五年）一一二頁。
（3）国立公文書館所蔵文書・配架番号二A・三六・委七八六（以下、区分・番号のみ記載）「東北振興調査会特別委員会議事録」（なお、国立公文書館所蔵文書の場合、頁数を付してあるもののみ頁数を明記する）。
（4）二A・三六・委七八七「東北振興調査会特別委員会議事録」。
（5）二A・三七―一・東北四〇「自昭和一一年度・至昭和一六年度　予算関係書類」。
（6）二A・三六・委八一四「東北振興第一期綜合計画」。

（7）石井寛治ほか編『日本経済史』四・戦時・戦後期（東京大学出版会、二〇〇七年）一四七頁。
（8）「東北開発五〇年」第二部（2）（河北新報、昭和六一年八月二三日）。
（9）二A・三七―三・東北一五五「第六九回帝国議会・東北興業株式会社法案　参考資料」。
（10）松澤勇雄『国策会社論』（ダイヤモンド社、昭和一六年）の説による。
（11）前掲書（10）四一頁。
（12）前掲書（10）七五頁。
（13）二A・三七―三・東北一五四「第六九回帝国議会・東北興業株式会社法案、東北振興電力株式会社法案　委員会速記録」四頁。
なお『帝国議会議事録』関係資料には、例外的に頁数を付している。
（14）前掲（13）五六頁。
（15）前掲（13）一六頁。
（16）前掲（13）一七頁。
（17）前掲（13）一〇頁。
（18）前掲（13）一二頁。
（19）前掲（13）四〇頁。
（20）前掲（13）四一頁。
（21）前掲（13）四三頁。
（22）前掲（13）六二頁。
（23）前掲（13）六八頁。
（24）前掲（13）六七頁。
（25）前掲（13）六九頁。
（26）前掲（13）六三頁。
（27）前掲（13）五四頁。
（28）前掲（13）八八頁。
（29）前掲（13）九二頁。
（30）前掲（13）七九頁。

(31) 前掲（13）八一頁。
(32) 旧東北開発株式会社（以下、「東開」と略称）所属資料、No.155「東北振興両会社設立委員会議事録並諸資料」。以下の設立委員会での各人の発言はこの資料による。
(33) 東開No.359「昭和一一・一二年度第一回株主総会関係資料」。
(34)「東北開発五〇年」第二部（4）（河北新報、昭和六一年八月二六日）。
(35) 東開No.370「昭和一七年第六回定時株主総会関係」。
(36) 東開No.362「昭和一二年度第二回定時株主総会関係書類」。
(37) 二A・三七―一・東北四一「昭和一二年度役員会付議事項綴」。
(38) 通商産業省『商工政策史』第一一巻・産業統制（商工政策史刊行会、昭和三九年）二一四頁。
(39) 前掲書（38）二一八頁。
(40) 東開No.364「昭和一三年度第三回定時株主総会関係書類」。
(41) 東開No.68「昭和一三年度役員会付議事項綴」。
(42) 東開No.45「昭和一四年度官庁関係書類綴」。
(43) 東開No.368「昭和一五年度第四回株主総会関係書類」。
(44) 二A・三七―二・東北八六「昭和一四年度東北興業株式会社認可綴」。
(45) 二A・三七―三・東北一六八「第七五回帝国議会貴衆両院　東北興業株式会社法中東北振興電力株式会社法中改正法律案議事録」七頁。
(46) 前掲（45）一〇頁。
(47) 前掲（45）一〇七頁。
(48) 前掲（45）一七一、一七二頁。
(49) 前掲（45）一一頁。
(50) 前掲（45）一〇六頁。
(51) 前掲（45）一七六頁。
(52) 前掲（45）三六三頁。
(53) 東開No.210「自第五回、至第七回株主総会関係」。

(54) 二A・三七―二・東北八九「昭和一五年度東北興業株式会社事業認可綴」。
(55) 東開No.66「昭和一五年度役員会関係綴」。
(56) 東開No.95「第七五回帝国議会提出、東北興業株式会社法中改正法律案参考資料」。
(57) 東開No.74「昭和一五年度事業状況報告」。
(58) 前掲(42)「創業以来ノ役員及職員(課長級迄)、略歴一覧」ほか。
(59) 前掲(33)ならびに(42)所収の「株主名簿」。
(60) 前掲(42)「業務監査提出書」中の、資産保管状況。
(61) 二A・三七―二・東北一二〇「昭和一四年度会計検査院実地検査関係」。
(62) 東開No.37「昭和一四年度役員会関係綴」所収、「自昭和一一年度、至昭和一三年度実績ニ就テ」。
(63) 第一回定時株主総会から第五回定時株主総会までの各業務報告中の貸借対照表と損益計算書を集計。
(64)『会社四季報』昭和一五年度第三輯(東洋経済新報社、一九四〇年)二九七頁。

第五章　アジア・太平洋戦争期の軍需生産への重点化

一　東北振電（株）の日本発送電（株）への吸収合併問題

（一）電力管理法と日本発送電（株）

政府の東北振興政策の基軸をなしていた国策会社東北興業株式会社（以下、東北興業（株）と省略）の事業展開は、先述した通り複雑な経緯をたどりながらも、自営事業、投資事業とも拡大を続けていった。その基礎には、東北興業（株）の各種関連会社への低廉・豊富な電力供給の役割を担っていた東北振興電力株式会社（以下、東北振電（株）と省略）の存在があった。

そもそも東北振電（株）は、東北振興調査会第七回総会（一九三五年九月九日）での東北振電（株）設立に関する件の答申を受けて公布された、「東北振興電力株式会社法」（一九三六年五月二七日、法律第一六号）に基づく国策会社であった。同法第一条では「東北振興電力株式会社ハ東北地方ノ振興ヲ図ル為同地方ニ於ケル電気事業ヲ営ムコトヲ目的トスル株式会社トス」と規定したが、その具体的業務について同法を審議した第六九回帝国議会衆議院特別委員会の席上、政府委員は次のようにその提案理由を述べた(1)。「東北の低廉豊富な水力を利用して、東北振電が電力を開発。さらにその電力を利用して、東北興業が化学肥料をはじめとして資源開発型の重化学工業などを興す」と説明した。

つまり、東北興業（株）と東北振電（株）の東北振興両会社は、創立当初から一体不可分としての特質を持っていた。当時のマスメディアがその両会社を、〝姉妹会社〟、〝車の両輪〟と評したのもその特質によるものだった。さらにその実態からみると、両会社法の規定により、東北興業（株）総裁は東北振電（株）社長を兼任しており、また時に応じて両会社の役員会は合同に開催されたケースもある程、緊切さを保っていた。なお、東北振電（株）の筆頭株主（四〇パーセント保有）は東北興業（株）であったことなどを考えると、両会社の密接な関係を世評が〝姉妹会社〟としたのはごく自然なことだった。そのことを法的に政府自らが保証していたのであった。

こうした両会社の一体不可分的関係は、一九四一（昭和一六）年一一月一日までの僅か約五年間存続されただけで消滅してしまった。東北振電（株）は、政府の電力統合政策によって日本発送電株式会社（以下、日本発送電（株）と省略）に吸収合併されたからであった。その吸収合併がアジア・太平洋戦争突入の僅か一カ月前であったことは、注目すべきである。

その経緯について略記すると次のようになる。一九三一（昭和六）年の満州事変の勃発以降、戦時経済の進展に伴い、全産業なかんずく軍需産業の基盤をなす電力供給事業の強化が大きな課題となる中で、二・二六事件後の広田弘毅内閣は、頼母木桂吉逓信大臣が予てから主張していた電力国家管理案が、一旦は閣議決定され、第七〇回帝国議会で「電力国家管理法案」として提出されたが、広田内閣の総辞職によって流産してしまった。その後日中戦争の突入によってその必要性が軍部などを中心に強く主張され、近衛文麿内閣は、既存の電力会社や日本商工会議所などの財界諸団体の反対を押し切って、政府提出の国家による「電力管理法案」が第七三回帝国議会で可決成立した（一九三八年四月六日）。

この「電力管理法」(2)はその第一条で「電気ノ価格ヲ低廉ニシテ其ノ量ヲ豊富ニ之ガ普及ヲ円滑ナラシムル為政府ハ本法ニ依リ発電及送電ヲ管理ス」と、電力の国家管理の目的を明示した。つまり日中戦争遂行のための軍需産業拡充のための低廉かつ豊富な電力供給を、国家統制によって円滑に遂行するためであった。またその第四条では、「政府ハ其ノ管理ニ属スル発電又ハ送電ヲ為ス者ニ対シテ発電又ハ送電ノ方法ニ関シ管理法上必要ナル命令ヲ為スコトヲ得」と規定してあるように、発電と送電の具体的な方法に至るまで管理上の指揮・命令権を政府は保持していた。そしてその第二条では「発電及送電ハ（中略）日本発送電株式会社ヲ之ヲ行ハシム」と規定している日本発送電（株）は、「電力管理法」と同時に上程可決された「日本発送電株式会社法」によって設立された国策会社であった。

その日本発送電（株）は、第七三回帝国議会における政府の説明によれば、次のような理由によって設立された[3]。①同一水系の水力を効果的に利用し、且つ電力を豊富に供給するため、②それぞれ分立経営下にある民間企業での電力供給では、地域的に過不足が生じ、その結果料金に著しい相違があることから、全国統一的に同一料金にするため、③重工業の拡張計画に伴って、電気事業の拡張は必然的に課題となり、それは国家的命令のもとに大規模にかつ一元的に樹立するため、との三点を強調していた。つまり日中戦争の泥沼化と拡大に伴い、政府は各種軍需（国防）産業に対し、優先的に電力を供給し得るための日本発送電（株）の創設であった。同社は民有国営の国策会社であることから、資本構成、社債、登録税、配当補給金などで政府からの各種の特典（優遇）を与えられた。それと共に、総裁・副総裁などの会社人事の政府任命権、電力設備の建設などについての政府命令権など、政府による厳しい監督と制約を大前提とされていた[4]。そのことは、国家総動員法の発動による物資動員計画と生産力拡充計画実施のもとでの、国策会社としての宿命であった。

ただし、日本発送電株式会社法の母法ともいうべき電力管理法には、次の但し書きがあることに留意したい。同法第一条には「但シ（中略）一地方ノ需要ニ供スル電気ノ発電及送電ニシテ勅令ニ別段ノ定アルモノハ此ノ限ニ在ラズ[2]」という特例によって、この法が公布された一九三八（昭和一三）年段階では、東北振電（株）が日本発送電（株）に吸収合併されることは例外的に免れたのだった。国家の大きな期待を担って発足したその後の日本発送電（株）の経営実績は、予想外にも不振との非難を浴びた。同社は、創立以来三年間は六分配当を想定していたが、実績は四分配当に止まっていた。一九四〇年度下半期の利益率がマイナス〇・一分と極端に低下したことが大きな要因であった。

それは同社創業第一年度である一九三九年秋から冬にかけての極度の降雨量の減少による水力発電量の激減の結果であった。しかし、電力会社としては本来天候不順による水力電源の異常事態は当然想定内のことだけに、これに対処するために火力発電充実による不時の対応策は適切になすべきであって、その意味で会社の責任問題として世間から激しく批判された。

こうした不成績の営業状況に、国防型各種産業の電力供給に危機をいだいた政府は、早急の打開策を急いだ。一九四〇（昭和一五）年九月の「電力国策要綱」の閣議決定と、同年一二月の第七六回帝国議会における「日本発送電株式会社法改正案」の上程が、それであった。この「電力国策要綱」の大要は、①発送電管理の強化、既存水力発電設の日本発送電（株）への統合、新規水力開発の合理化、②全国を数地区に分け、それぞれの地区に一箇の配電特殊会社を設け、一元的に配電管理を行うことの二点であった。[5] つまり政府の政策本旨は、「高度国防国家建設の要請に備へ、動力の供給確保に資するため（中略）電力国家管理の趣旨を一層暢達徹底せしめんと[6]」するにあった。また「日本発送電株式会社法改正案」の要旨は、①従来行ってきた政府による四分の配当補給金を六分に引き上げる、②電力原価の高騰を抑えるため、新設発電設備に対する免税の特典を新たに付与する。つまりこの改正法案の目的は、「現下の緊迫せる内外の情勢にかんがみ、国防産業の礎石というべき電力の生産配給を整備し、高度国防国家体制に即応するため、日本発送電株式会社運営の基礎を改善強化する[7]」ためであった。

(二) 東北振電（株）の良好な事業展開

政府によるこの新たな電力国家管理の徹底強化政策は、東北振電（株）をはじめ東北各県関係団体に重大な危機感を増大させていった。そもそも東北振電（株）の営業成績は後述するようにきわめて順調に推移しており、政府のこの新たな電力国家管理政策による日本発送電（株）への吸収合併問題は、政府による東北振興政策の一翼を担ってきたこともあって、予想外のことだった。

表1　東北振電（株）の発電所[8]

（出力単位　kW）

名称	出力	竣工年月	名称	出力	竣工年月
蓬莱	38,500	昭和13.11	生保内	22,100	昭和15.1
小出	2,900	14.1	遠刈田	5,400	15.12
腹帯	10,700	14.2	郷内	13,200	15.12
立石	7,000	14.3	神代	19,700	15.12
板平	1,900	14.7	岩泉	5,800	16.3
信夫	5,950	14.10	合計	133,150	

東北振電（株）の創立に当って作成された同社の事業計画（政府原案）は、計画期間を一〇カ年とし、この間に建設すべき発送電設備は、水力発電一四カ所一四万八二四〇キロワット、火力発電一カ所二万キロワットであった。そしてその結果は、毎年かなり膨大な計画が樹てられ実行されたことによって、わずか五年の短期間に、表1にみるように、出力合計一三万キロワット余が完成した[8]。なかでも最も早く竣工した阿武隈川水系の蓬莱発電所（福島県）は当時としては東北最大の出力三万八五〇〇キロワットであった。なお、『東北振興電力株式会社史』では、そのことに関して「一会社として斯くも超速度を以て多数発電所完成を実現し得たことは全世界に其の例を見ざるところであって大いに誇るに足るものである」と最大限の表現で自画自賛していた[9]。果して「全世界に其の例を見ざる」と断言できるか不明であるが、その完成速度は確かに特筆される。

一年間の平均増加電力は約四万二〇〇〇キロワットで、会社設立に当たって政府が予定した東北地方の毎年約一万キロワットの約四倍強という増強ぶりであった。また一九三八年度～一九四一年度までの約四年間の営業収入も合計約一七九五万円と年々飛躍的に増大した。そして一九四一年までの短期間に一〇年計画をほとんど達成し、送電線建設などでは遂に計画を上回るまで至り、その結果電力料金も会社設立当初で一キロワット当たり一・二九銭と、当時の全国平均の一・九一銭と比べ低廉に供給し利用者から歓迎されたといわれる[10]。そうした東北振電（株）の予想以上の好調ぶりは、次の表2の数値にも反映されている。

これらの総合評価から、一九四〇年二月の第七五回帝国議会において、時の商

表2　年度別供給電力量表[11]

（出力単位　kW）

年　別	発受電量総計
昭和13年	19,478
14年	317,561
15年	566,704
16年	386,275

（なお、昭和16年は6月まで）

工大臣藤原銀次郎は「東北振電は優良会社」と高く評価したことからもわかるように実に好業績を収めていた[12]。

(三)　東北振電（株）の合併経過

ところが、先述した一九四〇年九月の「電力国策要綱」の閣議決定や同年一二月の日本発送電（株）法改正などの、一連の高度国防国家体制に即応するための電力国家管理の一元的な強行徹底政策は、東北振電（株）の特別配慮措置（「電力管理法」第一条の但し書き）を消滅させる危険性をはらんでいた。

そのため東北振電（株）、東北興業（株）の振興両会社をはじめ、東北の関係自治体・機関・業界団体などは強い危機感のもと、日本発送電（株）への吸収問題に猛然と反対運動を展開した。その経緯についての基本資料は内閣東北局の『日本発送電株式会社、東北振興電力株式会社、合併経過書類』[13]に所収されているが、ここではこの各種資料に基いて東北興業（株）が戦後にまとめた『東北振興電力（株）の統合経過と東北興業（株）新規事業の電力関係』[6]の記述を活用して、以下論ずることにする。

A―(一)、（昭和一五年一〇月一日）東北振電（株）川越丈雄社長は直ちに上京、次の反対陳情を行った。「東北地方の特殊事情を斟酌、当分の間東北振電（株）の存続を認め、さらに配電をも会社に統制、発送配電の一貫作業をなし得る体制とし、東北興業（株）と一体となり、全体的国土計画の下に東北振興計画の遂行を計られたい[6]」。

A―(二)、（同年一〇月三日）東北振電（株）、東北電灯（株）、青森県、宮城県、仙台市などの東北地方電気事業者連名で、東北振電（株）に東北地方の発送電配電の一貫管理の実施を要望し、内閣宛に強硬な反対陳情を行った[14]。

A―(三)、（同年一〇月一一日）宇都宮孝平内閣東北局長は富田健治内閣書記官長に対し、次の強硬意見を申し入れた。「当分東北振電（株）を存続し、必要あれば発電送電及び配電に一貫経営せしむること[14]」。

A―（四）、（同年一〇月一九日）電気庁森第二部長の「東北振電（株）を日本発送電（株）に統合する」との同月一五日の申入れに対して、宇都宮東北局長は富田書記官長と協議の上、森電気庁第二部長に反対の旨を回答した。[14]

A―（五）、（同年一〇月二三日）宇都宮東北局長は山田逓信次官に反対意見を申し入れた。[14]

A―（六）、（同年一一月四日）宇都宮東北局長は田村電気庁長官にも反対意見を申し入れた。[14]

A―（七）、（同年一一月二九日）田村電気庁長官は内閣東北局に来訪し、議会提出の日本発送電（株）法改正法案を提示したが、東北局は委員会を開いて東北振電（株）存続の方針を決定した。[14]

A―（八）、（昭和一六年一月二四日）前年一二月二八日の山田逓信次官の第七六回帝国議会提出法案（配電管理法案及び日本発送電（株）法改正案）の意見照会に対し、東北局は次の意見を回答した。「東北地方に配電会社設立さるるときは、東北振興事業の進展に寄与せしむるよう特別の措置を講ずること」。[15]

以上のように内閣東北局を中心に、一九四〇（昭和一五）年九月の政府の電力国策要綱の発表以来、約四カ月間、東北振電（株）の消滅案に執拗に反対の意志を表明し抵抗したが、逓信省を中心とする東北振電（株）の日本発送電（株）への合併は実に強硬であった。その背景には、第二次世界大戦の勃発、緊迫を続ける日米関係などに伴う生産力拡充政策の強化があった。その要因に基づく逓信省の強硬策は次のように続いた。

B―（一）、（昭和一五年一二月二〇日）田村電気庁長官は東北局を訪ね、東北振電（株）の日本発送電（株）への統合賛成を求めて、次の二条件を提示した、「（a）東北振電（株）は、日本発送電（株）法に従い全電力の設備を日本発送電（株）に出資解散すること。（b）東北振電（株）の設立目的たりし東北振興は、之を日本発送電（株）に於て実現せしむる如く監督上相当考慮すること」[15]。

B―（二）、（同年一二月二一日）逓信当局は、電気事業関係公共団体代表者懇談会を開き、戦時下における東北振電（株）の日本発送電（株）への統合国策説の優位を強調した。[15]

ついに政府は、一九四一（昭和一六）年一月三〇日、第七六回帝国議会に日本発送電（株）法改正案を提出した。

ことここに至って内閣の一部局である東北局は、次のように東北振興の目的継承の尊重を強調した上、止むなく妥協することとなった。

C―(一)、(昭和一六年三月一二日)東北振電(株)自身から「東北振電(株)の日本発送電(株)への統合は止むを得ないが、東北振電(株)を配電会社の中心リーダーとする更生案」を東北局に提議した。[16]

C―(二)、(同年五月二日)宇都宮東北局長と富田書記官長が会見。その際書記官長は「内閣が国策に協力せぬことになって困るが、現下の情熱に鑑みなるべく逓信省の希望を入れ、実質は東北振電(株)の目的が貫徹するよう考えるほかなかろう」と発言した。[17]

C―(三)、(同年五月一〇日)東北局で「東北振電(株)解消に関する措置案」として、「東北振興使命の承継」と「東北興業(株)の強化」の二要旨を決定した。[17]

C―(四)、(同年五月二一日)東北局は上記の二要旨を大前提として、具体的には一〇項目の最終案を田村電気庁長官に提示した。[18]

C―(五)、(同年七月一〇日)東北局案と電気庁案を調整の結果、閣議案及び覚書案を決定した。[19]

C―(六)、(同年九月九日)次の事項について閣議決定された。[20]

「時局に鑑み、東北振興に関する事項、左記の通り決定せんとす。

一、東北振興電力株式会社に関する事項

二、東北興業株式会社に関する事項

三、東北振興に関する事項　」

この閣議決定の内容について注目すべきは、「一」について言えば次の一・二・三の各事項である。

一、東北振電(株)はさきに決定したる電力国策要綱の趣旨に順応し、適正なる条件の下に之を日本発送電(株)に統合するものとす。

二、日本発送電（株）は統合に依り、東北振興の使命を承継す。東北配電（株）に於ても、前項の趣旨を体して其の業務を運営する。

三、日本発送電（株）は東北振興の目的達成のため、同地方に対し低廉且必要なる電力を供給すると共に、同地方の電源開発に付いて特別なる考慮を払うこと。

いずれの事項も、東北局が東北振電（株）が日本発送電（株）に合併することを諒解する前提として、東北局が東北振興の使命承継を執拗に主張したものであるが、この点を具体的に明示したものであった。

なお、同閣議決定の「二」と「三」の項の内容もきわめて重要であるので、後ほど詳しく触れることにする。

こうした経過を辿って、東北振興政策の主軸をなしていた同じく国策会社東北興業（株）の〝姉妹会社〟としての東北振電（株）は、ここに消滅するに至った。その結果、東北振興事業は重大な困難に直面することとなった。東北振電（株）消滅の根本要因は、「時局（の要請—筆者）に鑑み」（閣議決定案）によるもので、したがって合併は「国家総動員法の発動」（内閣覚書）に基づく緊急措置であった。まさに高度国防国家建設の一元化・徹底化という国家的重圧のもとでの吸収合併であった。

その際、特に重視すべき視点として、これまで国策として強調されてきた東北振興政策との関連（もっと言えば同政策の存続問題）である。そのことを強く意識していた東北局は、先述のC—（三）の「東北興業会社ノ《ママ》将来ニ就テ」の項の中で、次のように東北振電（株）の日本発送電（株）への吸収合併問題について、深い憂慮を表明していた。「政治的ニ考フルモ（東北）振電解消ハ国策東北振興ノ後退乃至弱体化トシテ東北六県官民ノ痛ク遺憾トスルノ情勢ニ対処スルニハ其ノ姉妹会社タリシ東北興業ヲ強化シテ以テ之ニ代ルベキ策ヲ講ズルコトノ必要ナルヲ痛感ス(13)」と強く要望した。つまりこの要望を特記せざるをえない根本原因としての、東北振電（株）の解消による東北振興政策の後退・弱体化を実に深刻に憂慮したからに外ならない。

(四)合併問題に対する批判(第七六回帝国議会)

この東北振興政策の後退・弱体化の危機に直面して、東北各地の選挙民や県民世論を代表する東北各県選出の衆議院議員は、この政府の閣議決定に猛然と反発した。例えば日本発送電(株)法改正案を審議した第七六回帝国議会の衆議院同法案委員会で釘本衛雄委員(福島県選出)は、東北振興政策の将来について次のように痛烈に批判した。「(東北─筆者)振電と東北興業とは密接不可分の関係にある。東北振興の目的未だ半ばにも達していない今日、振興という極めて有力な自家用電気というべき相棒をもってもなお不振なる東北興業は、これからは最初の使命を果し得るか[21]」と、政府を厳しく追求した。東北興業(株)と東北振電(株)の不可分一体性の崩壊──東北興業(株)の事業展開に当っての、東北振電(株)からの低廉豊富な電力供給体制の欠落──を鋭く詰問したものだった。そしてより根本的に国策とされていた東北振興政策の存続そのものへの疑念までいだいて、釘本は「振電の統合は(中略)東北興業を閉息させるもので、東北人民の承服しえないところである[21]」と東北各県民世論の反発の強さを強調した。当然のことながら、東北出身の貴衆両院国会議員で構成されていた東北振興同盟実行各委員は、一斉に猛然と東北振電(株)の統合反対運動を展開した。

ここで注目すべきは、日本発送電(株)法中改正法律案の衆議院本会議での可決は一九四一年二月八日、貴族院本会議での可決は二月一九日であった。ところが東北振電(株)の日本発送電(株)への合併、つまり東北振電(株)の消滅は、同年九月九日の閣議決定でなされたものであった。その間約七カ月を要したことになる。東北振電(株)の日本発送電(株)への吸収合併の法的根拠は、富田内閣書記官長と山田逓信次官との統合に関する協定覚書[22]にあるように、「合併は国家総動員法の発動に依」るものであった(勅令公布は九月二四日)。そのことの意味するものは、東北振興政策の一つの主軸をなしていた東北振電(株)の〝消滅〟問題が、議会に諮ることなく措置されたことである。そもそも東北振電(株)の創立は、東北興業(株)の創立と共に、一九三六(昭和一一)年の第六九回帝国議会で可決成立した東北振興電力株式会社法に基づくものであった。それにもかかわらず今回の〝消滅〟措置は、国家総動員法の発動に依るものであったので、議会での審議を経ることなく強行されたものであった。それだけに東北の県民世論は反発の声を一層強め、東北選出国会議員が前述したように厳しく政府の措置を批判したのは、当然のことであった。

（五）東北振電（株）の〝消滅〟

こうした東北県民の世論や東北選出の国会議員などの反発・批判、さらには内閣東北局の要望を受けた形で、東北振電（株）の日本発送電（株）への統合（合併）についての閣議決定[23]（一九四一年九月九日）では、次のように規定した。

「一、日本発送電株式会社ハ東北振興ノ目的ヲ達成スル為同地方ニ対シ低廉且必要ナル電力ヲ供給スルト共ニ同地方ノ電源開発ニ付テ特別ナル考慮ヲ払フコト」―（A）

「一、日本発送電株式会社ハ其ノ東北支店ニ可及的広汎ナル権限ヲ付与シ支店業務ノ運営ニ当リ東北振興ノ機能ヲ発揮セシムルコト」―（B）

「一、東北振興ニ特ニ関係アル電力関係事ニ付テハ内閣東北局及電気庁間ノ協議ニ依ルコトトシ且相互ニ兼務官吏ヲ置クコト」―（C）

しかし、上記の日本発送電（株）の東北振興の目的継承は、事実上実現することはなかった。例えば同社の東北支店は開設されたものの、実態としてはその目的を果すことはなかった。そのことを含めて、その未達成の状況を次に説明したい。

（A）については、日本発送電（株）が東北振電（株）を吸収合併後（一九四一年度から一九四八年度に至る）の八年間で、東北電源開発計画として発電所を完成したのは、八発電所の合計一七万九〇〇〇キロワットであった。しかしその中の宮下・沼倉・秋元・新郷・山郷（共に福島県）の五発電所は関東地方に送電され、いずれも東北振興政策とは無関係であった。結局東北振興に利用されたのは、残りの三発電所の一万四〇〇〇キロワットにすぎず、完成した八発電所の発電力合計の七・八パーセントにとどまった。これが日本発送電（株）による東北電源開発の実態であった。このことは、全国一元化独占体制の必然的帰結であったし、また全国プール制による電力料金の画一性もあって、東北振興政策の後退はこうした電力問題においても明白であった[24]。

（B）については、日本発送電（株）が東北支店に振興課、本店総裁室に東北課を設置し、そして東北支店長には長南元東北振電（株）理事を日本発送電（株）参事として任命したことは事実であった。しかし長南支店長は転任となり、そして振興課、東北課は共に廃止となり、東北振興を目途とした特別配慮はここで消滅し、全国一元化の中に包含されていった[25]。

（C）については、内閣東北局そのものは、一九四三年一〇月に廃止されたので、全く機能しなくなった。今やこの時点で東北振興政策の〝司令塔〟そのものが存在しなくなったのである。

このようにして、東北県民の反対世論を押し切って、高度国防国家建設の最高国策による吸収・合併強行の結果は、早くも無惨な結末を迎えることになった。東北振電（株）の日本発送電（株）への吸収・合併に際しての、東北振興の使命承継という絶対条件は、全く画餅に帰したのであった。

二　第二次振興調査会（臨時東北地方振興計画調査会）

（一）第二次振興調査会設置の経緯と性格

前述した通り、政府は東北振電（株）の日本発送電（株）への合併を閣議決定（一九四一年九月）した際、「時局ニ鑑ミ東北振興ニ関スル事項」として、次の三項目を挙げた。その（一）は「東北振興電力株式会社ニ関スル事項」で、既に詳しく論じた。

その（二）は「東北興業株式会社ニ関スル事項」で、東北興業（株）の機能強化について特に配慮を求めた内容であった。その結果、政府はその具体策として同社に対し、一九四三（昭和一八）年度において、「資本金現在三千万円ヲ一億円ニ増加シ五千万円ハ政府ニ於テ引受ケ民間株式ニハ六分ノ優先的ニ配当ヲナスコト[13]」を骨子とした優遇策がとられた。

そしてその（三）は、「東北振興計画ニ関スル事項」で、「新タニ調査機関ヲ設ケ東北振興方策ニ関スル事項ヲ調査審議セシムルモノトス」というものであった。その際の政府説明はその設置の重要性、緊急性について、次のように強調していた。「東北振興ハ歴代内閣国策トシテ声明シ来リシ所ナルガ時局下高度国防国家ノ建設ニ当リテハ東北地方ハ特ニ極メテ重要ナル使命ヲ負フモノトシテ之ガ振興諸施設ハ愈々急務タリ。（中略）以テ政府ハ速カニ調査会ヲ設ケ振興計画ノ樹立ニ努力スベク特ニ振電解消ニヨル政治的影響等ヲ考慮スルトキハ其ノ実現ハ最モ急ヲ要スルモノト認ム[13]」。この説明の中で明言しているように、東北振電（株）の解消に伴う東北各県民世論の反発に対する、政府としての政治判断としての新調査会設置の提言であった。この（三）項こそ、高度国防国家建設のための新たな東北振興調査会発足の〝起点〟であった。

この閣議決定を受けて、臨時東北地方振興計画調査会（以下、第二次振興調査会と略称）は一九四一（昭和一六）年一二月二〇日に官制公布された。この第二次振興調査会の発足は、東北振電（株）消滅の約三カ月半後、そして真珠湾攻撃・マレー半島侵攻の僅か一二日後のことだった。

勅令第一一七四号として官制交付された第二次振興調査会は、全六条より成るが、その第一条によれば「臨時東北地方振興計画調査会ハ内閣総理大臣ノ監督ニ属シ其ノ諮問ニ応ジテ東北地方振興計画ニ関スル重要事項ヲ調査審議ス[26]」と会の目的・性格を規定した。そして会長は内閣書記官長とし（第三条）、政府より任じられた委員会メンバーは、関係各省局長クラス及び学識経験者四三名で構成されていた。時の総理大臣の諮問を受けて第二次振興調査会は、第一回総会（一九四二年一月一九日）から第三回総会（同年六月二九日）を経て、同調査会の答申[27]が内閣総理大臣に提出された。

東条英機総理大臣の諮問第一号[28]は次の通りであった。「東北振興ニ関スル諸事業ハ目下遂行ノ途上ニアルモ現下国内態勢整備ノ要愈々緊切ナルモノアルニ鑑ミ東北地方振興ニ関シ更ニ調査ヲ遂ゲ之ガ計画ヲ策定スルノ要アルモノト認ム。仍テ之ガ具体的方法ニ付意見ヲ求ム」。その内容の本旨について、東条総理大臣は「告辞[28]」の中で次のように明確に述べていた。「東北地方ハ（中略）古来冷害津波等ノ禍害相踵ギ文化的方面ニ於テ又経済的方面ニ於テ幾多不振ト目スベキモノガ存スルノデアリマス」と東北地方の〝後進性〟認識を前提としながらも、同時に「同地方ノ不幸デアルバカリデナク我国力ノ進展上少カラザル障碍トナルノデアリマス」と国力拡充の観点から、東北振興政策の充実を求めている点が注目される。しかもこのときは奇しくも「旧臘八日大東亜戦争ノ勃発ヲ見ルヤ帝国ハ国家ノ総力ヲ挙ゲテ征戦目的ノ達成ニ邁進致シテ居ル」秋であった。したがって東北地方の「人的及物的資源ノ育成開発ヲ図リマスコトハ啻ニ同地方ヲ振興セシムルノミナラズ現下我国ノ総力ヲ発揮スル上ニ於テ実ニ欠クベカラザル緊急ノコトニ応ズルノデアリマス」と、第二次世界大戦参加のもとでの総力戦の完遂上、東北地方の「人的及物的資源ノ育成開発ヲ図リマスコトハ啻ニ同地方ヲ振興セシムルノミナラズ現下我国ノ総力ヲ発揮スル上ニ於テ実ニ欠クベカラザル緊急ノコトニ応スルノデアリマス」と、第二次世界大戦参加のもとでその総力戦の完遂上、東北地方の「人的物的資源」の緊急的強化を特に要請したのだった。

そのことを第一回幹事会（一九四二年一月九日[29]）で、宇都宮孝平東北局長は、次のように解説した。「大東亜戦争ガ起キテ来タ、大戦争ニナッテハ戦争目的ニ添フ様ニ一切ノ仕事ガ重点主義ニナラネバナラン。極端ニ言ヘバ東北振興ナゾイランジャナイカト云フ向キモアル」と、東北振興政策無意味論も出る事態にまで追い詰められていった状況を、東北局長として告白した。その政府内の逆風の中で宇都宮東北局長は断固抗して、「国内整備ノ必要ガ強調サレテ居ル時デアルカラ（中略）外ノ資源ニ目ガクレテ国内ヲ忘レル事ハ良クナイ」とこれまで以上に国内の軍需資源開発の必要性を強調し、「戦時下ナレバ尚更必要ダ」と銅・鉄など軍需用の地下資源が豊富な東北地方の鉱山開発を通して、

「東北振興ニ関スル事ヲ充分調査シテ適当ノ計画ヲ（この調査会で―筆者）スル必要ガアル」と、東北振興上の新たな位置づけを強調した。

当然のことながら、この基本的性格について、第二次振興調査会の各回総会でも論議された。例えば第一回総会（一九四二年一月一九日）[28]で林信夫委員（宮城県知事）は、今次の「第二回ノ調査会ニハ（第一次の―筆者）救済ヨリモ発展ヘノ立案ヲ切望スル」とこれまでの東北振興としての救済目的からの転換を主張し、そして東北地方こそ「人的資源ハ軍ノ至宝デアルト云ハレ優秀ナル兵ヲ出シテ居ルノデアル」から、そこに東北振興政策目的の新たな〝発展〟があると強調した。また第三回総会（同年六月二九日）[30]では小山委員も「従来ノ東北地方計画ガ動モスレバ冷害凶作ニ偏重致シタヤウニ見受ケラレマシタニ比較シマシテ、国土計画ト云フ見地ニ立ッテ茲ニ立派ナ案ノ出来マシタコトハ、私共洵ニ欣幸トスル所デアリマス」と幹事会案に全面的に賛同意見を述べていた。各回総会での各委員の意向は、ほぼ幹事会原案に賛成であった（資料編三を参照）。

（二）第二次振興調査会答申と政策転換

その結果を得て、第三回総会での臨時東北地方振興計画調査会答申「東北地方振興計画要綱」と「東北地方振興計画要項」の内容の大要は次の通りである[26]（資料編三を参照）。

「要綱」は全四条であるが、「一」では「大東亜戦争下ニ於テ国家ノ総力ヲ発揮スルノ要愈々緊切ナルモノアルニ鑑ミ時局ニ即応セル新計画ヲ樹立シ以テ東北地方ニ於ケル人的物的態勢ヲ整備強化センコトヲ期セリ」と規定した。この文言は諮問第一号に対応する新たな東北振興政策の基本的性格を明記したもので、アジア・太平洋戦争勃発のもとでの戦争完遂体制に即応した東北振興政策の大転換＝新展開の内実を位置づけたものであった。また「三」では、この新たな東北振興政策の目的達成までの「差当リ」の実施期間を、一九四三年度から四八年度までの五カ年間と規定した。

その大綱としての「要綱」に基づいて、各項目ごとに具体的にその内容を列挙したのが「要項」で、次の六項目で構成されていた。一・振興精神ノ作興、二・人口ノ増殖並資質ノ向上、三・食糧ノ増産、四・資源ノ開発利用及工業ノ建設、五・開発立地条件ノ整備、六・東北興業株式会社ノ機能強化である。

その中で最も重視したのは、「四・資源ノ開発利用及工業ノ建設」の項で、高度国防国家建設・完成のために東北地方が果すべき工業方面での役割を、具体的に明記した。この「第四項」の前半部（「資源ノ開発利用」）では、戦時下の生産力拡充政策遂行上、「豊富ナル各種未開発資源ヲ擁スル東北地方ハ最モ期待セラルベキ地位ニアルヲ以テ急速ニ之ヲ開発シ其ノ合理的利用ヲ図ル」ことの重要かつ緊急性を強調した。東北地方に特に包蔵する軍需上有力な地下資源として、（一）銅・鉛・亜鉛の増産計画、（二）硫黄及硫化鉱の増産利用、（三）有用土石の増産利用、（四）砂鉄の増産利用などを例示していた。さらに後半の「工業ノ建設」では、「資源開発ノ為必要ナル各種産業機械工業ヲ建設スルト共ニ」「国内工業力ノ整備拡充並ニ合理的配分上本地方ニ適切ナル金属工業及重要機械工業並ニ部門工業ノ興起ヲ図ルヲ要ス」と明記し、その具体的例示として（一）金属工業（軽金属工業、合金鉄工業、鋳造及び鍛造業）、（二）機械工業（工作機械及工具製造業、航空機工業、造船業、車輌工業、鉱山用、化学工業用、農業用機械其他雑機械工業）などを例示した。なおその実施方策として、「（一）生産拡充計画ニ基キ此ノ種工業ヲ新設又ハ増設スベキ場合ハ出来得ル限リ本主旨ノ実現ヲ期スルコト」とし、そのためには「（二）東北興業株式会社ヲ活用スルコト」と、あえて明示した。そのことから第二次振興調査会としても、東北振興の産業活動の主軸としての東北興業（株）への期待の大きさがよくわかる。

さらに第五項の「開発立地条件ノ整備」では、「資源ノ開発及工業ノ建設ヲ為スニ当リテハ之ガ立地条件ノ整備ヲ要スルハ言ヲ俟タズ特ニ東北地方ノ如ク諸施設未ダ整ハザル地方ニ於テハ急速ニ其ノ徹底ヲ期スルノ要アリ」と、東北地方の工業発展上の未発達（立ち遅れ）の問題点を踏まえての急速かつ徹底化が、大きな課題との強い認識を示していた。なおその具体的な説明の中で、そのインフラ面での道路については「軍事上陸運能力発揮ヲ要スル」とあり、鉄道については「産業立地条件トノ密接ナル関係」とあり、また港湾については「臨海工業地帯ヲ造成」のためとあり、いずれも時局の進展に対応する措置の一環としての社会基盤の確立・強化策であった。

これらの解説のなかで、第二期東北振興政策の基軸をなしている「資源ノ開発利用」と「工場ノ建設」に特に軍事上との関連が強調されているのは、この原案作成に当って陸軍省と海軍省それぞれから、国防上必要な軍需工業の新設・拡充のための強い要望があったからに外ならない(31)。

この第二次振興調査会の「答申」は、予算措置として、一九四三年度からの五カ年計画で総額六億四一〇〇万円として計上された。そして初年度の一九四三年度は一億五〇〇〇万円であった(32)。この予算措置は、時局の要請に応えたものだけに、正に順風満帆の感があった。

当時の世論、特に新聞は、この第二次振興調査会の答申を好意的に伝えた。例えば昭和九（一九三四）年の大凶作直後から、実に精力的にその惨状を被災者の視点から報道し続け、その救済策を政府の東北振興政策に強く求め追跡・究明してきた地元有力紙「河北新報」は、答申が出された翌日の解説記事で、「東北振興第二期案の狙いと特色」と題して、その内容紹介とその本質について論じた(33)。それによると、この答申案は、第一次振興調査会の根本理念から大きく転換し、「救済的色彩（を）脱却」、そして「高度国防建設に即応」との見出しをつけて解説していた。

つまり、東北地方の特異性の一つである「物的資源の問題については、地下資源の開発、産業立地条件の整備、食糧の増産等産業開発の基本となるべきものを、重点主義により策定した」とその特徴を指摘した。そしてその基本方針として「救済的色彩を完全に脱却し高度国防国家の建設に即応する物的人的両資源の体制を整備した、而も東北の特異性をなしてゐるとみられるこれを活用する事によって、国家に貢献し得るやう立案された」と解説した。つまり「今次計画は国家的見地から国土計画の一環として東北の振興計画を企画したもので、飽迄国家の建設に必要のみが挙げられたのである」と強調した。今やアジア・太平洋戦争突入期の東北振興政策は、これまでの東北農村〝疲弊〟問題の救済は放擲され、東北の人的物的資源の最大活用を通して高度国防国家建設へ貢献する最高責務へと転換したのであった。

この東北振興政策の歴史的転換の意義について当時内閣東北局の書記官であった渡辺男三郎は戦後の著作の中で、この東北振興政策の転換によって、その中核をなしていた「東北興業株式会社は、その本来の使命たる東北の殖産興業の事業を国防色に染め直して国防型事業をつづけて居た」、そして「東北興業株式会社は戦争に徴用された」、さらには「戦争に出征した」とまでの強い表現を用いて断言した(34)。東北振興政策を監督指導してきた一官僚としての無念の想いが、この「節」の表題である「国防型東北振興の時代」に、にじみ出ていると思われる。

（三）第二次振興調査会第三回総会での論議

第二次振興調査会でその答申を可決したのは第三回総会であったが、その総会での論議は必ずしも全面賛成ばかりではなかった。その答申原案について若干ではあるが、懸念・疑問・異論を提示した委員もいた。

例えば三浦一雄委員は、農林省の立場から「私ハ端的ニ東北振興計画ノ特質ト云フ点ヲ掴《ママ》ヘテ見マスト、所謂冷害ヲ克服シテ、寒冷地農業ヲ確立スルト云フコトガ、東北振興問題ノ核心ダト思ヒマス(30)」と、寒冷地農業の重要性を主張した。具体的には原案にある東北帝国大学農学研究所の拡充だけでなく、寒冷地農業研究の充実を求めた。その根底には、第一次振興調査会の課題であった冷害・凶作克服が未だ達成されていない現実に対する焦りがあったと考えられる。また石黒忠篤委員は、産業組合中央金庫理事長、そして第二次近衛内閣の農林大臣経験者として、原案の内容よりも、その羅列的な項目の設定を問題にしてその実現性に疑問を提示した。つまり振興計画要項について「何ダカ並べ過ギタヤウナ気ガ致スノデアリ、（中略）随分ニ沢山ナモノガ新タニ入レラレテアルト思フ」と懸念を示し、「果シテ是等ガ重点トシテ他トノ均衡ヲ考ヘテ此ノ通リニ入レラレナケレバナラヌカドウカト云フコトニ付テハ、私ハ疑問ヲ持ツト申スノデアリマス」と要望した(30)。そこで問われていたのは、第二次振興調査会の基本理念に基づく答申内容でなく、羅列的な提示の仕方（形式）であった。さらに郷古潔委員（三菱重工業（株）会長、東条内閣顧問）は、財界の立場から、戦時下の民間兵器製造の盟主として、その完全実施の見通しについて特に苦言を呈した。それは「過去ニ於キマシテ、実行スル際ニハ徒ラニ項目ヲ沢山並ベテ、ソレガ結局実現シナイ例モナイトハ云ヘナイ」(30)と第一期東北振興綜合計画の未達成という経験からの、強い懸念であった。第二次振興調査会の答申内容の重心は軍需産業関連事業であったことから、軍需生産の最大の盟主として、その完全実施を願っての要望であった。

そもそもこの第二次振興調査会の委員構成は、会長の内閣書記官長（星野直樹）のほか、委員は各省の局長・部長など二四名、東北六県各知事、それに有識者（貴衆両院議員も含む）一三名の合計四四名で、政府の高級官僚を占める割合は圧倒的であった。しかも同振興調査会の答申原案作成者は、内閣の一員である東北局長だった。先述した各委員の懸念や異論などがあっても、原案可決は全くの想定内のことだった。

（四）第二次振興調査会の後退・弱体

この第二次振興調査会は、第一次のそれに比べると、いくつかの点で特徴があり、総じて第一次より著しく弱体であった。

その第一点として、会長は第一次振興調査会では総理大臣であったが、今回は書記官長が就任した。その点でまず格下の感が否めない。第一次では総会には総理大臣が直接出席する建て前であっただけに、その分その答申内容を実行するに当っては総理大臣のリーダーシップによることが可能であった。それに比し今回は、まず書記官長がその答申内容を総理大臣に解説し、理解を得るという二重の手続きが必要となり、その分どうしても間接的とならざるを得なかった。しかも今回の振興調査会では戦時下の国務多忙のため、会長としての星野書記官長はしばしば欠席しており、そのため田子一民委員（衆院・岩手県選出）は次のような苦情を述べた。「書記官長ハ殆ド此処ニ見エナイ。恐ラク東北振興ノコトヨリモ更ニ重要ナコトガ他ニアルモノデアラウト私ハ察スルノデアリマス」(30)と、その多忙ぶりを理解しつつも会長としての責任ある出席を要望すると共に、さらに総理大臣との懇談を求めた。会長としての職務不履行は、答申内容、さらに東北振興政策の無理解・軽視とつながりかねないからであった。

第二点として、その審議日数のあまりの短かさの問題であった。第二次振興調査会の官制公布が一九四一（昭和一六）年一二月二〇日、答申が可決した第三回総会がその翌年の六月二九日、つまりその間は僅か七カ月間にすぎなかった。たしかにこの時期はアジア・太平洋戦争突入直後だけに、振興調査会の会議開催自体難しかったと思われるが（特に委員である各省の局長・部長にとっては）、それにしても総会回数が三回、幹事会回数も同じく三回とは、いかにも短期間で拙速の感じがする。それに比して第一次振興調査会の場合、一九三五（昭和一〇）年一月一〇日の第一回総会、そして一九三七（昭和一二）年七月一四日の第一一回総会までの約二年六カ月の間に、総会が一一回、特別委員会など計七四回、幹事会六回と合計九〇回以上の会議を開催し、政府への答申は計七件も提出していた。国の内外の政治情勢が大きく異なるので、単純に比較することは避けたいが、それにしてもその落差には大きなものがあった。当然のことながら、両者の答申内容の質と量には大きな違いがあった。

第三点は、第一点で指摘した振興調査会の委員構成と深くかかわることであるが、第二次振興調査会の目的は東条内閣総理大臣の告辞[28]にあるように、「此ノ大戦争ヲ遂行シ東亜不動ノ新秩序ヲ建設センガ為ニ」、「現下ノ実情ニ即応シテ適確ナル方針ノ下ニ（中略）徹底セル計画」の樹立にあった。つまり「大東亜戦争」という「征戦完遂」のために対応した新東北振興政策樹立を目的としたものだった。したがって、その目的にふさわしい委員構成でなければならなかった。一方、第一次振興調査会の目的は、一九三四年の大冷害・大凶作による東北農村「困窮ノ自然的社会的真因ヲ攻究シ」、「之ガ振興ノ具体的方策」の樹立にあった[35]。いわゆる「救済型東北振興政策」の樹立を目的としたものであった。したがって委員構成としては、会長は内閣総理大臣、副会長は内務・農林両省の各大臣、委員は内閣書記官長・内閣東北局長・法制局・内閣調査局・社会局の各長官、そして内務・厚生・大蔵・陸軍・海軍・文部・農林・商工・逓信・鉄道の各省次官など内閣の大半の長官・次官クラスを総動員していた。さらに東北各県知事、貴衆両院議員（一〇名）、有識者六名が任命されていた。ここでは地域住民に密着し、彼らの生活要求を取り上げて各衆議院議員がその救済策について積極的に発言していたことに大きな特徴があった。しかし第二次振興調査会での議論は、先述した通り大きな違いがあった。

第四点として、第二次振興調査会の答申内容の期間は、一九四三年度から同一九四七年度までの五カ年計画であり、早速一九四三年度の予算措置がとられたが、意外なことにその監督・指導に当っていた中心的司令塔であった内閣東北局は、その年の一〇月三一日に廃止され、その機能は縮小されて一時的に内閣官房に移管し、その後は東北地方行政協議会会長に委譲された。かくして内閣東北局によって推進されてきた東北振興政策は著しく弱体化していった。その事実上その事業内容は、一九四三年一一月に設置された軍需省のもとでの軍需生産一元化に包摂されていった。その点第一次振興調査会の答申内容は、内閣東北局の監督・指導のもとで、紆余曲折をたどり、また大幅に削減されながらも一応着実に遂行されていった。こうして内閣東北局の存在有無が、両振興調査会の答申内容の実施遂行に決定的な違いを与えた。

第五点として、第二次振興調査会の設置は、東北振電（株）の日本発送電（株）への併合に際しての閣議決定[13]中の第三項「新タニ調査機関ヲ設ケ東北振興方策ニ関スル事項ヲ調査審議セシムルモノトス」によるものであった。この決定意図としては、東北振電（株）が東北興業（株）と共に東北振興政策上の主軸であっただけに、その影響は実に甚大であった。そのため東北の県・市町村議会、関係団体、そして住民の間で猛然と反対運動が起こったことに対する、政府の政治的配慮という一面も強かった。それと共に東北の資源開発と増大する人口の活用（「人的物的資源」の積極的活用）という軍事上の基礎条件の確立・拡充という一面もあったと考えられる。

三　東北興業（株）法改正による強化策

（一）東北興業（株）法改正の骨子

先述した東北振電（株）の日本発送電（株）への併合の際の閣議決定中の第二項は、「東北興業株式会社ノ機能ノ強化ニ付考慮スルモノトス」であった。これは前述した第二次振興調査会の設置同様、東北振電（株）の併合・消滅に対する〝代償措置〟の一つであった。その具体的な施策は、昭和一七年度の第八一回帝国議会に提出された「東北興業株式会社法中改正ノ件[36]」という政府の法令改正案であった。政府の「東北興業株式会社法中改正法律案ニ関スル強化ノ要綱[36]」では、その具体策として次の四点をあげていた。

一、資本金ヲ六千万円ニ増加シ、其ノ増資額三千万円ハ政府ニ於テ之ヲ引受ケラレ度キコト政府以外ノ者ノ所有スル株式ニ対シテハ年六分ノ優先配当ヲ認メラレ度キコト

二、社債ノ発行限度ハ現在ノ通リ資本金ノ五倍トシ、社債ノ元利支払ヲ政府ニ於テ保証セラレ度キコト

三、毎営業年度ニ於ケル配当シ得ベキ利益金額ガ政府以外ノ者ノ所有スル株式ノ払込金額ニ対シ年六分ノ割合ニ達セザルトキハ之ニ達スル迄、之等株式ニ対スル年六分ノ配当金並ニ当該営業年度ニ支払ヘル社債及借入金ノ利息ノ合計額ヲ限度トシ第一五年度迄政府ニ於テ補給金ヲ交付セラレ度キコト

四、法人税、営業税及会社投資ヨリ生ズル配当利子所得ニ対スル分類所得税ヲ昭和一八年度ヨリ五ヶ年間ニ限リ免除セラレ度キコト

この東北興業株式会社法改正法律案の企図は、次の点にあった。一九四三年度から四七年度までの五カ年間の、東北興業（株）事業総額二億七五〇〇万円の資金充当を得るために、資本金の増資、限度額上限の社債（払込株金の五倍）発行、政府の元本の償還および利息支払いの政府保証を確保することにあった。

この法案は、貴族院では一九四三年一月二八日から二月四日までの四日間、衆議院では同月二四日から二七日までの同じく四日間審議され、三月九日の本会議で可決された。

(二) 東北振興政策の転換と低調な論議（第八一回帝国議会）

その衆院委員会での政府委員の趣旨説明と各委員の意見・主張の主なものは、次の通りであった。

政府委員（内閣東北局長）の宇都宮孝平は、貴衆両院の各委員会において前面に立って法案の趣旨説明に当った。彼は政府の東北興業（株）助成金増大の経緯について、設立当初は補給金五五〇万円、社債の発行に対する保証も三五〇〇万円程度にすぎなかったのが、第七五回帝国議会での法改正で補給金が八五〇万円に、社債発行限度も七〇〇〇万円となり、さらに一九四二年度の議会でそれが九〇〇〇万円にまで増大したその経緯を述べ、それを踏まえての提案であることを説明した。

その際、東北振興政策の基本的性格の転換について、特に注目すべき説明があった。昭和九（一九三四）年の冷害・大凶作を契機として発足した東北振興調査会の答申は、東北農村の救済に主眼を置いたものであったが、「大東亜戦争ニナリマシテハ此ノ大戦争ヲ完遂スル為ニ、東北ノ持ッテ居ル」すべての力を国家総動員体制に積極的に捧げ、「埋蔵セラレテ居ル資源開発ニハ全力ヲ尽シテオリマス」と、東北振興政策の基本理念を救済型から国防型へ転換することを明確に強調した。

この宇都宮政府委員の東北振興政策の新概念規定についての、東北地方選出の各委員の主張は、一様ではなかった。例えばこの新たな規定について、不安を感じて質問したのは金子定一（衆院・岩手県選出）だった。「冷害雪害ニ悩ム東北農村農民ノ振興ト云フコトハ、全然放擲シタ御気持デ（中略）イラッシャルノデアリマスカ」と、やや遠慮気味に尋ねた。この質問に対して宇都宮政府委員は、無下に一蹴も出来ずに「決シテ等閑ニ付シテ居ルノデナイ」とあいまいな態度で対応した。東北選出の議員として、依然として苦境の中にある貧農層の存在を意識しての質問であった。

宇都宮政府委員の前述の答弁に対して、金子はさらに「吾々東北ニ帰リマスト、忌憚ノナイ話ハ、東北興業ト云フモノハ、東北ノ零細ナ資本ヲ集メテ中央ノ事業家ガ之ヲ使フノデアルト云フヤウナ風評ガ絶エナイ」と、東北農村救済となっていないとの東北農民の間に流布していた〝風評〟を、わざと紹介したことからもわかる（二月二四日の委員会）。

楠美省吾（衆院・青森県選出）は、さらに東北振興政策の転換そのものに疑問を提示して、「私ハ東北ノ開発ハ根本的ニ少シ方向ガ違ッテ居ルノヂャナイカ。（中略）農業ト云フモノニモット重点ヲ置イテ」と、東北振興政策の農業重視を強調した。彼は満州国の副県長、開拓総局理事官としての経験を踏まえて、「曽テ農本満洲ガ工業満洲トナリ掛ケタ失敗ヲ、東北モ亦ヤリ掛ケテ居ルノヂャナイカ」と批判した（二月二四日の委員会）。彼の場合、農業地帯東北の特性を生かした農業重視からの提言で、過度に東北の工業化を急ぐ鉱工業重視に対する苦言的批判というべきものである。

また阿子島俊治（衆院・宮城県選出）も同じく農業重視の政策転換を要望した。「東北興業株式会社ノ将来ノ事業トシテハ、農業方面ニ積極的ニ関係ヲ持ツト云フヤウニヤッテ戴キタイ」と、東北興業（株）の事業展開のあり方に注文をつけた。「ドウゾ東北ニ於ケル特性ヲ十分念頭ニ置カレテ、興業会社ト農業トノ関係ヲ是カラハ考ヘテ戴キタイ」と特に強調したのは、「此ノ興業株式会社ト云フモノト東北民ト云フモノノ間ニ隔リヲ生ズル恐レナキニシモアラズ」との強い懸念を意識していたからであった。いくら高度国防国家建設という最高国策から要請された鉱工業重視の東北振興政策であっても、農業に地域的特性を有する東北の農民との間に積極的な支えが構築できなければ、この振興事業が効果的に成功することは不可能だからだった。特にこの大戦争の完遂のためには、その戦力として食糧基地強化という役割を担っていた東北地方での国民的総結集は、殊の外重要であったからであった。彼の場合、農民という生活者としての視点からではなく、国民新聞論説委員という経験から「東北地方ガ戦力増強ノ為ニ如何ニ国家ニ御奉公スベキヤ」という、この大戦争勝利のためのすべての国民の意志総統合を図る、農業重視の東北振興政策論だった

（二月二五日の委員会）。

そうした中で特に注目すべきは、菊地養之輔（衆院・宮城県選出）の論陣だった。東北振興調査会答申に基づく第一期振興綜合政策は、すでに「広義国防ノ見地ヨリ、東北ノ人的物的資源ノ総力ヲ発揮セシメテ、我ガ国力ヲ増強セシムルモノデアッテ」（一九三六年七月）と、東北振興の最終目標として「国防」を掲げていた。そしてその後「支那事変ノ勃発、更ニ大東亜戦争ヘノ発展ハ、東北振興ヲ単純ナル広義国防ト云フ消極的ナモノヨリモ、積極的ナ方面、即チ直接国家自体ノ要求スル高度国防国家形成ノ一環トシテ進展シテ来ッタト思フ」と、彼は東北振興政策観の新展開を積極的に評価した。そして、「大東亜戦争完遂ノタメノ東北振興」という「重大ナル東北振興ノ現段階ノ真意義真使命」という新たな東北振興認識を、旧来の東北救済観に固執する東北民に対し、国家の「最高責任者デアル（東条英機—筆者）総理大臣ガ」訴えることの必要性まで強調していた。さらに、「東北振興ノ実績ヲ上ゲル為ニハ」東北興業（株）に期待するだけでなく、「寧ロ是ヨリモ、東北民ノ（中略）自力更生ノ精神ヲ涵養シテ行カナケレバナラヌ」（二月二五日の委員会）と、国家による高度国防国家形成の推進と共に、東北民の自助努力の積極的な覚醒を強く求めていった。

菊地養之輔の積極的な自力更生論の高唱に特に注目したのは、それなりの理由がある。彼が宮城県会議員時代に、「真ニ東北ヲ救フノハ言フ迄モナク農民ニ対シマシテハ土地問題ノ解決、小作問題ノ解決デアリ、借金問題デアリ—下層階級ノ生活ヲ安定ニシ収入ヲ多クセシメルコトニ依ッテ、東北振興ノ基礎的事業ガ完成サレリ」[37]と、無産政党の県議として窮乏に喘ぐ貧困層の救済を主眼とした東北振興論を展開していた（一九三六年度宮城県議会での主張）。菊地は、当時全国農民組合宮城県連合会委員長、そして社会大衆党宮城県連合会委員長であった。

ところが第八一回帝国議会（一九四二年度）の衆議院議員としての彼は、今度は一転して東北民衆の東北振興政策による救済論の放擲を、時の総理大臣の声明発表に求め要請したのだった。彼の信じられない変貌には、次のような背景（要因）があったと考えられる。彼が所属していた社会大衆党は一九四〇（昭和一五）年七月に解党し、挙国一致・大政翼賛体制が確立に向かっていた。そしてこの第八一回帝国議会を構成している議員は、一九四二年四月の翼賛選挙で選出された四六六人であった。そのうち翼賛政治体制協議会所属の当選者は三八一人（全議席の八二パーセント）を占め、東条首相の独裁政治を支えていった。その中で菊地は翼賛会非推薦議員であったが、政治志向としては石原莞爾とも交友があり親軍的傾向もみられた。彼の国防型の東北振興観への変貌は、こうした政治的状況の変化に即応したものだった。

最後に米田吉盛（衆院・神奈川選出）が立ち、「東北興業株式会社ノ機能強化ヲ図リマシテ、以テ戦力増強ニ一段ノ拍手ヲ加ヘマスコトハ極メテ必要ナコトデアリマス」と述べたが、そこには東北振興の文言はなく戦力増強の四文字のみがあった。この基本認識は、彼が東北選出の議員ではないことだけでなく、「翼賛政治会ヲ代表シ、（中略）（その―筆者）賛意ヲ表スルモノデアリマス」とあることからも明らかなように、〝翼賛議会〟としての決意的な意義付けをなしたものであった。

こうして、この委員会の委員長前田房之助（翼賛政治会総務）は、委員会討議を次のようにまとめた。東北興業（株）の「目的トスル所ハ、単ニ東北地方ノ救済振興ニアラズシテ、大東亜共栄圏全般ヨリ見タル東北地方ノ特質ヲ十分ニ発揮シテ、産業ヲ振興シ、其ノ経済力ヲ強化シ、仍テ以テ国防国家建設ノ一環トシテ、国家ノ最高国策ノ一端ニ寄与スルニアルト思フ」（二月二七日の委員会）。議会・政府共にこうした東北振興政策についての基本認識を共有したことによって、委員会としては「全会一致（政府―筆者）原案通リ可決致シタ」と宣言して閉会した。

こうして第八一回帝国議会の貴衆両院の本会議でも特に反対意見もなく、この「東北興業株式会社法中改正法律案」は無修正のまま可決成立した（三月九日）。

先述した「大東亜戦争」突入直後の第二次振興調査会の答申と、この第八一回帝国議会での東北興業（株）法の改正を通して、東北振興政策の根本性格は、従来の東北「救済」的色彩は払拭され、国家の最高国策である「大東亜戦争」遂行のための戦力拡充政策の一端として位置づけられていった。当初の「東北地方住民ノ生活ノ安定」と「広義国防ノ実ヲ挙グル」両目的併存政策（一九三六年七月の東北振興調査会第九回総会答申）は、「大東亜戦争」段階でその根本性格は決定的に一変して、戦力増強政策へと特化されていった。

以下、東北振興政策の中核をなしていた東北興業（株）の株主総会での総裁挨拶、営業報告書などを通して、その実態を追跡することにする。

四　アジア・太平洋戦争期の東北興業（株）の即戦対応の事業展開

（一）緒戦の勝利に湧く事業決意（第六回定時株主総会）

東北興業（株）の第六回定時株主総会は、一九四二（昭和一七）年六月二七日に開催された。この株主総会で発表された業務報告の期間は、当然のことながら前回の定時株主総会以降、つまり一九四一年七月からこの年の六月までのものであった。その一二カ月間における国内外の政治状況は劇的に急変していった。前年一二月八日のアジア・太平洋戦争突入をはさんで、その前半期の動向を日誌風に記すと、七月二日の七〇万人の兵力動員による「関特演」、七月二八日の日本軍の南部仏印への進駐開始、一〇月一八日の東条英機内閣成立、一一月五日の「帝国国策遂行要領」の決定、さらに一二月一日の御前会議での開戦の決定、そして一二月八日の開戦の突入であった。

その後の後半期（開戦直後の半年間）、日本国民は緒戦の大勝利に湧いた。つまりこの年（一九四二年）一月二日のマニラ占領、二月一五日のシンガポール占領、三月九日のジャワの蘭印軍の降伏、そして五月一日のビルマ北部マンダレーの占領と、まさに破竹の勢いで東南アジア地域の大半は日本の支配下に帰した。

このことによって、さらなる勝利と支配版図拡充のため国内の軍需生産増強が求められ、国策会社としての東北興業（株）は内閣東北局の監督・指導のもと、その国家的使命遂行のため邁進していった。

第六回定時株主総会で総裁川越丈雄は、その使命遂行の決意をこめて次のように挨拶した(38)。

彼はまず冒頭で「今次大東亜戦争に於きましては（中略）皇軍将士の樹きました赫々たる武勲は世界戦史に比類なく其の輝しき戦果は全東亜民族永遠の繁栄と世界新秩序の確立とを齎すものでありまして寔に慶賀の至りに存じます」と、前途洋洋たる戦局の展開とその歴史的意義について、絶賛の辞を述べた。

と同時にこの軍事上の大勝利は緒戦段階のそれであっただけに、究極的な完勝をめざすことを意識して川越総裁は、さらに次のように強調した。「今や我国は大東亜共栄圏の画期的新段階に直面し国家総力の発揮に依る決戦体制を整へ総進軍を致して居るのでありまして国家総動員法の発動と相俟って経済組織の再編成は急速に進められ」と、国防生産力の増強拡大のための組織体制の強化を強調した。したがって国策会社としての東北興業（株）も、これに即応するための使命遂行について、総裁は改めて力説した。「当社は設立の目的たる東北地方の殖産興業に専念し併せて現下の国家的要請に応へ緊迫せる諸事情に対処し以て国防力の増強に努むべく適切緊要なる事業を選択し之が経営に最善の努力を致し来ったのであります」。

その事業の選択例として、総裁は次に紹介した。直営事業として、鉱産関係では大貫・八鉢両金山共に順調に進展し、また松川金山も精錬所の増設を見、全体的に極力金鉱増強に尽力していること強調した。さらにアルギン酸製造事業の拡張工事も完成し、「時局下緊要なる塩化加里等の製造」の生産額の増強に努めていることを力説した。

また投資会社（関係会社）事業としては、東北振興化学（株）、東北振興パルプ（株）、東北アルコール工業（株）などの多くは、「時局下に於ける重要なる製品を生産し居り良好」と自己評価した。さらに「政府の企業整備に照応した」会社として、東北振興秋田鉄工（株）を基幹とした合併会社の東北重工業（株）は、「鉱山機械内燃機関等の製作事業の強化」を図ったものであった。その外、東北船渠鉄工（株）、東北合板容器（株）は「時局の進展に対応し事業の基礎を強化」したと、その投資効果を評価した。

特に注目すべきは、一九四一（昭和一六）年度中における新規事業についてである。これまで東北地方には航空機工場は全くなかったが、東北興業（株）としては航空機工場の重要性を強く意識して、日本飛行機（株）に投資して同社の分工場を山形県に設置した。また「肥料国策に順応して」朝日化学工業（株）に経営参加した。

さらに、戦時下の銅増産は軍需生産の重要な基礎素材であることから、（株）藤田組の重要な小坂・花岡の銅鉱山の開発増産を図るため、政府からの要請もあって同社の経営に参加した。また「国防並国土計画の見地より」（株）萱場製作所と提携して仙台市に同社の工場を設置する手続きを進めていた。

同年三月末現在で投資関係会社の数は四五社となり、その資本総額は二億二〇〇〇万円でうち東北興業（株）の出資額は七二九〇万円に増大した。また直営事業の数は二〇で、投資並直営事業の合計出資額は総額八八七〇万円を超えた（因みに東北興業（株）の投資会社への出資額は、東北興業（株）事業費全体の八二パーセントを占め、当社は最早「投資会社化」している実態を示す数値である）。

最後に川越総裁は緒戦の画期的勝利を踏まえて、「東亜共栄圏の確立緊迫せる諸情勢に対処致しまする為に」、「東北地方の資源を最大限に活用し聖戦下国家の要請に応へ以て当社負荷の大任を果すべく最善の努力を致す所存でありますと」と、将来への希望を托して力強い決意で、総裁挨拶を結んだ。今や国策会社としての東北興業（株）は、各種軍需生産会社への投資・経営参加を一層強化し、国家の命運を賭す大戦争勝利の一翼を担うべく軍需総合企業としての「東興コンツェルン」（この俗称は当時のマスコミ評）への道を歩みつづけていった。

(二)　戦局逆転下の「聖戦」完遂順応の事業展開（第七回定時株主総会）

一九四三（昭和一八）年六月二六日の東北興業（株）第七回定時株主総会は、前年七月からの一年間の事業展開とその実績（「業務報告」）が主な審議事項であった。

その間の国外情勢（特に戦局）は一変していった。一九四二年末に大本営はガダルカナル島撤退を決定し、翌年四月一八日には連合艦隊司令長官山本五十六の戦死、そして五月二九日のアッツ島日本軍守備隊の〝玉砕〟と、各地での敗退の報が相ついだ。

その結果、軍需生産力の増強策が急速に進められ、一九四三年三月一八日政府は超重点五大産業（鉄鋼・石炭・軽金属・船舶・航空機）の優先的な生産増強策を決定した。さらに六月一日政府は「戦力増強企業整備要綱」を決定し、平和産業部門の工場は休廃止され、その余剰設備・資材・労働力は先述の超重点五大産業に集中的に活用された。また人的動員政策として、六月二五日政府は「学徒戦時動員体制確立要綱」を決定し、生徒・学生などの若年労働力の活用（勤労動員）を決定した。

こうした政局の一大転換を踏まえて、第七回定時株主総会で川越丈雄総裁は次のように挨拶を行った[39]。一面では開戦以来「世界戦史上未だ其の比を見ざる赫赫たる大戦果を収め」たことを称賛しつつも、他方では「我が経済界は生産力拡充並に物動計画を中心として益々計画的に運営せられることとなり、国家総動員法の全面的発動と相俟って経済組織の再編成は急速に断行せられ」「戦時計画経済は愈々緻密化され、高度綜合化され、超重点的生産増強の推進と動力燃料其の他諸資材の配給計画の改訂等必至の事態に相成り、愈々最後的段階」に入ったことを強調した。

こうした緊迫した情勢に即応するため、東北興業（株）の使命は「専ら東北地方に賦存する資源を開発利用して生産力拡充、聖戦完遂の最高国策に順応致しますと共に、他面併せて東北地方に於ける殖産興業を図る」と規定し、「之が経営に最高の努力」を尽すと会社の使命貫徹の決意を述べた。

そのことを踏まえて、川越総裁は会社事業の具体的展開について次のように解説した。まず直営事業としては、「現下国家緊要の国防資財たる研削材の製造を目的」とした福島工場、「時局下軍需上緊急なる」「塩化加里生産」のための大槌工場は共に、繰業を開始し、「鋭意之が生産増産に邁進致して居る」ことを紹介した。また同社の直営事業としての鉱産事業については、木友炭鉱は「戦時下燃料報国に寄与貢献」していることを述べたが、一方期待していた大貫・八鉢・松川の三鉱山は順調に事業の進展を見ていたものの、突如政府の金鉱開発の政策転換により閉山の措置を取らざるを得ないこととなった（一九四三年）。軍需地下資源として銅などの生産増強が中心となったことによるものだった。

さらに東北興業（株）の主力事業としての関係会社への投資事業は、一層強化されていった。中でも（株）福島製作所、東北船渠鉄工（株）、東北振興精密機械（株）などの各社に対しては、積極的に増資し事業の基礎を強化することによって、「時局の要請に対応し、愈々生産増強に邁進」しておりと自負した。特に東北船渠鉄工（株）は、「大東亜戦争の勃発以来船舶の画期的増産国策の決定を見、戦時船舶造修計画の樹立せられたるに対応しまして、（中略）昨年秋五〇〇頓級鋼船一隻の建造を終り引続き本年六月第二番船の進水を見るに至った」とその実績を強調した。さらに「将来に於ける大型船舶の建造に備へ、戦時計画造船の遂行に益々寄与致しまする為万全を期して居る」と、その使命の完遂の決意を新たにしていた。

さらに注目すべきは、既存事業の拡充増強と共に新規事業の新展開だった。「航空機生産力拡充の緊要なる必要に対処する為」に、山形航空機（株）の設立を挙げ、また「高級特殊鋼並に之が加工品の生産」の東北特殊鋼（株）への経営参加も実施した。これは「当局の指示に基く製品設備の拡充整備並に増産計画の遂行に協力」しての対応であった。一方「銅の飛躍的増産は刻下喫緊の要務たるに鑑みまして」帝国鉱業開発（株）と提携しての（株）藤田組への経営参加も行った。なお（株）藤田組の小坂・花岡両鉱山は、全国優良一〇鉱山に入っている有数の鉱山で業績が頗る好調のゆえに、内閣総理大臣の表彰を受けていた程の軍需資源開発のホープであった。

こうして一九四二年度中に新たに実施した事業を加えて、同年三月末における投融資関係会社は五三にのぼり、その資本総額は三億一四五二万円五千円（うち東北興業（株）出資額は一億二四〇万円）、また直営事業の数は二〇、この計画資金は一九九〇万円余となり、したがって投資並びに直営事業の東北興業（株）負担額は計一億二二〇〇万円を超える程増大していった。

川越総裁は結びとして、「大東亜共栄圏確立」のため「東北地方の資源を最大限に活用し、聖戦下国家の要請に応え以て当社負荷の大任を果すべく最善の努力を致す所存」と、希望に満ちた並々ならぬ強い決意を述べた。その確信には、アジア・太平洋戦争の緒戦での〝赫赫たる〞大勝利があったことは想像に難くない。しかし、この年の定時株主総会日の二〇日程前の六月五日からのミッドウェー海戦での帰趨が、後世の史家によって「日米間の海空戦力が逆転した」と評された、戦局の一大転換を迎えていた。その後の東北振興政策は、一路敗戦への道を辿る中で国防産業を軸とした生産増強の事業を、一層積極的に強化していった（資料編四を参照）。

（三）相次ぐ敗戦の報の下での超重点的軍需生産増強の決意（第八回定時株主総会）

東北興業（株）の第八回定時株主総会は、一九四四（昭和一九）年六月二八日に開催された。当然のことながら、総会議題の中心をなす営業報告書の期間は、前年七月から本年六月までの一年間だった。

この間における日本の戦局は敗退への道を一路辿っていた。前年の七月二九日のキスカ島の日本軍撤退。翌年六月一五日の米軍のサイパン島への上陸（七月七日には日本軍守備隊三万人の〝玉砕〟）。そして六月一九日のマリアナ沖海戦での日本艦隊の惨敗（因みに三国同盟の一角イタリアの無条件降伏は、前年九月八日）。

この悲観的事態を受けて、政府は前年の九月二一日に「国内態勢強化方策」（航空機生産の優先、国民動員の徹底など）を決定し、その一〇日後の御前会議で「絶対国防圏の設定」を決定した。さらに同年一一月一日には軍需生産の統一機構の一元化を期すための軍需省の設置などの、本土決戦措置政策が相次いで決定された。

第八回定時株主総会の席上、川越丈雄総裁は戦局の極度の悪化を踏まえて次のような総裁挨拶を述べた(40)。「最近ノ戦局ヲ見マスルニ敵米英ハソノ豊富ナル物量ヲ唯一ノ頼ミトシテ（中略）必死ノ反撃ヲ試ミテ参ッテ居リマス」と米英軍の総攻撃による優勢を認め、さらに「静カニ戦局ノ推移ヲ見マスルニ（中略）航空兵器始メ各種兵器並ニ之等ノ輸送力ニ於テハ敵ニ対シ遺憾ナガラ著シク劣勢デアリマシテ之ガ為前線将兵ガ苦心惨憺シテ居ルノデアリマス」と敗色濃厚の戦局を率直に認めざるを得なかった。その点については、前年の第七回定時株主総会での総裁挨拶と著しく異なっていた。この深刻な事態に対し、「戦時計画経済ヲ強化シ超重点的ニ生産増強ヲ計リサキニ五大産業ヲ掲ゲテ官民一致ノ協力ヲ要望スル等積極果断ニ戦時政策ノ計画実施ニ当ッテ居ラルルノデアリマス」と、政府の戦時計画経済に対応した東北振興政策の基礎を説明した。

そしてさらに、その政府の緊急対策に即応した東北興業（株）の事業展開について、総裁は次のように解説した。「当社ト致シマシテモ斯カル国家ノ緊急最高ノ政策ニ添フベク昭和一八年度ノ事業計画ノ立案、遂行ニ当リマシテハ特ニ航空関係事業、造船事業、兵器製造事業、鉱産事業、食料其他生活必需品物資ノ増産並ニ以上ノ五事業ニ関連スル事業ノ開発発展ニ重点ヲ置イテ参ッタノデアリマス」。緊要となる重点事業の実施を最優先とする本土決戦下の事業展開を、東北興業（株）の使命とすることが強調された。

その具体例は、航空関係事業でいえば帝国マグネシウム（株）の設資がまず挙げられる。その生産目的は航空機の基礎資材である軽金属、特に金属マグネシウムの増産を図るためであった。またその機体並びに部分品生産のため、日本飛行機（株）の事業に参加したのは、より具体的には将来航空機組立工場を東北に建設する前段階としての増資であった。さらに（株）萱場製作所並びに山形航空工業（株）への増資も、航空機部品の増産強化のためだった。その外航空機関連事業として東北重工業（株）、（株）岩手鉄工所は当局による設営機械の増産を命ぜられたので、投資関係会社としての両社に対し資本金を増額し、この要求に応じたのだった。

また造船事業では東北船渠鉄工（株）に前年四月五〇〇万円の増資を行ったが、それは「造船、造機各部門ノ諸設備ヲ拡充シ、サキニ甲造船会社ニ指定セラレ戦時計画造船ノ遂行ニ寄与シツツアッタ」が、「大型船舶ノ建造及修理能力ノ強化並ニ造機部門ノ拡充強化ヲ図ル為」最近に至って「海軍ノ了解ヲ得テ三倍ノ一五〇〇万円ヲ増資スルコト」になったのだった（なお海軍の「了解」とあるが、内閣東北局の廃止（同年一〇月）後は実態としては軍需省（設置は翌一一月）の軍需部の監督・指導を受けていたことから、実質的には海軍省の強い「要請」があったと考えられる）。

兵器製造事業では、「福島製作所ガソノ設備拡張ヲ続行シツツアリマスル外、東北振興精密機械株式会社ニ於キマシテハ昨年四月海軍ノ兵器増産ノ為其ノ資本金ヲ三五〇万円ニ増資致シマシタガ」、そして「同社ハ更ニ本年度ニ於テ一〇〇万円ノ増資ヲ企図致シテ居ル次第」と、東北興業（株）の増資を示唆した。その外、「海軍艦政本部ノ示達ニ基キマシテ本年三月資本金五〇〇万円ノ帝国金属工業株式会社ヲ設立致シマシタ」。さらに兵器製造に関連して「当初（直営の―筆者）福島工場ニ於キマシテハソノ製造ニ係ハル研削材ノ需要ガ最近漸ク増大シ（中略）品質・数量共ニ著シク向上シテ参ッタノデアリマス」。また直接的な兵器製造ではないが、軍用衣料の生産としての「東北振興繊維工業株式会社、日本絨氈株式会社ニ於テモ（中略）軍需繊維製品ノ増産ニ努力シテ居リマス」と力説した。

なお東北振興水産（株）の事業については、当初「南方軍ニ対スル水産品ノ供給ヲ企図シマシテ船団的操業ニヨリ南方漁業ニ進出スルコト」になったが、「戦局ノ推移ニ依リ多少ノ困難ニ遭遇致シツツアル」状況に陥っていったと説明した。

以上、川越総裁の挨拶の中で主として軍需・兵器関連の事業を紹介したが、これらの事業の拡大の結果、一九四三年度の東北興業（株）の直営・投資関係会社数は、次の通りである。投資関係会社数は六〇社で、その資本総額は三億六八四八万余円（うち東北興業（株）の出資額は一億三〇四五万余円）となり、直営事業数は一五でこの計画資金は三六三五万余円に及び、投資並びに直営事業の東北興業（株）負担額は一億六六八〇万円を超えるに至ったことを報告した。

挨拶の結びに、総裁は戦局の極度の悪化に直面して、東北興業（株）の国策会社としての使命について次のように強調した。「当社ハ苛烈ナル戦局ノ推移ニ即応シ国家ノ目的ニ向ッテ重点的ニ事業ノ拡大強化ヲ図リ以テ飛躍的戦力増強ニ貢献シテ参ッタ」と自賛し、決戦完遂の決意を表明した。今や東北興業（株）事業の展開を主軸とする東北振興政策は決戦下の戦力増強のための戦時国策遂行の〝国内基地〟化へと変貌していった（資料編四を参照）。

（四）本土決戦下の一大軍需基地化の事業展開（第九回定時株主総会）

東北興業（株）の第九回定時株主総会は、一九四五（昭和二〇）年六月二八日に開かれた。つまり日本の敗戦の約五〇日前のことだった。もっといえば、敗戦必至の客観情勢のもと、敗戦処理のための和平工作問題が政府中枢や重臣の間で論議されていた時期であった。

そうした緊迫したアジア・太平洋戦争の終末期を日誌風に記すと、前年七月四日の大本営インパール作戦の中止命令（死者三万人）、一〇月二四日のレイテ沖海戦での惨敗（連合艦隊の事実上の壊滅）、そして当年四月一日の沖縄本島への米軍上陸（軍人・軍属・沖縄県民計二九万人の死者）と続いた。一方、内政面では、前年七月一八日の東条内閣の総辞職、当年一月一八日の最高戦争指導者会議での本土決戦即応態勢の強化の決定、さらには同月二五日の同上会議での「決戦非常措置要綱」（軍需生産の増強、生産防衛態勢の強化）の決定、そして六月八日の同上会議での本土決戦方針の採択と続いた。

この日の定時株主総会で新任の桑原幹根総裁は、冒頭次のように挨拶した。(41)「昭和一九年度ニ於キマスル我社事業ノ運営ニ付キマシテハ戦局ノ推移ニ即応シ直接戦争ノ遂行ニ必要ナル資材・機材特ニ航空機用機材ノ増産並ニ食糧ノ増産ニ努メ且東北地方ノ特殊性ニ鑑ミ地下資源及農林水産ノ開発利用ニ重点ヲ置ク方針ヲ以テ実施シ参ッタ」と解説した。その方針は基本的には従前とほぼ同じであった。ただ彼は総裁挨拶の結びの中で、「比較的短期間ニ戦力化サルル方面ノ事業ニ進ミ度ト考ヘテ居ル次第」とその重点を強調したのは、敗戦が迫る緊迫した状況のもとでの即戦対応の生産増強の緊急要請に、応えようとしたものであった。

そしてその具体的な事業展開として実施してきた主な各種事業を次のように説明した。まず化学工業方面については、製鉄用並びに肥料用として近年著しく重要視されてきた石灰増産のための北日本石灰（株）への設立投資。直営の福島工場は研削材の製造を行ってきたが、電波兵器製造に不可欠な重要資財の製造をなすため目下その設備を建造中。また東北振興アルミニウム（株）と帝国マグネシウム（株）は、共に資財難のなか航空機用素材の増産に奮闘中などと紹介された。

さらに機械工業方面について、日本飛行機（株）と萱場航空兵器（株）は、共に「引続キ優秀ナル業績ヲ挙ゲ刻下最モ緊急ナル需要ニ応ジツツアリマス」と好調な実績を評価した。また山形航空工業（株）と（株）米沢精密機械製作所は、設備の拡張のため共に増資をおこなった。一方「航空機木製部品ノ多量生産ノ喫緊ナル事情ニ鑑ミ」昨年七月に（株）原田製作所に出資し経営に参加した。さらに航空機事業に関連して「昨年三月当局ノ絶大ナル期待ノ下ニ発足致シマシタ帝国金属工業（株）ハ（中略）既ニ優良ナル製品ヲ出シツツアリマス」とその順調な成果を述べ、機械工業の中心が今や航空機関連の生産に特化しつつある現状を説明した。

そして海軍当局からの強い要請のもと造船鉄工業も進展していった。例えば東北船渠鉄工（株）の場合、資本金を一挙に三倍（一五〇〇万円）に増資しその拡充工事の大部分をほぼ完成した。また（株）青森造船鉄工所の場合、本年二月に資本を倍額の四〇〇万円増資したが、両社共造船・造機両部門において今後大いに期待していることを強調した。制空・制海が米軍によって圧倒的に制圧されているもとで、輸送船・軍艦共に損耗が著しく、その補充・修理が一刻も早く要請されていただけに、東北興業（株）の投資会社に対する国策即応が強く要請されている状況のもとでの、相次ぐ増資であった。

東北振興精密機械（株）に対して資本金を四五〇万円に増資したのは、「海軍ノ重要兵器ノ増産ニ拍車ヲ掛ケ」るためだった。また東北精器（株）に対する増資は、ケージ類の生産増産増強のためであり、（株）田辺製作所への増資は、軍用貨物自動車の故障が多いので「東北軍需監理ノ慫慂ニ基キ之ガ修理事業」の拡充強化のためだったと総裁は説明した。

一方農林水産業方面では、「航空機木製部品、飛躍的増産ヲ企図シ」た東北合板（株）に対しては資本金を三倍の三〇〇万円に増資した。また東北木材工業（株）に増資したのは「航空機木製品製造並ニ邁進」しているからであった。なお東北振興水産（株）の場合、「戦局ノ推移ニ伴ヒ南方方面ノ事業ヲ切上ゲ」ざるを得なくなった。

鉱産事業では、銅鉱の採掘を目的として開発に着手した直営の瀧ノ澤鉱山の建設工事が順調に進捗しており、近く銅鉱石の送鉱を開始できる状況に至った。また東北硅長石礦業（株）を出資・設立したのは、「光学硝子、硅素鉄、炭化硅素等時局下軍需資材ノ製造原料」の大量増産を期待したからであった。

一九四四年度末における東北興業（株）の投資会社の数は七五に上り、直営事業は一〇に達し、その投資総額は一億六七〇〇万円余に及んだことを総裁は報告した。

そして注目すべきは、一九四五年度に予定している事業計画は、機械工業部門中、萱場航空兵器（株）や帝国金属工業（株）など緊急・即戦的な兵器・航空関連会社へ重点的に増資するというものだった。つまり「戦場ニ直結スル航空機生産ノ強化ヲ図リ」「比較的短期間ニ戦力化サルル方面ノ事業ニ」徹底強化を図ったものだった。

決戦態勢下の戦力増強の即応策を求められた国策会社としての川越・桑原両総裁の苦悩は深かった。戦後刊行された桑原幹根の回想録『世紀を生きる』[42]によれば、川越前総裁は東北興業（株）の事業について「すでに悲観的な見方をしていた」という。そして後任の桑原総裁も、「この戦争で勝利ということはもはやあきらめざるを得ない」と内心覚悟していたという。しかし「私の立場上、かりそめにも悲観的な見解を、人に対してもうすことはできなかった」。国策会社の総裁としての立場と国運の前途に不安を感じている本音との乖離は、あまりにも深刻だった。決戦下の東北興業（株）の運命を象徴する歴史的事実としての回想である（資料編四を参照）。

五　東北振興政策の変貌

（一）東北振興政策の事実上の終焉

一九三四年の大冷害・大凶作を契機として東北農村の〝疲弊〟問題は大きな社会的・政治的問題となり、時の岡田啓介内閣は同年暮に東北振興調査会を発足させ、その答申を受けて積極的に東北振興政策を展開していった。その経過の中で当時の国内外の政治・軍事情勢の激変に対応して、東北振興政策の本質が「救済型」から「殖産興業型」へ、さらに「国防型」へと変化していった。そして政府として東北振興政策の〝司令塔〟として指導的役割を果していた内閣東北局が一九四三年に廃止されるという結果となった。その間第一次（一九三七〜四一年度）の東北振興綜合計画では総額約二億円が計上され、さらに第二次（一九四三～四七年度）のそれでは総額約六億四千万円として計画された。

この計画に基づいて一九四三年度の予算は約一億五千万円として計上されたが、しかし決戦体制の即戦力超重点化の集中政策によってローカル的な内閣東北局が廃止されたこともあって、第二次東北振興綜合計画の遂行は事実上頓挫した。その内閣東北局の最後の書記官であった渡辺男二郎は、戦後の著書で次のように語っていた。「第二次計画の実績を最終まで見とどけることの出来なかったことは戦争目的のため止むを得なかったにせよ、東北振興のためには残念至極であったと言わねばならない[43]」。

（二）東北興業（株）の急激な事業展開

ただし、その東北振興政策の主軸をなしていた東北興業（株）の事業そのものは、むしろ積極的に拡充強化されていった。桑原幹根総裁は第九回定時株主総会の席上、総裁挨拶の中で次のように強調していた[41]。「東北ノ軍需的重要性ハ益々強化サルル事ト存ジマス。当社ニ於キマシテモ政府ノ御趣旨ニ則リ東北ヲシテ名実共ニ一大軍需基地タラシムル為愈々決意ヲ固クシ創意ヲ凝ラシ凡ユル悪条件ヲ克服シテ一路生産戦ニ邁進致度所存デ御座イマス」。つまり東北興業（株）の事業展開は、政府の決戦体制下の即戦力集中化の一翼を担って「名実共ニ一大軍需基地」の拠点化を企図したものだった。そのことを先の渡辺男二郎は次のように説明していた。「かくして振興計画そのものは立消えと同様な結果となったが、東北振興の唯一のよりどころたる残された東北興業株式会社は、その本来の使命たる東北の殖産興業の事業を国防色に染め直して国防型東北振興事業をつづけて居た[43]」。

この決戦体制下の東北興業（株）の軍需製造化については、すでに同社の各回定時株主総会での各総裁挨拶の中で具体的に明示されているが、さらにここでは同社の財務諸表の解析を通して、間接的ながらその実態の概括的傾向を追跡することにする。

表3　「財産目録」中の資産合計、負債合計、差引純財産[44]

（単位　千円）

項目＼年度	昭和11	昭和12	昭和13	昭和14	昭和15	昭和16	昭和17	昭和18	昭和19
資産合計	7,699	161,177	32,064	45,525	64,342	81,278	111,686	148,143	186,099
固定資産	30	40	838	4,790	3,599	7,479	11,172	8,435	8,707
投融資	2,500	14,250	20,549	27,837	44,596	58,243	82,853	114,042	148,936
（社数）	1	14	27	32	43	45	53	61	75
負債合計	32	8,316	16,409	21,596	32,411	48,832	79,032	110,135	142,739
差引純財産	7,666	7,861	15,655	23,929	31,931	32,445	32,654	38,008	43,360

表4　「損益計算書」中、総収入の内訳[44]

（単位　千円）

項目＼年度	昭和11	昭和12	昭和13	昭和14	昭和15	昭和16	昭和17	昭和18	昭和19
総収入	343	684	1,199	2,100	2,895	4,533	5,426	8,063	8,848
事業益金			37	45	174	198	573	640	1,001
受入配当金	48	143	239	724	1,156	2,476	2,903	2,958	3,499
受入利息	62	74	65	142	53	48	110	390	778
雑収入	15	17	66	19	17	11	40	753	38
政府補給金	217	450	793	1,170	1,494	1,800	1,800	3,321	3,500

（注）昭和19年度は、さらに「納税積立金戻入」32千円が加わる。

定時株主総会では商法の規定により、財務諸表として①財産目録、②貸借対照表、③損益計算書、④利益金処分書（案）が提示され審議された。第一回から第九回までの各回定時株主総会の中で、特に表3「財産目録」中の資産合計、負債合計、差引純財産、ならびに表4「損益計算書」中の総収入について抽出し時系列的に並記し、アジア・太平洋戦争期の東北興業（株）の経営体質について考えることにしたい。

第一点として、表3中の「資産合計」では、昭和一一—一五年度（五カ年）平均が三三一六万円であるのに対し、昭和一六—一九年度（四カ年）平均が一億三一八〇万円と大幅に増大したことに注目したい。その比は実に約四倍へという急膨張ぶりであった。

第二点として、その「資産合計」の急激な膨張の主要原因が、関係会社への投融資事業であることがわかる。「資産合計」中の投融資会社事業の占める割合は、昭和一一—一五年度（五カ年）平均で六三パーセントであるのに対し、昭和一六—一九年度（四カ年）平均で七六パーセント、なかでも昭和一九年度ではその割合は八〇パーセントと圧倒的であった。まさに東北興業（株）が投資会社化したといわれる所以である。

第三点として、上記のことと関連することであるが、東北興業（株）の投融資関係会社数の急増ぶりである。各年度別の同会社数の中でも昭和一九年度では一挙に一四社増で全体で七五社に達した。アジア・太平洋戦争最終段階での軍の緊急措置に基づく〝東北の軍需基地化〟を反映したものであった。

第四点として、「資産合計」が創設年度から本土決戦期の昭和一九年の約一億九千万円へと二四倍もの急膨張を遂げているものの、資産合計から負債合計を差引いた「純財産額」の伸びは、創設年度対昭和一九年度比で五・七倍にすぎない。なかでもアジア・太平洋戦争突入期の三二四五万円から昭和一九年度の四三三六万円への伸び率（四カ年間）は一・三パーセントにすぎない。事業拡充のための長期負債（債券発行高）や短期負債（債券前借金ほか）などの負債合計の急膨張があったからに外ならない。つまり換言すれば、純財産額（企業体として利潤追求）の急増を犠牲にしても、喫緊の国家要請である軍需生産増強に即応する国策会社としての使命遂行を反映したものであった。

第五点として、表4の「損益計算書」のうち総収入の項をみると、総収入に対する投融資関係会社からの受入配当金の割合がアジア・太平洋戦争期になると急速にそのウエートを強め、この四カ年間平均で四六・一パーセントと約半数に達していたことである。このことは上記の第二・三点の評価と連動していたことを意味していた。

第六点として、民間の株式会社経営から見た場合、東北興業（株）の〝放漫〟経営的特質が目立つことである。政府の庇護のもと、軍関係からの強い要請に応えて健全経営を超えて急膨張していったからである。それが国策会社であることから、経営上のバランス・シートを確保するために各種の特権的優遇措置をとった。その主軸である政府補給金の各年度の金額は表4にあるように、昭和一七年度の同額を除いて一貫して増額を続けていった。「総収入」中に占めるその割合は、創設期から昭和一五年度までの五カ年平均は六〇・五パーセントとかなり高比率であったが、投融資関係会社からの受入配当金の急激な増大があった昭和一六年度以降においても四カ年平均は三八・四パーセントと低下したものの、それでも高率の政府補給金が東北興業（株）の経営を強力に支えていった。これが一般の民間会社が羨む国策会社東北興業（株）の大きな特質だった。

アジア・太平洋戦争期の東北興業（株）の事業展開は、東北の〝一大軍需基地〟化にあったことは先述したが、表3・表4などの財務諸表は会社の経営体質を積極的に示しても、その軍需生産の実態そのものは明示していない。定時株主総会での総裁挨拶や営業報告書には若干暗示的な言及があっても、一般株主（国民）に説明する資料だけに、軍機密に触れる軍需生産の具体的な実態を説明することは許されない。

その点の解明はきわめて重要であることから、第六章では、アジア・太平洋戦争期の東北興業（株）の主な投融資関係会社での、軍需生産の実態（例えば軍需生産の種類・品目・生産高・生産費用、製品納入先、など）を可能な限り解明することとしたい。

注記

（1）国立公文書館所蔵文書・配架番号二A・三七―三・東北一五六（以下、区分・番号のみ記載）『第六九回帝国議会、東北振興電力株式会社法案、参考資料』（なお、国立公文書館所蔵文書の場合、頁数を付してあるもののみ頁数を明記する）。
（2）通商産業省編『商工政策史』第一一巻（商工政策史刊行会、昭和三九年）一七二頁。
（3）松澤勇雄『国策会社論』（ダイヤモンド社、昭和一六年）三七頁。
（4）前掲書（3）八三・八四・一四六頁。
（5）前掲書（3）二〇三頁。
（6）旧東北開発株式会社（以下、「旧東開」と略称）所蔵資料No.224『東北振興電力（株）の統合経過と東北興業（株）新規事業の電力関係』八頁（なお、旧東開所蔵資料の場合、頁数を付してあるもののみ頁数を明記する）。
（7）衆議院・参議院共編『議院制度七〇年史』帝国議会史・下巻（昭和三七年）七六六頁。
（8）東北電力株式会社『東北地方電気事業史』（東北電力株式会社、昭和三五年）二四八・二四九頁。

(9)東北振興電力株式会社『東北振興電力株式会社史』（東北振興電力株式会社、昭和一七年）四八頁。
(10)「河北新報」特集『東北開発五〇年』第一部一三（昭和六一年六月一七日）。
(11)前掲書（9）七七頁。
(12)東北開発株式会社『五十年の歩み』（東北開発株式会社、平成二年）八二頁。
(13)国立公文書館所蔵文書、二A・三七―一・東北三〇『日本発送電株式会社、東北振興電力株式会社合併経過書類』其ノ一。
(14)前掲書（6）九頁。
(15)前掲書（6）一〇頁。
(16)前掲書（6）一一頁。
(17)前掲書（6）一二頁。
(18)前掲書（6）一三頁。
(19)前掲書（6）一四頁。
(20)前掲書（6）一六・一七頁。
(21)前掲書（6）二七頁。
(22)前掲書（6）一九頁。
(23)国立公文書館所蔵文書、二A・三七―二・東北七三『東北振興電力株式会社、日本発送電株式会社合併関係書類』。
(24)前掲書（6）三〇・三一頁。
(25)前掲書（6）二七・二八頁。
(26)国立公文書館所蔵文書、二A・三七・委一三一九『臨時東北地方振興計画調査会事務関係』。
(27)国立公文書館所蔵文書、二A・三七・委一三二一『昭和一八年度東北地方振興関係予算書』。
(28)国立公文書館所蔵文書、二A・三七・委一三二二『総会議事録』。
(29)国立公文書館所蔵文書、二A・三七・委一三二五『幹事会議事録』。
(30)国立公文書館所蔵文書、二A・三七・委一三二六『臨時東北地方振興計画調査会総会速記録』。
(31)国立公文書館所蔵文書、二A・三七・委一三一八『原議綴』。
(32)渡辺男二郎『東北開発の展開とその資料』（自家版、昭和四〇年）六五頁。なお渡辺は元内閣東北局書記官であった。
(33)「河北新報」昭和一七年六月三〇日。

(34) 前掲書 (32) 六六頁。
(35) 東北振興調査会『東北振興調査会要覧』(東北振興調査会、昭和一三年) 二頁。
(36) 国立公文書館所蔵文書、二A・三七―三・東北一七七『第八一回帝国議会提出、法律案件関係書類綴』。
(37) 宮城県議会史編纂委員会『宮城県議会史』第四巻 (宮城県議会、昭和五四年) 九六七頁。
(38) 旧東開資料 No.370『第六回株主総会関係書類綴』。
(39) 旧東開資料 No.221『第七回株主総会関係書類綴』。
(40) 旧東開資料 No.379『第八回株主総会関係書類綴』。
(41) 旧東開資料 No.382『第九回株主総会関係書類綴』。
(42) 桑原幹根『世紀を生きる』(政経社、昭和四八年) 一三四頁。
(43) 前掲書 (32) 六六頁。
(44) 東北興業 (株) 各回定時株主総会に提出された財務諸表を集計。なお昭和一一年度の期間は、昭和一一年一〇月七日から翌一二年三月三一日までである。

第六章　東北興業（株）の軍需品（兵器）生産の実態

一　ＧＨＱへ提出の各年度別各事業分野別投資額

東北興業（株）は、ＧＨＱ統計調査部の指示により一四項目にわたる会社調査資料を一九四六年四月一三日に提出しているが、その中で昭和一一年度から同二〇年度に至る各投資会社別の「年度別投資額一覧表」[1]（表1）を作成し提出した。そこでは各事業部門別、各投資会社別、各年度別の投資額が列挙されていて貴重な統計資料である。その中で軍需生産が強化される昭和一七年度から同二〇年度に至る各年度別・各業種部門別の投資額を中心に紹介したい。

この「投資額一覧表」から確認できることは次の諸点である。

第一に、昭和一一年度から一六年度までの前半期の特徴は、「化学工業」への投資額が六年間平均で五一・六パーセントと過半に達している点である。この時期の東北興業（株）の主な投資先をみると、その投資額上位は、①東北振パルプ（株）（一八七五万円）、②東北振興電力（株）（のち日本発送電（株））、（一三二五万円）、③東北振興アルミニウム（株）（七五〇万円）、④東北振興化学（株）（三二〇万円）、⑤東北肥料（株）（一五四万円）の順である。その五社中「化学工業」の投資会社は、東北パルプ（株）、東北振興アルミニウム（株）、東北振興化学（株）、東北肥料（株）の四社が占めている。それらの主な生産品目は、人絹パルプ、製紙用パルプ、金属アルミニウム、カーバイト、硫酸

表1　各年度別各業種部門別投資額一覧表(1)　（単位：千万円・％）

業種＼年度	昭和11・12		昭和13・14		昭和15・16	
農・水・畜・蚕業	741	5.0	1,778	9.4	1,344	3.4
繊維工業	70	0.5	563	3.0	210	0.5
鉱山業	278	1.9	3,086	16.2	5,966	15.0
化学工業	8,527	57.2	3,783	19.9	25,762	64.7
機械工業	280	1.9	1,115	5.9	3,950	9.9
其ノ他	5,000	33.6	8,678	45.7	2,615	6.6
合計	14,896	100.0	19,003	100.0	39,845	100.0

業種＼年度	昭和17・18		昭和19・20	
農・水・畜・蚕業	3,336	5.3	5,759	10.1
繊維工業	2,323	3.7	1,576	2.8
鉱山業	19,177	30.5	9,295	16.3
化学工業	7,658	12.2	6,729	11.8
機械工業	30,372	48.2	31,223	54.9
其ノ他	100	0.2	2,338	4.1
合計	62,965	100.0	56,919	100.0

業種＼年度	昭和11～16		昭和17～20		昭和11～20	
農・水・畜・蚕業	3,863	5.2	9,095	7.6	12,957	6.7
繊維工業	843	1.1	3,899	3.3	4,742	2.4
鉱山業	9,330	12.7	28,472	23.7	37,801	19.5
化学工業	38,072	51.6	14,387	12.0	52,460	27.1
機械工業	5,345	7.2	61,595	51.4	66,939	34.6
其ノ他	16,293	22.1	2,438	2.0	18,731	9.7
合計	73,744	100.0	119,884	100.0	193,628	100.0

（注）1.「農・水・畜・蚕業」は農林・水産・畜産・養蚕の各業種を指す。
2.「其ノ他」は、主として東北振興電力（株）（のち、日本発送電（株））である。

アンモニアと主として民生用の製品であった。上位五社には入っていないが、日東化学工業（株）は硫安や化学肥料、東北振興ゴム（株）は再生ゴムやタイヤ、東北アルコール工業（株）はブタノールとアセトンなどを生産しており、総じてこれらの化学工業分野企業の生産品目は主として国民生活に直結していた。アジア・太平洋戦争突入以前の東北振興政策を反映していたといえる。

なお「其ノ他」の項は、姉妹会社とも称されていた東北振興電力（株）とその後の合併先である日本発送電（株）への投資である。前述の化学工業各会社への投資額を合わせてのシェアは、七三・七パーセントと大半を占めていた。

第二に、こうした状況が一変したのは、アジア・太平洋戦争勃発によるものであった。それ以前の主役を担っていた化学工業への投資は後退し、流れは機械工業（なかでも軍需品生産企業）へと大きく転換していった。

化学工業自体もその生産品目は軍需用に変貌していった。例えば東北振興パルプ（株）の場合、一九四三年に陸軍の強い要請のもと人絹パルプの生産工程を用いて、火薬用綿パルプの製造に着手した。さらに翌四四年には海軍及び軍需省の管理工場に指定されて、陸軍第一火薬廠に特別高アルファパルプの製品を納入させられた。その用途は高射砲の発火薬であったといわれる。さらに敗戦近くになると、陸軍燃料廠から航空燃料として材木からアルコールを抽出するよう指令されたが、これは生産に入る前に終戦を迎えた。そもそも民生用のパルプ生産を目的に設立された同社は、軍の監督工場となってからは、石巻工場は扶桑第一三〇八号工場、秋田工場は扶桑一〇〇二号工場と改称され、完全に軍需工場としての役割を担っていった[2]。

そのこと以上に注目すべきは、アジア・太平洋戦争突入後、東北興業（株）の投資先の重点を機械工業に転換したことである。会社創立以来六年間の時点で、機械工業のシェアは七・二パーセントにすぎない。それがその後の四年間では、五一・四パーセントと飛躍的に伸長している。アジア・太平洋戦争の戦局激化と日本の敗色濃厚の危機的局面に追い詰められた日本政府と軍部は、軍需生産の急激な増強を強く求めていった。そのことは機械工業の量的数値はもちろんのこと、質的充実の点においても強化されていったことを意味していた。

一九四三年三月一八日、政府は鉄鋼、石炭、軽金属、船舶、航空機の超重点五大産業の優先的な生産増強策を決定した。それに伴って、東北興業（株）の事業計画は「特ニ航空機関係事業、造船事業、兵器製造事業、鉱産事業、食料其ノ他生活必需品物資ノ増産（中略）ニ重点ヲ置イタノデアリマス」と第八回株主総会(3)で川越丈雄総裁によって紹介され、会社として新たな役割が強調された。そのとき提出された「営業報告書」によれば、政府の新たな増産政策に即応する事業（とくに機械工業などの軍需品増強事業）として、航空機関係事業では日本飛行機（株）、（株）米沢精密機械製作所、（株）岩手鉄工所、東北重工業（株）、造船事業では東北船渠鉄工（株）、青森県造船（株）、（株）青森造船鉄工所、兵器製造事業では帝国金属工業（株）などの設立または増資事例が列挙されている。また総裁挨拶の中ではその外、軍需品製造会社として（株）萱場製作所、（株）福島製作所、山形航空工業（株）、東北振興精密機械（株）などの事業内容が紹介されていた。これら投資会社の外に、東北興業（株）の直営事業として福島工場が、兵器製造に関係した研削材生産を行っていたことは注目される。これらの各投資会社中で特に重要な軍需品生産事業については、やや詳しく後述することとしたい。

なお参考までに、この時期（一九四二年度以降の四年間）の主な投資会社への投資額を上位順に列挙すると、次のようになる。

①同和鉱業（株）（（株）藤田組）	一五〇〇万円
②東北船渠鉄工（株）	一二三五万円
③東北重工業（株）	八八八万円
④帝国マグネシウム（株）	八〇〇万円
⑤（株）萱場製作所	七五〇万円
⑥東亜軽金属工業（株）	七三一万円
⑦東北肥料（株）	四〇三万円

⑧日本飛行機（株）　　三四八万円
⑨東北振興水産（株）　　二六三万円
⑩（株）岩手鉄工所　　二六一万円

この投資順位からもわかるように、①同和鉱業（株）、⑦東北肥料（株）、⑨東北振興水産（株）の三社を除いて、すべてが直接的な軍需生産関連会社である。しかも前半期（六年間）と後半期（四年間）の投資総額でいえば、前者の七三七四万円に対し後者の一億一九八八万円と一・六二倍（年平均でいえば二・四倍）と激増していた。また東北興業（株）の一〇年間の総投資金額一億九三六三万円のうち、アジア・太平洋戦争期（四年間）で六一・九パーセントを占めていたことを意味していた。そのことはこの時期、いかに軍需生産増産に邁進していたかの反映である。

二　東北興業（株）の各年度「事業計画」

（一）昭和一七（一九四二）年度

東北興業（株）の各年度の「事業計画」は前年度末（通例としては新年度の二～三カ月前）に提示される。従ってその原案作成時期は昭和一七年度の場合、アジア・太平洋戦争勃発直後であることが推定される。以下各年度の「事業計画」内容を分析する際、この点も留意する必要がある。アジア・太平洋戦争期（四年間）の「事業計画」のうち確認できたのは、昭和一七年度から一九年度の三カ年間である。その中の「軍需品製造の記述例」（表2）は次の通りである。

それによると、この三年間において昭和一七年度の「軍需品製造の記述例」がきわめて少ないことがわかる。[4] この年度の原案作成時期がアジア・太平洋戦争突入直後であったことから、戦争完遂のための総合的本格的な計画の樹立が未完成のまま、早急に作成されたものと推定される。ただし後述するように、いくつかの投資会社ではこの段階か

表２　東北興業（株）各年度「事業計画書」にみる軍需品製造の記述（例）[5]

事項／年度／会社名	発注者、要請、示達など			軍需生産品名
	昭和17年度	昭和18年度	昭和19年度	
（自営事業）				
福島工場				各種兵器生産用の高級工具
（以下、投資事業）				
金属工業				
帝国金属工業（株）		航空本部		航空機部品
東北特殊鋼（株）		陸軍管理工場		高速度鋼、兵器製造用の特殊工具
機械工業				
(株)福島製作所	軍当局			各種兵器
(株)萱場製作所	(時局に対応)			兵器、航空機部品
日本飛行機(株)	(生産力拡充)		海軍航空本部	航空機体、同部品
山形航空工業(株)			海軍航空本部	(中島飛行機(株)の協力工場)
(有)米沢精密機械製作所			海軍航空本部	航空機尾部緩衝装置
東北船渠鉄工(株)				鉄鋼船の製造、艦艇の修理
東北重工業(株)		海軍	海軍施設本部	軍用トラクター、エンジン
(株)岩手鉄工所		陸海軍	陸海軍監督工	軍用土木機械、諸兵器
東北振興精密機械(株)	海軍	海軍、陸軍	場	航空機用軍需品、兵器
東北振興農機(株)			海軍	軍用発動機、船舶用機関
(株)盛岡精器製作所			海軍	各種兵器用のゲージ製造
(株)原田製作所			軍監督工場	木製推進機、発動機部品
協三工業(株)			海軍航空本部	軍用蒸汽機関車、同車輌
東北工作機械(株)			軍	航空機生産用の工作機械
繊維工業				
東北振興繊維工業(株)		軍部	軍指定製品	
日本絨氈(株)			海軍省指定工場	海軍省指定製品
農林、水産業				
東北合板容器(株)				航空機プロペラの合板
東北振興秋田木工(株)				木製飛行機の部品、銃床材

らすでに軍需生産に従事していたことは、事実として明白である。

(二) 昭和一八(一九四三)年度

昭和一八・一九の両年度に入ると、戦局が日本にとって暗転したことに伴い、鉄鋼・航空機など超重点五大産業を優先とする生産増強政策が実施された。そして平和産業部門工場の休廃止、軍需工場への学徒勤労動員、軍需物資の一元的増産を図る軍需省の設置、さらには本土決戦態勢の確立などの政策が相次いで強行された。そうした緊迫した戦時体制強化のもとでの、東北興業(株)の軍需生産会社への一連の積極投資であった。

昭和一八年度の「事業計画」(6)の「概要」の中で、緊迫を続ける戦局のもと、最高国策に即応する軍需品生産の積極的方針を次のように明示した。「直接戦争ノ遂行ニ必要ナル資材、機材並ニ国防力増強、大東亜建設上必要ナルモノノ生産等高度国防国家完成ニ資スルモノノ中ヨリ特ニ緊急ヲ要スルモノヲ選定スルト共ニ更ニ時局ノ要請ニ基ク新ナルモノヲ之ニ採入ルコトト為セリ(7)」。

そうした基本方針のもとで、具体的には「既定事業ノ変更・拡張又ハ追加ヲ為スモノ」として、「投資ノ部」では例えば日本飛行機(株)について、「時局下生産力拡充ヲ為スニ要スル資金調達ノ為(中略)将来ニ於ケル航空機工業ノ東北移駐第一着手トシテ(8)」山形分工場の建設を援助していた。また東北重工業(株)の場合、「海軍ヨリコンプレッサー、ガソリンエンジン、キャタピラトラック等、大増産ヲ下命セラレ之ガ対処センガ為」第一次として三〇五万円、第二次として一〇〇〇万円の増資をしていた(9)。(株)岩手鉄工所については、「陸海軍ヨリノ受註増加ニ対処センガ為軍当局ヨリ設備拡張ヲ慫慂セラレ居ル現状ニ鑑ミ」「一五〇万円ヲ増資セントスルモノ(10)」であった。なお(株)岩手鉄工所の収支予算では、船用ポンプ、陸軍軍需品、海軍軍需品など合計一〇〇〇万円を計上している。また東北特殊鋼(株)の場合、すでに一九三九年七月に陸軍管理工場となり、それ以来「専ラ陸軍兵器本部ノ生産命令ニ依リ高速度鋼及機械化兵器製造用特殊切削工具、製造ニ専念シ来リタル処大東亜戦争ノ進展ニ伴ヒ受註増加ニ対処センガ為[11]」東北興業（株）が一〇〇万円出資したのだった。そして（株）萱場製作所においては、「海軍ノ慫慂ニヨリ機雷、爆雷、軍需品生産ノ為」、また「陸軍ヨリ新規ニ航空機用エアーポンプ、オイルポンプ等ノ受註ヲ受クルニ至リタルヲ以テ之ガ要請ニ応ズル[12]」ため、東北興業（株）が一五〇万円の増資をした。また（株）福島製作所の場合、「昭和一六年一一月軍需品ノ大増産ヲ下令セラレ（中略）資本金三〇〇万円ヲ六〇〇万円ニ倍増出資ヲ為シ[13]」たのだった。

以上は東北興業（株）の投資会社の軍需生産状況であるが、直営（自営）事業も軍需生品に関わっていた。例えば福島工場の場合、前述したように「国防資材タル合金鉄、特殊鋼、人造コランダム及高級耐火削等ノ一連ノ電気炉興業[14]」としての研削材製造事業を行っていた。

（三）昭和一九（一九四四）年度

翌昭和一九年度の「事業計画[15]」の記述には、さらに積極的な軍需生産事業の展開ぶりが見られる。先述した自営事業としての研削材製造事業の内容について、「研削砥石ハ近時累進的ニ需要激増シ各種兵器、航空機並ニ高級機械製造ニハ不可欠ノ工具[16]」と、軍需生産との関連性がより明確に説明されている。この事業が戦局の暗転に伴って「累進的ニ需要激増」したというのである。

軍需品生産の激増は、もちろん「自営ノ部」だけでなく、「投資ノ部」の場合その量と質において「自営ノ部」をはるかに凌駕するものだった。例えば帝国金属工業（株）のケースでは、「各種軍需品ノ急激ナル生産増強ノ要請ニ即応シテ（中略）特ニ航空機増産計画ニ対応シテ航空本部ノ要請極メテ厳ク」、「航空機増産ニ寄与セント之ガ為資本金ヲ一千万円ニ増額[17]」という緊急措置をとっていた。

直接的な航空機製造事業として、日本飛行機（株）と山形航空機工業（株）の二社があった。日本飛行機（株）は、「海軍航空本部ヨリノ示達ニ基ク生産拡充ノ為諸設備ノ必要トスル状勢ニ追ラレタルヲ以テ」、「昭和一八年一〇月更ニ二五〇〇万円ノ増資ヲ為シ、現在資本金三〇〇〇万円[18]」に至った。また山形航空工業（株）は、「昭和一七年一二月新会社ヲ設立シ（中略）航空部品ヲ製作シ中島飛行機ノ協力工場トナリ、昭和一八年一〇月ニハ海軍航空本部ノ示達工場ニ指定セラレタ」[19]と、時局に対応した新設の軍需品製造会社として設立した。

同じ山形県内の（有）米沢精密機械製作所は、一九四三年一月に設立した新会社で同年一〇月から航空機部品の一つである緩衝装置の製作に従事し、さらにその翌一一月からは海軍航空本部より航空機尾部緩衝装置の大量の特注を受け、その増産を達成するため東北興業（株）は一〇〇万円の増資を行った[20]。

前年度の「事業計画」で記述した（株）萱場製作所は、航空機部品の降着装置や油圧装置などの生産を行っていたが、陸軍の航空機増産の命令に対応するため、一九四三年三月には資本金は二〇〇〇万円に増資し、その半額を東北興業（株）が払込んでいた[21]。

以上は金属工業と機械工業の二部門についてであるが、その外に意外にも農林業部門にも航空機関連生産に関わっていた投資会社が存在していた。その一つは東北合板容器（株）であった。同社は本来建築家具用ベニヤ板の生産会社であったが、「時局下要望セラレ航空機プロペラー用単板製造ニ転換シ之ガ増産ヲ図ルト共ニ工場ノ拡張ニ依リテ航空機用平面合板並ニ積層材ト軍用舟艇用合板ノ製造ヲナシ」、その生産の「成就ヲ期センガ為」本年度は資本金一〇〇万円を五〇〇万円と五倍に増資した。その結果総収入三二九万七千円の大半が軍需生産を占めるに至った[22]。同じく農林部門としての東北振興秋田大工（株）もほぼ同様の道を辿っていった。本来の家具類の生産は中止し「大東亜戦争ノ進展ニ伴ヒ直接戦争ニ要スル資材ノ増産」に励むため「木製飛行機ノ部分品、造船用曲木及優秀ナル実績ヲ有スル銃床用ノ生産ヲ実施シ」「時局ノ要請ニ応ジルコトトシ現在資本金一八万円ヲ二〇〇万円ニ増強」するに至った[23]。その結果、総収入三〇四万円の大半がこうした軍需品生産によるものだった。こうした典型的な零細・小企業といえども、根こそぎ軍需会社化が断行されていった。

以上が主として航空機関連会社の事例を紹介してきたが、それ以外の事業部門でも軍需生産が展開されていった。例えば造船部門としての東北船渠鉄工（株）である。同社は「昭和一三年四月資本金三〇万円ヲ以テ」主として民間用の本造船建造・修理を目的として設立されたが、アジア・太平洋戦争の拡大と共に一九四三年には資本金五〇〇万円と増強され、「船舶増強国策ニ基キ造船、造機各部門ノ諸設備ヲ拡充シ、戦時計画造船ノ遂行ニ寄与」してきた。戦局の悪化と共に艦船の喪失の激増に苦慮していた海軍にとって、東北船渠鉄工（株）の増産に期待すること大であった。その要望に応えるため、鉄鋼品製造を軸に小型艦艇、中型船舶の建造と修理の増強が展開され、資本金は一〇〇〇万円増額されていった。[24]

その外機械工業部門では、軍の監督工場に指定された（株）盛岡精器製作所では各種兵器、航空機エンジン等の大量生産に不可欠なゲージを生産していた。[25] また東北振興精密機械（株）では海軍の発注による各種兵器やエンジン等の製作に従事していた。[26]（株）岩手鉄工所も陸海軍の監督工場となりロードローラーなどの軍用土建機械の製作を行っていた。[27] 東北重工業（株）の場合も海軍施設本部の増産命令を受け、トラクターやエンジンの大量増産を実施し、そのため一九四一年設立当時一九五万円の資本金が一九四三年には五〇〇万円、そして翌四四年には一〇〇〇万円へと増資されていった。[28]

こうして機械工業部門を中心に東北興業（株）の投資事業は圧倒的に軍需生産にシフトしていった。例えば化学工業部門の東北振興化学（株）、東北振興パルプ（株）、東北アルコール工業（株）、東北振興ゴム（株）など、また金属工業部門の東北振興アルミニウム（株）、帝国マグネシウム（株）、東北特殊鋼（株）など、さらには鉱産業部門の（株）藤田組、東北亜鉛鉱業（株）をはじめ、自営事業の各鉱山事業なども含めての産業分野すべてにわたって、東北興業（株）の各事業内容は、濃淡の差異があるものの戦時下の軍需品生産へ特化していったことは、国策会社としての宿命でもあった。

三　各投資会社の軍需品（兵器）生産の実態

（一）決戦下の新規事業の展開

戦局が大きく転換しはじめた以降決戦体制強化が叫ばれるようになると、東北興業（株）の事業内容もそれに対応して軍需品生産が著しく増強され、さらに新規事業も展開されていった。そのことを明示してあるのは、一九四三年の「政府ノ予算編成方針大綱ニ依ル主要新規事業ノ分類」[29]の項である。それによると、

一、軍事、防空其ノ他直接戦争遂行上必要ナルモノ（航空機製造事業、アセトン・ブタノール製造事業、メタノール製造事業）

二、国防力ノ緊急増強ノ為戦時総動員諸計画及生産力拡充上必要欠ク可カラザルモノ（金属アルミニウム製造事業、金属マグネシウム事業、軽金属製造事業、氷晶石製造事業、研磨材及硅石事業、鉱山関係事業）

三、大東亜建設ノ為必要欠ク可カラザルモノ（造船業、鉱山機械及土木機械製造事業、カーバイト系工業）

四、食糧政策、保健政策、其ノ他国民ノ戦時生活確保ノ為必要欠ク可カラザルモノ（硫安製造事業、燐酸肥料製造業、石灰窒素製造業、窯業、農場経営事業、水産業）

この主要新規事業は、戦局の悪化に伴って緊急に軍需生産を要請された事業部門であるが、若干注記すると、「一」のアセトン・ブタノールやメタノール製造は航空機高級燃料の素材であり、「二」の各事業は航空機や諸兵器製造の原材料や資源であり、「三」は占領地域の最前線基地やインフラ建設用の事業であり、「四」は総力戦体制の基盤としての食糧、保健確保の事業であり、その意味で戦力・国防政策の基礎をなすものであった。

（二）各投資会社別軍需品生産

東北興業（株）の各投資会社は、特に一九四三年度以降、先述の「政府ノ予算編成方針大綱ニ依ル主要新規事業ノ分類」の方針に基いて、積極的に軍需品生産に邁進していった。その具体的な実態について、時には重複する記述がありながらも主な各投資会社別にやや詳しく紹介することにしたい(5)。

東北興業（株）が投資した関係会社は最終的に七九社にも及ぶが、直接的な軍需品生産会社としての中心的な担い手は、機械工業部門であった。例えば、

（株）福島製作所は、一九三八年に（株）福島電気製鋼所ほか二社の合併によって設立されたが、一九三九年度陸軍造兵廠の指示により火砲生産の目標を月四〇門としていたところ、一九四一年発注官庁である大阪陸軍造兵廠より火砲年八二〇門の生産命令を受けた。さらに翌四二年には陸軍兵器本部より拡充目標年一四〇〇門の指示を受け、さらにその翌年以降には年三〇〇〇門生産を目標とされていた。火砲を中心とした典型的な兵器製造の軍需会社であった。

同じく兵器製造会社としての（株）萱場製作所は、一九三五年同社の定款に明示されているように「兵器、飛行機、発動機ノ製造・販売」を目的に設立された。日中戦争への突入に伴い生産を拡大し、東京に本社と本工場を置くと共に新たに仙台分工場を設置したが、さらに軍からの受注が激増したのでそれに対応するため、さらに仙台市内に一大工場を新設した。その仙台製造所では兵器本部関係の兵器生産を専門にするようになった。その生産内容は飛行機の降着装置、油圧部品、そして特殊兵器であった。

日本飛行機（株）は、一九三四年に航空機体並びに同部品の製造を目的に資本金二〇〇万円で設立された軍需会社である。それが一九四一年には資本金は一五〇〇万円に増資され、さらに一九四三年一〇月には増資により三〇〇〇万円となった。それは海軍航空本部よりの生産拡充の厳達に対応したものであった。同社の生産能力は一八〇〇万円、一九四三年度生産見込高は二五〇〇万円、同四二年度生産高実績は一七〇〇万円だった。

山形航空工業（株）は、一九四二年一二月に資本金一二五万円で設立された航空機部品製造会社であった。その際

中島飛行機（株）の協力工場となり、さらに一九四三年一〇月には海軍航空本部の示達工場に指定された。その生産能力は月産六〇万円（年産七二〇万円）で収支利益は四二万円（利益率一割四分）であった。なお同社の生産品目は主として航空機部品であるが、そのほか弾丸類も生産していた。

（有）米沢精密機械製作所は、その所在地米沢市はもともと繊維産業地帯であったが、日中戦争の長期化と共にその事業は転換を余儀なくされ、その結果一九三九年末に米沢精密機械工業組合が誕生し、それを母体に一九四三年初めに資本金七五万円で同社が設立された。そして海軍航空本部の斡旋により兵器産業の（株）萱場製作所の協力工場（下請工業）となり、航空機部品の製造に専念した。創設時の同社の定款によればその事業目的に、「一、航空機部品、製造・販売　二、金属機械器具ノ製造及販売　三、軽金属板ノ製造及販売」と、軍需品の生産と販売が明記されていた。同社の「事業収支目論見書」によれば、航空機部品生産の具体的内容は航空機脚緩衝装置、油圧装置、その他各種兵器の各部品であった。なお同社の資本金はのちに一五〇万円に増資されたが、そのうち東北興業（株）の投資額は六〇万円であった。

（株）岩手鉄工所は、一九三七年に鉱山諸機械器具の製作・修理することを目的とした会社で資本金二五万円で創設された。日中戦争勃発直後に陸軍より軍需品の製作命令を受けそれに専念していたところ、一九四二年に至り陸軍より現生産能力の一〇倍にも及ぶ受注と、さらに海軍からは緊急大量生産の命令があり、この事態に対処するために、東北船渠鉄工（株）から協力を得ると共に、四四〇万円の増資で施設・設備の拡充を遂げ生産実績を向上させた。一九四三年一月の「事業概要」によれば、陸海軍共その製品生産高（一カ年）を次のように記していた。陸軍軍需品（九四／リD弾丸三万個一六万五千円、九八／キH弾丸二〇〇万個三三〇万円、トラクター一〇〇台二二〇万円、クラッシャー三〇〇台一五〇万円）計七〇〇万円。そのほか海軍軍需品との合計一〇〇〇万円とあった。同社の資本金は五〇〇万円となり、そのうち東北興業（株）の投資額は二七六万円でその過半を占めていた。

先述した典型的な兵器（火砲）製造会社である（株）福島製作所との強い関係を有していたのが、東北船渠鉄工

（株）だった。同社は一九三八年に船渠・造船並に船舶用発動機の製造と修理を目的として設立された（資本金三〇万円）。しかし定款の事業目的にはこの段階ですでに「軍需品製造ニ関スル製造販売」との規定が明記されていた。そのためアジア・太平洋戦争突入直前に海軍当局より事業拡充の指示を受け五、六千トン級乾船渠の建造計画を行った。また造機部門では姉妹会社ともいうべき（株）福島製作所の製缶工場施設を吸収する外、新規機械設備を増設して戦時計画造船の遂行に当った。そのため同社の資本金は二五〇万円に増額された。同社は一九四四年には資本金五〇〇万円に拡充され、そのうち東北興業（株）の投資額は約三一八万円とその六四パーセントを占めていた。

航空機関連や造船関連の生産事業とは別に、直接的な兵器生産に専念していた投資会社に東北振興精密機械（株）があった。同社は自動車及び航空機用電気部品の製作を目的として一九三八年に資本金一五〇万円で設立し、その後一九四一年に海軍の慫慂により機雷、爆雷などの軍需品生産のため諸設備の拡充を図った。そして一九四三年に至り海軍からの前記軍需品受注の急増と共に、陸軍からは新たに航空機用のエアポンプ、オイルポンプ等の発注を受けることとなった。そのため資本金を三五〇万円に増資し、そのうち東北興業（株）がその大半の三一八万円を投資した。なお一九四三年度生産見込高は機雷と爆雷が六九万五千円、諸兵器が一一〇万円と軍需品製造が主力であった。

同じく機械工業部品の（株）盛岡精器製作所は、各種兵器・航空機生産の重要器具である各種ゲージの生産を目的として一九三八年に資本金五〇万円で設立された。アジア・太平洋戦争の激化に伴い、軍からの発注額が従来の生産実績の数倍にも及ぶ事態に対応するため七〇万円を新たに増資し、東北興業（株）がその金額を出資した。

東北重工業（株）は、戦場や占領地での基地・インフラ建設のための資材（機械）生産の役割を担わされていた。同社は一九四一年東北振興秋田鉄工（株）を中心に他の二社を吸収合併する形で、資本金一九五万円で設立された。その生産内容は打杭機、空気圧縮機、ガソリンエンジンなど基盤建設用の機材生産が中心だった。アジア・太平洋戦争の突入と戦線の拡大と共に一九四二年に海軍より大増産命令が下されると、これに対するため三〇五万円の増資をした。この結果、基地建設・整備用のコンプレッサー、キャタピラトラック、ガソリンエンジン、空気圧縮機、破砕機、牽引機などの生産拡充を実施した。一九四三年にもさらに出された海軍からの強い増産命令に対応するため、二次にわたる増資を行った。その結果資本金は一〇〇〇万円となり、そのうち東北興業（株）はその大半の八九〇万円を投資した。

金属工業部門の東北特殊鋼（株）は、一九三七年に資本金三〇〇万円を以て設立されたが、翌三八年に製鉄事業法による認可を得て仙台工場は高級特殊鋼の専門工場として、また長町工場はこれの加工工場（特に高級精密切削工具の生産工場）として事業を展開した。さらに一九三九年には陸軍管理工場に指定されたことから、陸軍兵器本部の生産命令により高速度鋼及び機械化兵器製造用特殊切削工具の製造に特化していった。そしてアジア・太平洋戦争期には諸整備の整備拡大が緊急課題となり、資本金もこれに対応するため一九四二年度に四〇〇万円となった。その生産額は一九四三年度生産見込高によると、高速度鋼とその他の特殊鋼の合計が二七〇〇キログラムで、そのほかバイト、フライスカッター、ダイヘッットなどの高速度関連の工具が製造されていた。そしてそれぞれの納入先は、相模・大阪・小倉・名古屋の陸軍工廠ならびに三菱重工業（株）、日野重工業（株）、中島飛行機（株）などの軍需品製造の一流大企業だった。

化学工業部門の東北アルコール工業（株）は資本金二〇〇万円で設立され、その事業目的はブチルアルコールとエチルアルコールの生産であった。ところが航空燃料であるイソオクタンの原料としてのブタノールの需要増大の状況のもと、軍部の慫慂に従いブタノール、アセトンの生産能力の拡充強化のため、同社の資本金を七〇〇万円に増資し、うち五〇〇万円を東北興業（株）が投資した。その結果ブタノール、アセトンの年間生産能力は一五〇〇キログラムから六五〇〇キログラムに拡充強化された。ここでも航空燃料の生産量増大のため軍の強力な指示が働いていた。その意味で東北アルコール工業（株）も一種の軍需品生産会社であった。

繊維工業部門の日本絨氈（株）も同様であった。同社は一九三七年に資本金一〇万円を以って設立した絨氈や緞子（どんす）の生産会社だった。ところが一九四三年八月両生産品の製造は全面的に製造禁止となり、翌月からは海軍省指定の縫製工場となり、海軍向けの衣料品を供給した。資本金は増額が続き一〇〇万円となり、そのうち東北興業（株）の投資額は八九パーセントを占めていた。直接軍需品生産と直接関係のないと思われる繊維品生産企業も、こうした総力戦体制のもとその一端を担わされていた。

同様のことは農林業部門でもいえた。例えば東北合板容器（株）は、一九四〇年に東北地方の未開発広葉樹活用を目的に資本金五〇万円で設立され、その製品は主として建築・家具用ベニヤ板、ベニヤ林檎箱などの民需用だった。ところが戦局の推移と共に軍より航空機プロペラ用平面合板並びに積層板、さらに軍用舟艇の合板の製造を命じられた。その生産設備拡充のため資本金一〇〇万円を五〇〇万円に増資し、そのうち三〇〇万円は東北興業（株）による投資だった。なお一九四三年度の製品収入は、青森工場と十和田分工場を合わせて約三〇〇万円であった。

また東北振興秋田木工（株）は、一九三九年に東北地方に農富に存在する広葉樹資源の開発・利用を目的に、資本金一八万円で設立され、その製品は椅子・こたつ櫓、帽子掛などの日常品であった。ところがアジア・太平洋戦争の進展に伴い、軍は直接戦争遂行のための生産を指示しそのため家具類の生産は中止し、木製飛行機の部品や造船用の曲木、さらには小銃などの銃床用材の生産を実施し、戦局の推移と共にますますその生産増強を求められていった。そのため資本金は一八万円から二〇〇万円に増資し、そのうち東北興業（株）は投資額として一三〇万円を引受けた。なお同社の収入金額は、木製飛行機部品約一〇〇万円、造船用曲木約三三二万円、銃床用材約四〇万円だった（一九四四年度）。

鉱産業部門への投融資会社と（株）藤田組は、資本金七〇〇〇万円という全国的企業だった。商工省の斡旋で帝国鉱業開発（株）と提携して、金・銀・銅・鉛の採掘ならびに亜鉛・硫化鉄の精錬事業を行っていた。なかでも小坂・花岡・卯根倉の三鉱山の銅生産事業は政府が大きく期待していた主力事業だった。戦局の激化と暗転に伴う戦時資源の増産は、（株）藤田組にとってますます緊要となっていった。その軍の期待に対応するために、東北興業（株）として大規模な投資額の一〇〇〇万円を投じた。また融資額も一〇〇〇万円を融資した。一九四四年四月に（株）藤田

表3　各事業別・各投資会社別生産製品・生産能力・生産高（例）[30]

会社名	製品名	生産能力	昭和18年度 生産見込高	昭和17年度 生産高実績
化学工業				
東北アルコール工業（株）	ブタノール	1,000瓩	900瓩	850瓩
	アセトン	500瓩	450瓩	450瓩
金属工業				
東北振興アルミニウム(株)	金属アルミニウム	4,000瓩	4,000瓩	3,206瓩
帝国マグネシウム(株)	金属マグネシウム	2,000瓩	600瓩	
東北特殊鋼(株)	高速度鋼	1,080瓩	1,760瓩	259瓩
	其他ノ特殊鋼	720瓩	940瓩	234瓩
機械工業				
(株)福島製作所	兵器	7,303,320円	7,303,320円	937,750円
(株)萱場製作所	降着装置	25,705,000円	25,705,000円	8,865,000円
	油圧部品	7,373,000円	7,373,000円	2,053,000円
	特殊兵器	7,099,000円	7,099,000円	3,659,000円
日本飛行機(株)	機体及部品	18,000,000円	25,000,000円	17,000,000円
山形航空工業(株)	航空機部品	1,550,000円	1,550,000円	308,000円
	弾丸類	120,000円	120,000円	77,000円
(有)米沢精密機械製作所	航空機部品	1,123,000円	1,123,000円	350,000円
東北船渠鉄工(株)	造船(F型鋼船)	8隻	8隻	1隻
		3,600,000円	3,600,000円	450,000円
東北重工業(株)	破砕機	300,000円		331,480円
	牽引機	100,000円	42,108円	42,108円
(株)岩手鉄工所	弾丸	3,000,000円	3,000,000円	
	車両	150,000円	150,000円	141,646円
	軍需品	1,030,000円	1,030,000円	594,848円
	海軍土建機械	3,300,000円	3,300,000円	
東北振興精密機械(株)	機雷・爆雷	695,000円	695,000円	578,900円
	諸兵器	1,254,000円	1,100,000円	211,400円
(株)盛岡精器製作所	ゲージ	480,000円	394,000円	154,000円

組は軍需会社の指定を受けたことにより、同年六月には元海軍中将が常務取締役（のち社長）に就任し軍当局との関係は一層緊密となった。その結果、小坂・花岡両鉱山の銅採掘量は一九四二年度六四四五キログラム、一九四三年度七五二〇キログラム、一九四四年度八七二六キログラムと増産実績を上昇させていった。それを支えていったのは東北興業（株）の投融資だった。

（三）各投資会社別軍需品の生産高

表3は、各事業別、各投資会社別の製品名と生産能力、そして一九四三年度の生産見込高とその前年度の生産高実績一覧である[30]。ただし事業別は化学・金属・機械の三工業部門にすぎず、投資会社数も全七九社中一四社にすぎない。その意味で東北興業（株）の各投資会社の全貌を示すものではない。ただしこれらの一四社は東北興業（株）の中心的な企業であることから、全体の趨勢を示す代表的な一覧表となっている。

この表の内容についてはすでに各投資会社ごとに説明してあるので、改めて述べないが、要は軍需品製品の生産能力と生産高の具体的な実態である。これまで各投資会社の軍需品生産については一般的な概況はわかっていたが、具体的な数値はこの一覧表によって初めて知ることができる。

東北振興政策の中核をなしていた国策会社としての東北興業（株）の事業展開は、アジア・太平洋戦争期になるとその大半は総力戦体制のもと、国家（軍）の命令による戦争遂行のための軍需品製造に特化していった。この一覧表は、その実態を数値でもって具体的に示している。今や東北振興事業は事実上〝空名・虚名〟化していった。

注記

（1）国立公文書館資料・配架番号二A・三七―二・東北一三五「昭和二一年四月、東北興業株式会社調査資料」所収。
（2）東北パルプ株式会社社史編纂委員会『社史』（東北パルプ株式会社、昭和二七年）一三五～一四四頁。

(3) 東北開発(株)資料・整理番号三七九「第八回定時株主総会関係書類」所収。
(4) 東北開発(株)資料・整理番号八六「昭和一七年度事業計画書」所収。
(5) この項の出所は主として次の各資料によった。
A・「昭和一六年度事業計画書」(東北開発(株)資料・整理番号九一所収)。

B・「昭和一七年度事業計画書」(東北開発(株)資料・整理番号八六所収)。

C・「昭和一八年度事業計画書」(東北開発(株)資料・整理番号八一―(一)所収)。

D・「昭和一九年度事業計画書」(東北開発(株)資料・整理番号八二所収)。

E・「昭和一七年、会社新規事業計画概要」(東北開発(株)資料・整理番号一二五所収)。

F・「昭和一八年一月、事業概要」(東北開発(株)資料・整理番号九三所収)。
(6) 東北開発(株)資料・整理番号八一―(一)「昭和一八年度事業計画書」所収。
(7) 前掲(6)一・二頁。
(8) 前掲(6)七五頁。
(9) 前掲(6)八五頁。
(10) 前掲(6)九四・九五頁。
(11) 前掲(6)一三四頁。
(12) 前掲(6)一三八頁。
(13) 前掲(6)一八三・一八四頁。
(14) 前掲(6)九頁。
(15) 東北開発(株)資料・整理番号八二「昭和一九年度事業計画書」所収。
(16) 前掲(15)一〇頁。
(17) 前掲(15)七〇頁。
(18) 前掲(15)一一七・一一八頁。
(19) 前掲(15)七七・七八頁。
(20) 前掲(15)八一・八二頁。
(21) 前掲(15)一一五・一一六頁。

(22) 前掲（15）九八・九九頁。
(23) 前掲（15）一〇五頁。
(24) 前掲（15）八五・八六頁。
(25) 前掲（15）九四頁。
(26) 前掲（15）九〇頁。
(27) 前掲（15）一一四・一一五頁。
(28) 前掲（15）一一二・一一三頁。
(29) 東北開発（株）資料・整理番号九三「東北興業株式会社法中改正法律案参考資料」所収。
(30) この項の出所は次の各資料によった。
A・「昭和一七年度事業計画（生産高調ほか）」（東北開発（株）資料・整理番号八六所収）。

B・「昭和一八年一月、各事業別生産高調」（東北開発（株）資料・整理番号四〇―（六）所収）。

C・「昭和一八年二月、各事業別生産見込高調」（東北開発（株）資料・整理番号二一〇―（一）所収）。

第七章　戦時体制下における東北振興政策の総括

一　東北救済、殖産興業、そして「広義国防」

（一）岡田首相の「諮問第一号」とその意味

岡田内閣による東北振興調査会の発足経緯や岡田首相「諮問第一号」にみる政策意図については、すでに第三章で詳説した通りであるが、ここでは東北振興政策を総括する上できわめて重要な〝起点〟となっているので、再度確認したい。

戦時体制下の東北振興政策を論ずる際確認すべきは、東北振興調査会第一回総会での岡田啓介総理大臣の同調査会への「諮問第一号」とそのときの挨拶である。その「諮問第一号」は、「東北地方ノ不振ハ其ノ由テ来ルコト既ニ久シク禍害亦相踵グノ現状ニ顧ミ之ガ真因ヲ究明シ以テ災害ヲ防除シ福祉ヲ増進スベキ振興策ヲ樹立スルヲ緊要ト認ム仍テ之ガ具体的方策ニ付意見ヲ求ム」(1)であった。つまりその席上岡田首相が自らの挨拶の中で言及したように、「昨年ハ冷害ノ結果稀有ノ凶作ニ陥リ、為ニ朝野ヲ挙ゲテ之ガ救済ニ努ムニ至ッタノデアリマス」(2)と、「諮問第一号」の前提となる東北地方住民の極度の社会的窮状について述べていた。そしてその具体的な解決策＝救済策は、当然のことながら政府の政治的課題であることを深く認識し、その実施方策を模索していた。そのため東北振興調査会に対し、その構造的かつ積年にわたる東北地方の「惨害」を抜本的に克服するための恒久的「抜本的塞源ノ方策樹立」を求めた。換言すればこの時期の東北振興政策の根本認識とその政治的課題は、東北農村の深刻な構造的社会〝疲弊〟(窮乏)問題の抜本的打開策(救済策)にあった。

(二) 東北振興調査会の「殖産興業」方策

その東北振興調査会での一一回もの総会と応急・暫定・恒久の各答申の「災害ヲ防除シ福祉ヲ増進スベキ振興策」の手法は、東北地方における「殖産興業」の建設とその増進が中心であった。つまり東北農村の構造的窮乏を打開するための直接的救済政策ではなく、工業を中心とする殖産興業の振興による社会的恩恵がもたらす「均霑」(結果的に生活が豊かに潤う)方策であった。東北の困窮農民や窮乏町村などは喫緊の救済策を強く要望していただけに、東北振興調査への期待は大きな失望へと転化していった。

東北興業株(そして東北振興電力株も)一九三七年度の第一回株式募集は、予想外に好調でその応募数は両社とも割当の二倍近くと殺到した。応募した個人・団体は、国策会社としての両社が国からのさまざまな優遇措置があることから健全な株配当を期待したからだった。東北興業(株)の場合、株数六〇万株に対して株主数は六五二一名にも達していた。しかしその実態からすると零細株主がきわめて多い点に特色があった。例えば宮城県の場合、[3]県市町村株数五七三一〇株、産業組合株数一八一三〇株、その他団体特殊数六七五〇株、一般持株数九二八五株である。しかしその内実をみると五株、一〇株所有といった零細株主が非常に多い。町村でいえば豊里・蛇田・南方・大川・小泉・大張・飯野川の各村はそれぞれ五株、大河原・角田・佐沼・鳴子・増田などの各町でさえ各一〇株といずれも零細株主にすぎない。同様に各町村に所在する信用販売購買利用組合・漁業協同組合・農会、さらには神社や小学校などの多くは零細株所有団体であった。しかもその大半は相つぐ冷害と凶作で苦悩する窮乏町村や各種小団体である。表面的には華やかな〝投資ブーム〟のように見えるが、その実態は大冷害・凶作の被災地の窮乏町村と零細団体の、藁をもつかむような思いでの株配当への期待であった。

そもそも余裕などあるはずがない窮乏町村や団体の東北興業株所有など、大きな無理があった。後年になって各県知事や農林次官らは、反省を込めて当時の強引な株の割当の方法について述懐していた。[4] 例えば市町村では「基本財産ヤ借金デ持株シテイルモノガアル」（宮城県知事）、「前知事時代ニ大分無理シテ町村ニ持株サシテイル」（青森県知事）、「当時持株サスノニ随分無理ナ事ヲ言ッタ」（農林次官）、「資力ノナイ産業組合ニソンナニ沢山持タセナクテモイイデハナイカ」（宮城県知事）。

(三) 産業組合の東北興業（株）の株未納問題

こうした根本矛盾問題が一気に噴出した社会問題が、第二回以降の東北興業株に対する産業組合の株未納問題だった。

東北興業（株）「第二回株金未払込株主調[5]」（一九三八年七月現在）によれば、その総数は次の通りである。

県市町村	二四六五株
産業組合	七〇五株
其他、団体・個人	二七一八株
計	五八八八株

なお、未払込町村の株数

五株（一一村）、一〇株（四村）、一五株（一村）

また、未払込単位産業組合の株数

五株（六組合）、一〇株（六組合）、一五株（一組合）

せいぜい一五株の未支払村数が一六村、そして同じく単位産業組合の一三組合が二年目にして払込不可能という異常事態は、そもそも株所有自体が無理であったことの証拠であった。こうした東北の各町村や単位産業組合の東北興業株未納問題の根底には、それぞれの財政基盤の困窮性と共に、積年の冷害・凶作の苦境に打ちのめされた農村社会の現実があった。

その点を産業組合中央会編の『東北振興両会と産業組合』(6)を参照しながら考察したい。町村や単位産業組合が東北振興株取得に当って、「一般の購買力がますます低下して生活必需品の需要が停滞乃至減少してゐる現在」(7)、「自己資金で賄ったものなどは殆んど無く」(8)といった極度の貧困状況の下で、「東北地方の地元産業組合関係に総資本の四分の一約一四〇〇万円の巨費を分担せしめた理由は（中略）東北住民に基礎をおくが故に企業利潤を還元せしめること」(9)にあった。

ところが、東北興業（株）の事業は「東北地方の深刻なる窮乏の徹底的打開を期す」(10)ことなのに、「「東北農村の更生」が全く空手形に了るにあらざるやの感を深くした」(11)と産業組合中央会は厳しく批判した。東北振興政策、そして東北興業（株）の事業スタンスに対する、東北住民救済の視点からの論評であった。そもそもその根底には産業組合は「小区域で生活してゐる人々が互ひにその零細資金を集めて（中略）つくってゐる」(12)協同組合的な組織体であることから、産業組合こそ窮乏する農民を代表しているとの自負が強烈に存在していた。

だからこそ結論として東北興業（株）の事業に対して、実に厳しく次のように論断した。「忍苦に慣らされた東北農民の低劣な労働条件につけ入って策を行はんとするが如きことは、むしろ東北農民をして植民地並みの取扱いを強めこそすれ、それより農民の解放せんとする新興的意義を暢達する所以ではない」(13)。ここに産業組合の東北興業株（そして東北振興電力株も）の未払い問題は、単なる支払不能問題にとどまらないもっと深刻な本質問題を提起していた。

（四）「広義国防」としての東北振興政策

東北振興政策の誕生期をリードしたのは、時代の寵児の新官僚で東北振興事務局長（のち内閣東北局長）の松井春生だった。彼は一九三四年に内閣資源局部長として『経済参謀本部』[14]を刊行し一躍注目された。彼はその中で統制経済の中枢をなす経済参謀本部の政治的重要性を強調していた。その論をさらに発展させたのが、前資源局長官としての『日本資源政策』[15]（一九三八年刊）であった。その中で彼は前述の東北振興事務局長と内閣東北局長としての経験を踏まえて、「資源問題としての東北振興」の章で次のように強調した。東北振興の真の意義とは、「単に東北の為の振興のみでなく、日本帝国の為の振興であり（中略）寧ろ帝国振興の新たなる先駆たらんとするものである」。したがって「東北民に於ても、固より、単に政府に対する諸種の陳情や救済の要望に始終することなく（中略）帝国国運の進展に寄与すべき一大使命に、傾注せられんこと[16]」を強く要望した。換言すれば、東北振興の目的は「災害に対する単なる救済運動でないことは、多く言ふを俟たぬ[17]」と断言し、さらに「東亜の安定勢力として、不動の地位を自覚する我が神州日本」は「暴戻なる（支那―筆者）軍閥を掃蕩する聖戦を進めつつある。国を挙げて人的物的資源を総動員して、其の戦争目的を達成せねばならぬ[18]」。こうした国際情勢のもと「東北振興の要諦は、（中略）人的、物的資源の利用開発を企図し、以て国力の開展に貢献するに在らねばならぬ[19]」と明確に位置づけていた。

東北振興調査会第九回総会における「恒久対策ニ関スル答申」中の第一項にある、次の規定は極めて重要な意義を有していた。「東北振興綜合計画ノ目的ハ東北地方ニ於ケル産業ノ振興ヲ図リテ同地方住民ノ生活ノ安定ヲ期スルト共ニ、国家内外ノ情勢ニ鑑ミ国防上ノ人的及物的基礎ノ確立ニ資スル為所謂広義国防ノ実ヲ挙グルニ在ルモノトス[20]」。

この一九三六年段階での「広義国防」論の登場は、原案作成者の松井春生に負うところが大きく、その後の東北振興政策（なかんずく東北興業（株）の事業内容）の決定的な基調となっていった。それがアジア・太平洋戦争期の東北興業（株）の各投資会社の軍需産業化を生み出す大きな理念的な基盤ともなっていった。したがって東北振興政策は単に「殖産興業」政策にとどまっていたのではなく、戦時体制遂行上の軍需工業化の推進が大きな課題となっていった。

二　東北振興政策の変貌（「一大軍需基地」化）とその終焉

一九三四年の大冷害・大凶作を起因として東北地方の農村社会の窮乏が社会問題化し、当時の岡田啓介内閣は東北振興調査会を発足させそこでの答申を得て、東北振興政策を立案・実施し、その要として国策会社東北興業（株）を創設させた。その東北興業（株）は、国の要請に答えながら事業を積極的に展開していった。とくにアジア・太平洋戦争期には戦局の激化と共に、東北振興の当初の理念は大きく変質してついには軍需品製造のための投資会社へと変貌し、最終的には敗戦と共に悲劇的な終焉を迎えた。その経緯はすでに東北興業（株）の各回定時株主総会時の「総裁挨拶」と「営業報告書」を通して述べてきたが、事柄の重要性に照らしてここに再度確認したい。

一九三七年六月、僅か創立九カ月後の第一回定時株主総会[21]での総裁挨拶では、「本会社の事業の根本目的は、東北地方に於ける各種の資源を開発し、東北に事業を興すと云ふこと」と明言し、そして営業報告書でも東北興業（株）設立の理由として「東北地方ノ窮乏ノ徹底的打開ヲ期スルニハ殖産興業ヲ目的トスル」と解説していた。つまり大凶作を起因とした「東北地方ノ窮乏ノ徹底的打開」を自覚的に認識しつつも、その打開の手法を殖産興業に求めていた。東北振興政策の基本理念はそこに立脚していた。しかし東北農民の窮乏救済とのバランスを求めていた産業組合や被災地零細町村や困窮農民層の要望とは、大きく異なるものだった。

日中戦争に突入した翌一九三八年六月の第二回定時株主総会[22]では、戦時経済体制下にあって、一般的な殖産興業政策ではなく、早くも軍需産業の誘致ないし起業への方向が明示されていった。なお第一回総会において自覚的に意識されていた大凶作による東北地方の窮乏についての文言は、それ以降は一切登場していない。

第三回定時株主総会[23]は日中戦争三年目ということもあって、総裁挨拶では「振興両会社の使命達成は帝国の生産力拡充乃至国策の上に重要なる意義を有することに鑑み」と明確に規定し、軍部から強く求められていた生産力拡充政策に沿う事業展開であった。ただしこの段階では「当社ノ諸事業モ亦飽迄東北振興ノ根本義ニ立脚スベキ」と「東北振興即国家順応トスル一石二鳥ノ事業遂行ニ専念シ来リタリ」（「営業報告書」）と自負していた。事業内容について両者の融合一体化を企図しつつも、それぞれの独立性に立つ併進論的傾向はまだ残存していた。

一九四〇（昭和一五）年六月の第四回定時株主総会[24]での「営業報告書」の認識もほぼ同様であったが、しかし「本来ノ使命タル東北振興」と「事変目的完遂」との関係を前提としつつも、この段階に入ると、「東北振興ヲ（中略）最高経済国策ニ合致セシムルヲ事業方針ノ第一義ト為シ」と、その事業内容を国家総動員法全面発動の下での生産力拡充国策に対応することに、著しく傾斜していった。

第五回定時株主総会[25]は、大戦勃発の半年前（一九四一年六月）に開催されたが、この時期ではまだ「会社本来ノ使命タル東北振興ノ事業ト時局ノ要請スル生産力拡充トヲ一致推進シ得タリ」（「営業報告書」）と述べてある通り、その両者の一体化は依然として言及されていた。

第六回定時株主総会（一九四二年六月）から、敗戦直前の第九回定時株主総会（一九四五年六月）に至る三年間は、アジア・太平洋戦争の直中にあった。緒戦の勝利に湧く第六回株主総会時[26]には、前年同様「当社は設立の目的たる東北地方の殖産興業に専念し」（総裁挨拶）、「会社本来ノ使命タル東北振興ノ事業」（「営業報告書」）とあった。しかし翌年の第七回定時株主総会時にはその自負は辛うじて残存しているものの、第八回・第九回に至っては部分的にその文言はあるが事実上消滅するに至ったと言える。この一九四四・一九四五年の段階ではもはや東北振興なる文言を堂々と表明する暇はなくなる程、戦局は追い詰められていった。

したがって第八回定時株主総会[27]では、「当社ハ苛烈ナル戦局ノ推移ニ即応シ国家ノ目的ニ向ッテ重点的ニ事業ノ拡大強化ヲ図リ以テ飛躍的戦力増強ニ貢献シテ参ッタノデアリマス」（総裁挨拶）。また第九回定時株主総会[28]では、「戦局ノ推移ニ即応シ航空機素材並ニ部品ノ増産、各種兵器工業ノ促進、造船事業ノ設備拡充、地下資源ノ開発等ニ特ニ積極的努力ヲ為シ以テ刻下喫緊ノ要請ニ応ジタリ」（「営業報告書」）と、決戦下の軍需品生産にすべてを傾注し邁進していった。

こうして東北興業（株）はアジア・太平洋戦争勝利のための軍需産業への投資事業に専念していった。その本質を鋭く表現したのは次の文言であった。「当社ニ於キマシテモ政府ノ御趣旨ニ測リ東北ヲシテ名実共ニ一大軍需基地タラシムル為愈々決意ヲ固クシ（中略）一路生産戦ニ邁進致度所存デ御座イマス」（第八回定時株主総会時の「営業報告書」）。[27]

このような経緯からわかるように、東北振興認識は、一九三五（昭和一〇）年初頭の岡田啓介内閣の「諮問第一号」で提起された、東北地方の「禍害亦相踵グノ現状ニ顧ミ」「災害ヲ防除シ福進ヲ増進スベキ振興策」から前述した東北を「名実共ニ一大軍需基地」化へと大きく変貌を遂げていった。

戦時中内閣東北局書記官を務めていた渡辺男二郎は、戦後の著作『東北開発の展開とその資料』[29]の中で次のように述べていた。

（東北振興―筆者）調査会（中略）の発足が「東北救済すべし」といった命題があったため（中略）救済的色彩が色づけられ又その調査会の答申も、そうした傾向が強かった。[30]

東北振興の唯一のよりどころたる残された東北興業株式会社は、その本来の使命たる東北の殖産興業の事業を国防色に染め直して国防型東北振興事業をつづけて居た。[31]

東北興業株式会社が事業を通して国防上戦争に出征したことは即ち東北振興そのものが戦争使命に徴用されたという現実となったことを意味する。[30]

このような東北振興の三類型（救済型、殖産興業型、国防型）の変遷は、東北振興政策の監督・指導に当っていた内閣東北局書記官によるものであるが、この認識は政府と東北興業（株）でも同様であった。

この東北振興認識の基本要因は、満州事変・日中戦争、そしてアジア・太平洋戦争という一五年戦争期という戦時体制下の戦力増強政策にあることは、これまでの分析を通しても明らかなことである。その意味で、一九三四年の大冷害・大冷作に起因した東北地方〝疲弊〟の克服問題が、戦局の激化によって後景に追いやられ、ついには敗戦時の二・三年前年段階に至ると東北振興の実体が虚名化・空名化していった事実は重い。

同時に、東北振興政策の変貌とその事実上の終焉に至る経緯を見ると、東北振興調査会やその核として事業展開した東北興業（株）自らもこの変貌を積極的に担っていた点にも注視すべきである。例えば東北振興調査会第九回総会答申での東北地方の生活安定論と共に、新たに「広義国防」論の登場である。また東北興業（株）の各回定時株主総会時の総裁挨拶や「営業報告書」にある、事業の基本目的としての「東北振興即国策順応」論、そして幾度も引用した「東北一大軍需基地化」論である。こうした変貌の進行に重要な役割を果したのが東北興業（株）であったことは、国の多くの庇護の下での国策会社としては当然のことと言える。

しかしそれ以上に着目すべきは、岡田啓介首相の東北振興調査会への「諮問第一号」の目的であった。「災害防除」と「福祉増進の振興策」の樹立、換言すれば先の渡辺男二郎が規定したような「救済型東北振興」論が、実現しなかったことであった。歴史的な大凶作の最大の犠牲者であった東北地方の多数を占める農民（なかんずく中農・貧農層）の〝疲弊〟の匡救問題が喫緊の課題であったはずが、その打開策として東北工業振興強化による「殖産興業」政策が最も重視された。つまりそれは、東北の工業化増強による企業利潤増大が地域住民に自然に恩沢をもたらすという「均霑」政策であった。それに対して困窮蔑民に接することの多い産業組合、窮乏町村、さらには帝国議会での左翼系と国家主義的な両農民組合出身の衆議院議員などからは、強く東北農民の救済が叫ばれた。こうした東北地方の凶作被災住民の早急かつ重要な解決なしに、戦時体制の深化と共に東北振興政策が終焉を迎えていった。したがって東北農民の構造的な貧困問題は、戦時中においては何ら解決を見ることなく、貧農・小作人の窮乏問題の重要な社会的基盤をなしていた土地所有制度の改革は、戦後の農地改革に至るまで実現しなかった。

東北住民（なかんずく東北農民）の貧困問題の根本的な解決を目指す上で、この東北振興のあり方を考える際、東北振興政策の変貌とその終焉の経緯は、一つの重大な歴史的教訓を与えている。

注記

（1）東北振興調査会『東北振興調査会要覧』一五三頁。
（2）前掲書（1）六一頁。
（3）「昭和一二年六月一日現在、株主名簿」一～九頁（東北開発（株）資料・整理番号三五九所収）。
（4）国立公文書館資料・配架番号二A・三七―一・東北三八「昭和一二年東北振興両会社協議会会議録」所収。
（5）国立公文書館資料・配架番号二A・三七―二・東北一〇三「東北興業株式会社第一回株金払込関係」所収。
（6）調査資料第六九輯、昭和一二年八月。
（7）前掲書（6）七七頁。
（8）前掲書（6）七二頁。
（9）前掲書（6）二・三頁。
（10）前掲書（6）二頁。
（11）前掲書（6）三頁。
（12）前掲書（6）七四頁。
（13）前掲書（6）七八・七九頁。
（14）日本評論社、昭和九年。
（15）千倉書房、昭和一三年。
（16）前掲書（15）二三八頁。
（17）前掲書（15）二三六頁。
（18）前掲書（15）二三九頁。

(19)前掲書（15）二四〇頁。
(20)前掲書（1）一八九頁。
(21)東北開発（株）資料・整理番号三六一「第一回株主総会関係書類」所収。
(22)東北開発（株）資料・整理番号三六二「第二回株主総会関係書類」所収。
(23)東北開発（株）資料・整理番号三六四「第三回株主総会関係書類」所収。
(24)東北開発（株）資料・整理番号三六八「第四回株主総会関係書類」所収。
(25)東北開発（株）資料・整理番号二一〇「第五回株主総会関係書類」所収。
(26)東北開発（株）資料・整理番号三七〇「第六回株主総会関係書類」所収。
(27)東北開発（株）資料・整理番号三七九「第八回定時株主総会関係書類」所収。
(28)東北開発（株）資料・整理番号八一―（一）「昭和一八年度事業計画書」所收。
(29)自家出版、昭和四〇年。
(30)前掲書（29）三頁。
(31)前掲書（29）六六頁。

資料編

一　『第六十九回帝國議會　一般資料』
二　東北各県知事より内閣東北局長あて陳情書
三　『東北振興經過概要』
四　東北興業株式会社各回定時株主総会に於ける総裁挨拶要旨

一『第六十九回帝國議會　一般資料』

1　表紙

第六十九回
帝國議會
一般資料
内閣東北振興事務局

2　昭和九年ノ冷害ニ因ル農作物被害額

東北地方ニ於ケル昭和九年ノ異狀ナル悪氣象ハ同地方ニ未曽有ノ大凶作ヲ齎シサナキダニ疲弊セル農村ヲ極度ノ困窮ニ陥レタリ。左ニ該凶作ノ被害狀況ヲ表掲ス。

農作物被害状況（農林省統計課調 昭和九年十一月作製）

種別／縣名	水稲減收高 數量	水稲減收高 金額	畑作物減收金額	合計
	石	千圓	千圓	千圓
青森	四七〇、七二六	一一、七六八	二、五三四	一四、三〇二
岩手	六四九、五二二	一六、二三八	五、四九二	二一、七三〇
宮城	六二六、七七三	一五、六六九	三、二九九	一八、九六八
秋田	四九五、六二六	一二、三九一	七一五	一三、一〇六
山形	八〇七、四〇三	二〇、一八五	一、六五八	二一、八四三
福島	六二六、二七七	一五、六五七	一、一八九	一六、八四六
合計	三、六七六、三二七	九一、九〇八	一四、八八七	一〇六、七九五

備考
1、水稲減収見込數量ハ米第二回豫想收獲高調査ノ結果ナリ
尚金額ハ一石二十五圓トシテ算出ス
2、畑作物減收金額ハ昭和九年九月二十日現在調トス

3　東北振興調査會　第一回総會（昭和十年一月十日）

（イ）内閣総理大臣ノ挨拶

本日東北振興調査會第一回総會ヲ開クニ當リマシテ一言御挨拶ヲ申シ述ベタイト思ヒマス。東北地方ハ古來屢々天災飢饉ノ襲フ所ト爲リ凶作相踵グノ状態デアリマシテ、寔ニ同情ニ堪エヌ次第デアリマスガ殊ニ三陸海嘯ノ慘害未ダ癒エザルニ續イテ昨年ハ冷害ノ結果稀有ノ凶作ニ陥リ、爲ニ朝野ヲ擧ゲテ之ガ救濟ニ努ムルニ至ツタノデアリマス。

従ツテ又根本的ニ災禍ヲ除キ振興ニ資スベキ適切ナル方策ヲ樹立シ速ニ之ガ實施ヲ爲スベシトスル東北振興ノ要

望ハ期セズシテ連リニ高マツタノデアリマス。政府ニ於テモ夙ニ東北地方振興ノ爲ニ抜本塞源ノ方策樹立ヲ企圖シツ、アツタ際デアリマスカラ、茲ニ朝野有識ノ方々ヲ煩ハシテ内閣ニ東北振興調査會ヲ設置シ、其ノ調査ノ結果ヲ尊重シテ將來確固タル方策ノ樹立ト之ガ實施トニ努メタイト考ヘタ次第デアリマス。思フニ東北地方ガ累年慘害ニ禍サレ、非常ニ不幸ナル地位ニ在ル所謂ノモノハ自然的ニモ人爲的ニモ其ノ原因固ヨリ多種多様ニ亘ルト考ヘラレマスガ、克ク之ガ眞因ヲ究明シ、之ニ對應シテ適切ナル方策ヲ構ズベキモノト思フノデアリマス。各位ニ於カレテハ政府ノ意ノアル所ヲ諒セラレ其ノ深イ御識見ト御經驗トヲ活用シテ十分ニ審議ヲ竭サレムコトヲ切望致ス次第デアリマス。

（ロ）諮問第一號

東北地方ノ不振ハ其ノ由テ來ルコト既ニ久シク禍害亦相踵グノ現狀ニ顧ミ之ガ眞因ヲ究明シ以テ災害ヲ防除シ福祉ヲ増進スベキ振興策ヲ樹立スルヲ緊要ト認ム

仍テ之ガ具體的方策ニ付意見ヲ求ム

4　東北振興調査會　第七回總會（昭和十年九月十九日）

第六回總會以後引續キ第二特別委員ニ於テ審議經續中ナリシ東北興業株式會社設立ニ関スル件、東北振興電力株式會社設立ニ関スル件及金融施設ノ設備改善ノ三件ニ付ソノ答申案ヲ可決セリ。

(イ)　答申

東北興業株式會社設立ニ関スル件

東北地方ノ深刻ナル窮乏ノ徹底的打開ヲ期スルガ爲左ノ要綱ニ依リ殖産興業ヲ目的トスル特殊ノ株式會社ヲ組織シ、各種産業ニ互リ統一的方針ノ下ニ資源ノ開發ト経濟ノ振興トヲ圖ルコト最モ緊要ナリト認ム。

東北興業株式會社要綱

一、事業組織

特殊ノ株式會社トス

二、事業目的

會社ハ大體左ノ事業ノ経營又ハ之ニ對スル投資其ノ他ノ助成ヲ爲スモノトス

(イ) 肥料工業其ノ他電氣化學工業

(ロ) 水産、鑛産等資源ノ開發

(ハ) 水面埋立事業

(ニ) 農村工業

(ホ) 其ノ他東北振興ニ関スル諸事業

三、事業資金

(一) 會社ノ資本金ハ三千萬圓トシ第一回ノ拂込ハ資本總額ノ四分ノ一トス

(二) 會社ノ株式ハ其ノ一半ハ東北六縣ニ於テ各平等額ヲ引受ケ他ノ一半ニ付テハ成ルベク東北住民ヲシテ應募セシムルモノトス

(三) 右六縣ノ株式引受資金トシテ豫金部ノ低利資金及簡易生命保險積立金ノ融通ヲ受クルモノトス

四、配當補給

會社ノ配當年六分ニ達セザルトキハ政府ハ創立初期ヨリ十五年ヲ限リ之ニ達セシムベキ金額ヲ補給スルモノトス

但シ其ノ額ハ如何ナル場合ト雖モ拂込資本金額ノ六分ヲ超過セザルモノトス

政府ハ必要アリト認ムルトキハ更ニ十年ヲ限リ前項ノ期間ヲ伸長スルコトヲ得ルモノトス

五、社債ノ發行

六、役員
會社ハ拂込資本金ノ五倍ヲ限リ社債ヲ發行シ得ルモノトス
㈠　會社ノ取締ハ三人乃至五人トス
㈡　會社ノ社長タル取締役ハ株主中ヨリ政府之ヲ任命シ其ノ任期ヲ五年トス
㈢　其ノ他ノ取締役ハ株主中ヨリ株主總會ニ於テ之ヲ選擧シ政府ノ認可ヲ受クルコトトシ其ノ任期ヲ四年トス
㈣　監査役ハ二人以上トシ、株主中ヨリ株主總會ニ於テ之ヲ選擧シ其ノ任期ヲ三年トス

七、監督
會社ノ業務ハ政府之ヲ監督シ、定款ノ設定變更事業計畫、社債ノ募集、利益金ノ處分、其ノ他重要事項ニ付テハ認可ヲ受ケシムルモノトス
尚政府ハ東北振興上必要アリト認ムルトキハ事業計畫及運營ニ関シ特別ノ命令ヲ與フルモノトス

八、設立準備
政府ニ於テ設立委員ヲ任命シ會社設立ニ関スル一切ノ事務ヲ處理セシムルモノトス

5　東北振興調査會　第九回總會（昭和十一年七月八日）

第九回總會ニ於テ可決セル答申（昭和十一年七月八日）

東北振興綜合計畫實施要項

一、東北振興綜合計畫ノ目的ハ東北地方ニ於ケル産業ノ振興ヲ圖リテ同地方住民ノ生活ノ安定ヲ期スルト共ニ、國家内外ノ情勢ニ鑑ミ國防上ノ人的及物的基礎ノ確立ニ資スル爲所謂廣義國防ノ實ヲ擧グルニ在ルモノトス。

二、本計畫ハ東北地方住民ノ自力更生ト相俟ツテ始メテ其ノ目的ヲ達成シ得ベキモノニシテ國費多端ノ今日徒ニ其ノ費額ノ多大ナルヲ望ムベカラザルハ固ヨリナルモ、政府ハ前項ノ趣旨ニ鑑ミ之ガ經費ノ支出ニ關シ其ノ目的達成上

遺憾ナキヲ期スルモノトス。
三、本計畫ハ差當リ昭和十二年度ヨリ昭和十六年度ニ至ル五箇年ヲ以テ第一期ト爲シ繼續實施スルヲ要スルモノトス。
四、東北振興第一期綜合計畫ハ五ケ年間ノ事業ニ對スル政府豫算額三億圓ヲ以テ之ヲ實施スルモノトス。

二　東北各県知事より内閣東北局長あて陳情書

1　表紙

昭和十三年度　申報(一)
陳情書綴(道、土、鉄
港、河)
内閣東北局

2　身賣婦女子救濟ニ関スル件

青特第一三五號
昭和十三年一月二十七日
青森縣知事　小河正儀
(警察部長)

内務大臣末次信正殿

厚生大臣木戸幸一殿
内閣情報部長殿
内閣東北局長殿
警視廳、北海道廳
東北五縣各長官殿
（管下各警察署長殿）

身賣婦女子校濟ニ関スル件

青森市――
平民戸主日雇――長女
――――
當十五年

右ハ家計援助ノ爲客年十月二日前借金三百円ニテ警視（貴）廳管下
東京市向島區寺島町――
「――」料理店
樓主――
方ニ藝妓見習トシテ身賣シタルモノナルガ其ノ後仝料理店女將ヨリ醜業ヲ強ヒラレ之ヲ拒否シツヽアルヲ以テ皈宅致シ度旨齎シ再三引取方ヲ親許ヘ通信セルニ依リ本月十七日實父――ハ所轄青森警察署ヘ解決方願出タルガ當時右樓主來青中ニ付キ双方ヲ招致シ懇談ノ處出願人ハ現在百七十円所持シアルヲ以テ不足分百三十円ハ青森市職業紹介所ヨリ借用（身賣防止資金）シ計金三百円ヲ返濟シ――ヲ引取ルコトニ円満解決セルニ付
右及申（通）報候也

（管下各警察署長ニ在リテハ執務ノ参考ニ供セラルベシ）

3　婦女子身賣防止ニ関スル件

青特第三〇〇號
昭和十三年二月二十五日
青森縣知事　小河正儀
（警察部長）

内務大臣末次信正殿
農林大臣有馬賴寧殿
厚生大臣木戸幸一殿
内閣企畫院總裁殿
内閣情報部長殿
内閣東北局長殿
警視廳北海道廳東北五縣各長官殿
（管下各警察署長殿）

婦女子身賣防止ニ関スル件

管下南津軽郡浪岡村大字浪岡――
平民戸主農――
當四十五年

右ハ家族六名ヲ抱ヘ田畑併セテ約六反歩ヲ小作シ居ルモ負債約千円アリテ生活困難ナル處ヨリ家計充當ノ目的ヲ以

テ客月二十九日自己ニ女――當十五年（高等小學校一學年在學中ノモノ）ヲ

東京市荒川區尾久町――

――營業――

方ニ藝妓見習セシムルコト、シ金百三十円前借シ雇人契約ヲ爲シ二月二日上京ノ豫定ナリシガ所轄浪岡警察署ニ於テハ農村婦女子離村防止ノ見地ヨリ二月一日來青中ノ雇主及實父――ヲ招致シ懇談セルニ前借金百三十円ハ飯米代金其ノ他ニ支拂濟ニ付本縣社會事業協會ヨリ金百三十円借入シテ返濟スルコト、シ本契約ヲ解除セリ

右及申（通）報候也

（管下各警察署長ニ在リテハ婦女子身賣防止ノ参考ニ供セラルベシ）

以上

4　農村社會問題取扱状況ニ関スル件

青特第一四二號

昭和十三年二月一日

青森縣知事　小河正儀

（警察部長）

内務大臣末次信正殿

農林大臣有馬頼寧殿

厚生大臣木戸幸一殿

内閣企畫院總裁殿

内閣情報部長殿

内閣東北局長殿
各廳府縣長官殿
青森地方裁判所検事正殿
（管下各警察署長殿）

昭和十二年中農村社會問題取扱状況ニ関スル件

農村社會問題ノ取扱状況（主ナルモノ）ニ付テハ其ノ都度申（通）報ノ處ナルガ昨年中ニ於ケル取扱状況ハ別表ノ通ニシテ特ニ應召出征軍人家（遺）族ヲ繞ル諸紛議ニ付キテハ敏速適正ニ斡旋解決シ相當効果ヲ収メツヽアリ
右及申（通）報候也

農村社會問題各署別取扱状況調　青森縣特高課

昭和十二年末現在　△印ハ應召軍人遺家族関係紛議ヲ示ス、

種別／署別	計
境界問題	八
家庭紛議	二二 △三
借家借地関係紛議	一六 △八
田畑地賣買問題	六
債権債務関係紛議	三七 △八
損害請求紛議	六
雇傭関係紛議	七 △一
水利紛議	一　一
賃銀不拂問題	二八 △一
婦女子身賣問題	四 △一
秣場紛議	二
慰藉料請求紛議	二
其ノ他	四七 △一一
計	一八六 △三三

（各署別は省略）

5　岩手縣下小學校教員俸給不拂状況ニ関スル件

岩書秘第一〇二號
昭和十三年二月十九日
岩手縣知事雪澤千代治

（警察部長）

内務大臣末次信正殿
文部大臣木戸孝一殿
厚生大臣木戸孝一殿
内閣情報部長殿
内閣東北局長殿
東北五縣知事殿
（管下各警察署長殿）

岩手縣下小學校教員

俸給不拂状況ニ關スル件

要旨　昭和十三年一月末現在縣下二百三十五ヶ町村中教員俸給延滞町村二十五ヶ町村、延滞総額八、三八七円ニシテ前年同期ニ比シ七割七分ノ減少ヲ示シ亦延滞額ヲ農、山、漁村別ニ分別スルニ農村十三ヶ村四、五六五円ニシテ、山村九ヶ村二、〇〇四円、漁村三ヶ村一、八一八円ノ状況ナリ

本縣ニ於ケル昭和六年以来打續ク災害ニ基因スル地方自治体ノ財政破綻ハ小學校教育費ノ上ニモ如實ニ反映シ教育俸給ノ延滞町村ヲ生ズルニ至リ昭和十二年末ニ於テ縣下全校数ノ三割五分以上ノ支拂延滞スルニ至リ教育者ノ思想及生活等ニハ勿論直接教育ニ及ボス影響等見受ケラルヽヲ以テ之ガ防止ノタメ町村理事者ヲ督勵指導シ特ニ奮起ヲ促ス等對策ノ結果漸次好調ヲ示シアリタル處ニシテ昭和十二年十月末迄ノ之ガ状況ハ客年十二月十五日付對號ヲ以テ申報致候處其ノ後逐月減少シ昭和十二年末ニ於テハ縣下ニ百三十五ヶ町村中六ヶ町村關係校数十二校三千九百九十九圓シ延滞ニシテ前年同月末二六、〇八三圓ニ比較スルニ著シク減少ヲ見タルモ本年一月末ニ至リ一躍四、三八

八圓ノ増加ヲ示シタルモノナルガ右ハ町村ニ於ケル年末決済直後ノ財政運用圓滑ヲ缺ク一時的事情ニ関ルモノト認メラレ之ヲ昭和十二年同月末延滞額三七、五九七圓ニ對比スルトキハ約八割ノ減少ニシテ斯ノ如ク延滞額減少ノ素因ハ今次事変ニ依ル一般地方民ノ緊張ト臨時地方財政金ノ交付等町村収入ノ一時増加ニ依ルモノナルガ従ツテ教育界ニモ良ク反映シアル現況ニシテ更ニ最近ノ諸物價昂騰ハ教育ニ對シテ相當影響アルベキヲ以テ之ガ絶無ヲ期スルハ緊要ナル為メ、各町村ヲ督勵シツ、アルトコロニシテ關係町村ニ於テモ熱意ヲ以テ財政調整ニ努力中ノ状況ナリ

6　小作争議発生解決状況ニ関スル件

青特第一三七號

昭和十三年二月一日

青森縣知事　小河正儀（警察部長）

内務大臣末次信正殿
農林大臣有馬賴寧殿
厚生大臣木戸幸一殿
企畫院總裁殿
内閣情報部長殿
内閣東北局長殿
各廳府縣長官殿
青森地方裁判所検事正殿
（管下各警察署長殿）

昭和十二年中小作争議発生解決状況ニ関スル件

本縣下ニ於ケル小作争議ハ昭和十年前ノ相次グ凶歉ノ影響ヲ享ケ逐年増加ノ傾向ニアリタルガ昨年ハ昭和十一年ニ引續キ豊作ニ恵マレタル結果、別添諸表ノ通発生件数三二六件ニシテ一昨年発生件数三六七件ニ比シ四一件ノ減少ヲ見タリ　之ガ発生原因ノ主ナルモノハ土地取上二一一件ニシテ之ニ亜グモノハ小作料滞納四七件ノ如キ状況ナルヲ以テ當廳ニ在リテハ應召農家ノ保護及銃後ノ生産拡充ノ見地ヨリ既報ノ通リ種々計画ヲ樹テ各警察署及関係團体等ヲ督励シ地主小作人間ノ紛争排除ニ万全ヲ期シツヽアリ

右及申（通）報候也

（管下各警察署長ニ在リテハ執務ノ参考ニ供セラルベシ）

小作争議発生原因及要求事項調

昭和十二年末現在

青森縣特高課

争議件数		三二六件
争議ノ原因	小作料値上	七件
	風水干害病虫害其ノ他ノ不作	二二件
	小作料高率	五件
	小作料不統一	件
	小作権関係又ハ小作地引上	二一件
	前所有者ノ小作申込ヲ拒絶	二件
	小作料過徴又ハ小作地面積相違	三件
	小作料滞納	四七件
	小作人ニ小作地買取要求	三件
	調停條項不履行	七件
	契約不履行	七件
	小作証書保証関係	一件
	其ノ他	一一件
要求事項	小作料値上反対	七件
	一時的小作料減額	四一件
	永久的　〃	件
	小作契約継續	二五件
	小作権又ハ永小作権ノ確認	二件
	同上ノ賠償	件
	代地交付	一件
	前所有者ヨリ小作申込	四件
	小作地買受	七件
	契約又ハ調停條項ノ履行	三件
	小作料延納並分割支拂	六件
	込米廃止	件
	其ノ他	四〇件

小作争議一覧表

昭和十二年末現在

青森縣特高課

月別	争議件数（件）	参加人員 地主（人）	参加人員 小作人（人）	関係地ノ種別並ニ反別 田（町反畝歩）	関係地ノ種別並ニ反別 畑（町反畝歩）	関係地ノ種別並ニ反別 田畑計（町反畝歩）	関係地ノ種別並ニ反別 其ノ他（町反畝歩）	関係地ノ種別並ニ反別 總計（町反畝歩）	結末 解決 妥協（件）	結末 解決 要求貫徹（件）	結末 解決 要求撤回（件）	結末 解決 自然消滅（件）	結末 解決 計（件）	結末 未解決（件）
一月	六七	七〇	二四八	一〇〇、五、八、一六	五、一、四、二一	一〇五、七、三、〇七	八〇四	一〇五、八、一、一一	四三	一八	六		六七	
二月	六九	七八	九五	四三、九、七、二七	五、一、〇、〇九	四九、〇、八、〇六	五、七、二二	四九、六、五、二八	三五	二七	七		六九	
三月	四一	五三	六五	三二、七、〇、一〇	一、九、三、二八	三四、六、四、〇八	二、〇、一、〇〇	三六、六、五、〇八	一九	二一	一		四一	
四月	三六	四五	五二	一八、一、一、〇〇	五、七、九、二一	二三、九、〇、二一	一、二、二四	二四、〇、三、一五	一七	一一	七		三五	一
五月	一三	一四	二〇	二、七、七、一一	六、六、二、一四	九、三、九、二五		九、三、九、二五	八	三	一		一二	一
六月	二八	三一	三二	四〇、三、五、〇八	一、〇、五、一四	四一、四、〇、二二	二、二八	四一、四、三、二〇	二七	一			二八	
七月	二	二	二	一、三、一四	六、〇六	一、九、二〇		一、九、二〇	一	一			二	
八月	八	五二	一四	五、〇、〇〇	一四、七、九、二一	一五、二、九、二一	五、四、〇五	一五、八、三、二六	六				六	二
九月	八	八	一五	四六、三、〇七	七、八、〇〇	五四、一、〇七		五四、一、〇七	五	一	一		七	一
十月	一三	一七	一七	二〇、四、八、二六	一、〇、二、一〇	二一、五、一、〇六	五、二一	二一、五、六、二七	八	三			一一	二
十一月	一一	一三	一三	七、五、〇、〇七	三、〇、〇四	七、八〇、一一	一、二、一七	七九、二、二八	五	三			八	三
十二月	三〇	三三	三五	一三、七、六、〇六	九、一、七、〇二	二二、九、三、〇八		二二、九、三、〇八	七	四			一一	一九
計	三二六	四一六	六〇八	二八五、五、二、一二	五一、八、〇、〇〇	三三七、三、二、一二	三、五、五、〇一	三四〇、八、七、一三	一八一	九三	二三		二九七	二九

備考

一、争議件数三二六件、中一二二件ハ警察署扱及小作紛議防止委員会扱ニシテ未解決ノモノナク他ノ二〇四件（中二件ハ小作官補ノ法外調停）ハ法調停申立事件ナリ

二、争議件数三二六件中全農縣職ノ関係セルモノ五六件アリ

三、小作争議年次別発生状況

昭和五年	三五件
〃六年	六七件
〃七年	九八件
〃八年	一五五件
〃九年	一八一件
〃十年	二八二件
〃十一年	三六七件
〃十二年	三二六件

7　東北振興電力・東北興業両株式會社ニ對スル縣産青联《ママ》ノ動向ニ関スル件

特發第一、四六〇號

昭和十三年五月二十八日

山形縣知事武井群嗣

（警察部長）

内務大臣末次信正殿

商工大臣池田成彬殿

内閣東北局長　殿

東北各縣長官　殿

（管下各警察署長）

東北振興電力・東北興業両株式會社ニ對スル縣産青联《ママ》ノ動向ニ関スル件

要旨　㈠　管下一八八産業組合ニ於テハ両会社ノ引受株ニ對スル拂込金ノ捻出ニ困難ヲ来シツ、アリテ本月十四、五日ノ縣下産業組合大會ニ於テ縣産青联《ママ》ヨリ協議事項トシテ株金拂込ニ関シ提案シ政府其ノ他ノ機関ニ肩替ヲ要望スル事ニ決議セリ

㈡　右ニ對シ縣産青联《ママ》常任書記髙島米吉ハ両会社ノ株ハ強制的ニ引受ケセシメラレタノデアルガ両会社ハ現在迄何等ノ實績ヲ擧ゲテハ居ナイ　株金拂込ニ付テハ當局ニ於テ善處スルニアラザレバ　産業組合トシテハ両会社乃至ハ當局ニ對スル態度モ考ヘル必要ガアルト語レリ

東北振興電力　東北興業両株式會社ノ管下産業組合ノ引受株ハ

東北振興電力　一八七組合　　二七、六六五株

東北興業　　一八八組合　　二二、三二〇株

ニシテ前者ハ二回ノ拂込ヲ了シ、後者ハ一回ノ拂込ヲナシタルノミニシテ二回目ノ拂込ニ迫ラレ居ルガ之ガ拂込資金ニ窮シ居ル實情ニアリテ本月十四、五ノ両日最上郡新庄町ニ於テ開催ノ縣産業組合大會ニ際シ縣産青联《ママ》ヨリ協議事項トシテ株金拂込ニ関スル件ガ提案サレ協議ノ結果政府其ノ他ノ機関ニ肩替ヲ要望シ若シ不能ノ場合ハ拂込金全額ヲ政府ヨリ融資セラレタシト要望スル事ニ決議シタルガ右ニ関联《ママ》シ

管下山形縣産業組合青年联《ママ》盟

常任書記　　髙島米吉

ハ所轄署視察員ニ對シ左記ノ如ク語リタリ

右及申（通）報候也

（管下各警察署長ハ参考ニ供セラルベシ）

記

東北振興電力、東北興行《ママ》両株式會社ノ株金拂込ノ政府其ノ他肩替リニ就テハ　従来カラ何回トナク問題ニナリ今回同様ノ態度ヲ表明シタノデアッテ、近クハ東北電力ノ第二回株金拂込ニ際シ六縣信联《ママ》當事者ノ上京陳情トナリ遂ニ中央金庫ト預金部トノ融資ヲ得テ漸ク危地ヲ脱シタ如ク東北民ニトッテノ重大事デアルト同時ニ東北産組ニトッテモ死活問題デアル、何故其ノヤウナ厄介物ニ手ヲ出シタカト言フカモ知レヌガ吾々ハ何モ好ンデ投資ヲシタ訳デハナク時ノ長官金森氏ノ懇請ニ依リ半バ強制的ニ出資ヲ余儀ナクセラレタノデアリ産組ノ構成上即官製産組デアル以上之ハ致シ方ナカッタノデアル、然シ我々ハ其ノ當時ヨリ今日ノ状態ヲ豫期シタ譯デハナク、着々ト両會社ハ事業ヲ實施シ利潤ヲ得　我々ガ重大ナル痛苦ヲ忍ンデ其ノ命ヲ奉ジタ努力ガ必ズ報イラレル点ガアルト思ッテ居ッタ。

然ルニ両會社ノ成績ハ如何ト言フト半官半民ノ悲シサ理論ハ良シトスルモ實行ニ際シ利ヲ得ルノ商略ニ欠ケ機ヲ失シ　衣冠束帯ニ算盤ヲ持ツノ不都合ヲ生ジテ居リ事業ノ数ニ於テ必ズシモ少ナクハナイガ、東北振興ニ益々東北文

化向上ニ貢献スルノ点ニ至ツテハ日暮レテ道遠シノ感ジガアル。加フルニ中央部ニ於ケル東北振興ノ気運、認識頓ニ薄レ六縣當事者ガ注意喚起ノ陳情ヲナサヾルヲ得ザルノ事情下ニ於テハ両会社ハ既ニ幽靈的存在ニ墮シタトノ感ヲ受クルノハ独リ吾ガ産組ダケデハナイト思フ
今囬ノ大會ニ吾々ノ提案シタ株金拂込問題ニ對シテハ當局ニ於テモ漸次吾等ノ爲メニセントスルノ主張ニ非ザル事ヲ悟ラレ他機関ヘノ肩代リト云フ事ニ付考慮サレテ居ル様子デアツテ我々ハ其ノ到来ノ一日モ速カナラン事ヲ祈ルモノデアルガ當局ノ斡旋ガ奏功セズ、若クハ其ノ斡旋ニ熱意ヲ有シナイ場合ハ両会社乃至ハ當局ニ對スル我々ノ態度モ三思ヲ要スルモノガアルト思フ、然シ當分先ヅ靜観的態度ヲ續ケル積リデアル云々

三 『東北振興經過概要』

1 表紙

昭和十八年十月

東北振興經過概要

内閣東北局

部外祕

2 臨時東北地方振興計畫調査會　總說

第二編　臨時東北地方振興計畫調査會概要

第一章　總　　說

曩ニ設置ヲ見タル東北振興調査會ハ一應之ガ目的ヲ達成セルニ因リ昭和十四《ママ》年四月一日廢止セラレ、而シテ同調査會ニ於テ答申セラレタル東北振興第一期綜合計畫ノ期間モ一應昭和十六年度ニテ終了スルコトトナリタルヲ以テ之ニ引續ク振興計畫樹立ノ爲新ニ調査會設置ノ必要ヲ認メ之ニ要スル經費一萬五千圓ヲ昭和十五年度豫算ニ計上セリ、然ルニ當時政府ニ於ケル諸委員會ノ整理方針ニ依リ之ガ設置困難トナリシノミナラズ前記調査會ノ經緯ニ鑑ミ政府部內ニ於テモ調査會ノ再設置ニ付テハ相當難色アリ遂ニ昭和十五年度ニ於テハ其ノ實現ヲ見ザル狀態ニアリタリ。

　此ノ間東北地方官民ニ於テハ東北振興事業ノ繼續實施方ニツキ陳情、請願ヲ爲シ或ハ各種會合ニ於テ屢々第二期綜合振興計畫樹立ニ關シ決議ヲ爲シ、之ガ實現方ヲ希望シアリタル處、偶々東北振興事業ノ一支柱タル東北振興電力株式會社ハ電力統合ノ國策ニ沿ヒ、日本發送電株式會社ニ合併、解散ヲ見ルコトトナレリ。

　政府ハ茲ニ於テ東北振興事業ノ衰勢ニ赴クヲ防止スルタメ寧ロ事業ノ强化ヲ決意シ、日本發送電株式會社ヲシテ東北振興電力株式會社ノ使命ヲ全面的ニ繼承實施セシムルト共ニ昭和十六年九月九日左記趣旨ノ閣議決定ヲ爲シタリ。

卽チ

一、東北地方綜合振興計畫ニツイテハ新ニ調査機關ヲ設ケ、東北地方振興方策ニ關スル事項ヲ調査審議スルモノトス

二、東北興業株式會社ノ機能强化ニツキ考慮スルモノトス

右閣議決定ニ基キ政府ハ東北振興事業ノ時局卽應ヲ期シ、新ナル構想ノ下ニ本地方ニ於ケル人的、物的總力ノ發揮ノ基礎ヲ確立シ以テ高度國防國家建設ノ一環タラシムルタメ大東亞戰爭勃發直後卽チ昭和十六年十二月二十日勅命第千百七十四號ヲ以テ臨時東北地方振興計畫調査會官制ヲ公布シ、同日委員、幹事ノ任命ヲ見、茲ニ臨時東北地方振興計畫調査會ハ設立セラレタリ。

臨時東北地方振興計畫調査會ハ內閣總理大臣ノ監督ニ屬シ、其ノ諮問ニ應ジテ東北地方振興ニ關シ、調査審議ヲ遂ゲソノ具體案ノ作成ヲ爲サントスルモノニシテ、朝野各方面ノ有識堪能ノ士ヲ網羅スルコトトシ殊ニ時局下ニ於テ最モ實行性アル案ノ作成ヲ必要トスル關係上主トシテ關係各廳ノ局部長ヲ委員トシ內閣書記官長ヲ會長トセルモノナリ本

會ハ諸般ノ準備ヲ整ヘ、昭和十七年一月十九日內閣總理大臣官邸ニ於テ第一回總會ヲ開催シタル處、政府ニ於テハ現下國內態勢整備ノ要愈々緊切ナルモノアルニ鑑ミ、東北振興ニ關シ調査ヲ遂ゲ之ガ計畫ノ策定ヲ必要ト認メ、茲ニソノ具體的方策ニツキ意見ヲ求ムル旨ノ諮問第一號ヲ發シタリ。

（中　略）

本調査會ハ本答申ニ至ルマデ總會三回、特別委員會三回、幹事及關係官ノ會議打合セヲ爲スコト五回ニシテ現下東北地方ニ於テ急速ニ實施スベキ諸方策ヲ調査立案シ、答申シタルモノナリ。

斯クテ本調査會ハ一應之ガ目的ヲ達成シタルヲ以テ昭和十八年三月三十一日其ノ官制ノ廢止ヲ見ルニ至レリ。

3　臨時東北地方振興計畫調査會　內閣總理大臣告辭・諮問第一號

內閣總理大臣告辭

開會ニ當リマシテ所懷ノ一端ヲ申述ベタイト存ジマス。東北地方ハ御承知ノ如ク地理的情況ニ於テ惠マレザルノミナラズ古來冷害津浪等ノ禍害相踵ギ文化的方面ニ於テ又經濟的方面ニ於テ幾多不振ト目スベキモノガ存スルノデアリマシテ斯クノ如キ狀態ヲ其ノ儘ニ致シテ置キマスコトハ單ニ同地方ノ不幸デアルバカリデナク我國力ノ進展上少カラザル障碍トナルノデアリマス。

茲ニ於テ政府ハ根本的ニ之等不振ノ原因ヲ究明シ拔本塞源ノ方策ヲ樹立シテ同地方ヲ振興セントシ曩ニ東北振興調査會ヲ設ケテ諸般ノ方途ヲ調査研究セシメ爾後各種ノ振興事業ニ着手シ目下其ノ遂行上ニアルノデアリマス。

舊臘八日大東亞戰爭ノ勃發ヲ見ルヤ帝國ハ國家ノ總力ヲ擧ゲテ征戰目的ノ達成ニ邁進シテ居ルノデアリマス。申シ上ゲル迄モナク此ノ大戰爭ヲ遂行シ東亞不動ノ新秩序ヲ建設センガ爲ニハ人的物的アラユル方面ニ於テ國內態勢ヲ整備强化シ搖ギナキ鐵壁ノ備ヲ以テ之ニ當ラネバナラナイノデアリマス。

東北振興問題ニ付キマシテモ此ノ地方ノ災害ヲ防除シ文化ヲ進メ人的及物的資源ノ育成開發ヲ圖リマスコトハ啻ニ

同地方ヲ振興セシムルノミナラズ現下我國ノ總力ヲ發揮スル上ニ於テ實ニ缺クベカラザル緊急ノコトニ屬スルノデアリマス。然シナガラ此ノ目的ヲ達成スルニ付キマシテハ既往ノ實績ニ深ク顧ミ且ツ現下ノ實情ニ卽應シテ適確ナル方針ノ下ニ改ムベキハ之ヲ改メ新タニ加フベキモノハ之ヲ加ヘテ徹底セル計畫ヲ樹テネバナラヌノデアリマシテ今般新ニ臨時東北地方振興計畫調査會ガ設ケラレ各位ニ調査審議ヲ御願ヒスルコトニ成リマシタノモ全クコノ趣旨ニ外ナラヌノデアリマス。何卒充分御審議ヲ竭サレマシテ出來ル丈ケ速ニ具體的方策ノ樹立ニ資セラレムコトヲ切望致ス次第デアリマス。

昭和十七年一月十九日本調査會第一回總會ニ於テ東條總理大臣ヨリ左記諮問ヲ發セラレタリ

諮問第一號

東北振興ニ關スル諸事業ハ目下遂行ノ途上ニアルモ、現下國內體制整備ノ要愈々緊切ナルモノアルニ鑑ミ東北振興ニ關シ更ニ調査ヲ遂ゲ、之ガ計畫ヲ策定スルノ要アルモノト認メ、仍テ之ガ具體的方策ニツキ意見ヲ求ム。

4　臨時東北地方振興計畫調査會　答申

第五章　答申及東北地方振興計畫

臨時東北地方振興計畫調査會答申（昭和十七年六月二十九日第三回總會ニ於テ可決 七月一日附答申）

東北地方振興計畫要綱

一、東北地方振興ニ關スル事業ハ同地方ニ文化ヲ進メ產業ヲ興シテ廣義國防ノ實ヲ擧グルコトヲ目的トセルモノナルトコロ大東亞戰爭下ニ於テ國家ノ總力ヲ發揮スルノ要愈々緊切ナルモノアルニ鑑ミ時局ニ卽應セル新計畫ヲ樹立シ以テ東北地方ニ於ケル人的及物的態勢ヲ整備强化センコトヲ期セリ。

二、本計畫ハ東北地方ノ特異性ニ鑑ミ緊急實施ヲ要スト認メラルル別記六項目ニ付重點的ニ調査ヲ爲シタルモノナリ。

三、東北地方振興ノ目的ヲ達成スルニ付テハ相當長期間ヲ要ベキモ本計畫ニハ差當リ昭和十八年度以降五ケ年間ニ於テ實施スベキ事項ヲ揭ゲタリ。

四　東北興業株式会社各回定時株主総会に於ける総裁挨拶要旨

1　第七回定時株主總會に於ける總裁挨拶要旨（昭和十八年六月二十六日）

本日茲に第七回定時株主總會を開催するに當りまして會社事業の概況を御説明申上ぐると共に、聊か所懐の一端を申述ぶる機會を得ましたことは、私の最も欣幸と存ずる所であります。

大東亞戰爭開始以來　御稜威の下皇軍の雄大にして精緻を盡せる作戰と壯烈果敢なる勇戰奮闘に依りまして、世界戰史上未だ其の比を見ざる赫々たる大戰果を収め、廣袤數萬里に亘る大東亞の戰略要地は悉く我が掌中に歸し、今や全く必勝不敗の態勢を確立するに至りましたことは、洵に御同慶の至りでありますると共に、皇軍将兵各位の忠誠奉公に對しましては全國民齊しく感謝感激に堪へない所であります。

飜つて昭和十七年度に於きまする我國經濟界の動向を概觀致しまするに、支那事變に踵ぐ大東亞戰爭の勃發以來、我が經濟界は生産力擴充竝に物動計畫を中心として益々計畫的に運營せられることとなり、國家總動員法の全面的發動と相俟つて經濟組織の再編成は急速に遂行せられ、之に基く統制は凡ゆる分野に亘り一段と强化せられて參つたのであります。而して聖戰二年目の本年に入りまして、益々緊迫の度を加へつつありまする時局の要請に依り、戰時計畫經濟は愈々緻密化され、高度綜合化され、超重點的生産增强の推進と動力燃料其の他諸資材の配給計畫の改訂等必至の事態に相成り、愈々最後的段階の眞劍味を加味致して參つたのであります。

斯くの如き情勢下に於きまして、當社は本年度事業計畫の樹立及之が實施に付きましては尠からざる影響を受けたのでありまするが、極力之を克服し、一面專ら東北地方に賦存する資源を開發利用して生産力擴充、聖戰完遂の最高國策に順應致しますると共に、他面併せて東北地方に於ける殖産興業を圖るべく適切緊要なる事業を撰擇し、之が經營に最善の努力を致して參つたのであります。

次に當社事業の現況に付簡單に御說明申上げます。

先づ直營事業の中現下國家緊要の國防資材るた研削材の製造を目的と致しまする福島工場に於きましては、既に設備の大部分を完成し、昨年五月より一部操業を開始致して居りました處、去る五月二十日之が竣工を見るに至りまして全面的操業を開始致しました。又アルギン酸曹達及鹽化加里の生產に從事致して居りまする大槌工場に於きましては、引續き順調に操業を繼續致して居りまするが、殊に鹽化加里の增產は時局下軍需上緊要なるに鑑みまして、鋭意之が生產增强に邁進致して居る次第であります。

一方鑛產事業に於きましては、木友炭礦は現下燃料不足に因る亞炭の需要著しく增加せると當局の之が增產奬勵の積極化とに對應致しまして、曩に其の飛躍的增產計畫を樹立致したのでありまするが、第一期計畫に於ける坑內外諸設備の大部分が一應の完成を見たるに伴ひまして著しく業績を擧げ、戰時下燃料報國に寄與貢獻致して居る次第であります。又下北炭礦は昭和十五年以來の探鑛の結果、稼行價値充分なることが判明致しましたので、之が積極的開發を企圖し、目下鋭意準備中であります。次に大貫鑛山、八鉢鑛山並に松川鑛山等の金鑛山に於きましては、孰れも引續き順調に事業の進展を見、着々其の成績の向上を圖りつつありました處、大東亞戰爭の勃發に伴ふ對外情勢の轉換に依りまして、曩に政府に於て實施せられました金鑛整備の對象となり、松川鑛山の附屬製錬所及大貫鑛山は之を廢止し、八鉢、松川兩鑛山は本年四月より硅酸鑛鑛山として再發足すると共に、出鑛石は孰れも鑛山統制會指定の銅鑛製錬所へ賣鑛することに相成つたのであります。尚寶山鑛山は探鑛終了の結果、之が開發を中止することとなりまして、昨年七月同探鑛事務所は廢止致しました次第であります。次で昭和十四年十月以來各種鑛石の分析並に製錬方法其の他の研究に從事致して居りました實驗所は、之が一段の活用を圖る爲、本年四月を以て東北產業科學研究所に移管致したのであります。

當社の關係會社の多くは戰時下に於ける重要なる製品を生產致して居るのでありまするが、孰れも引續き優良なる成績を擧げて居るのであります。殊に東北重工業株式會社は設立以來極力製品性能の高度化並に生産能力の昂揚に努めつつありました處、大東亞戰爭の勃發以來、同社製品の需要著しく増加し且當局の増産命令に對應する爲既定計畫に變更を加へ、更に飛躍的大増産を企圖し鋭意之が遂行に邁進致して居る次第であります。又當社が將來に於ける航空機工業の東北移駐第一着歩として、昭和十六年八月其の經營に參加致しました日本飛行機株式會社に於きましては、既に山形分工場の建設及横濱本工場の整備擴充も豫定通り着々進行し、所期の業績を擧げて居るのでありまして、更に諸設備を擴大强化し專ら生産力の擴充を期して居るのであります。

次に關係會社中東北振興皮革株式會社は政府の企業整備に照應致しますると共に、時局下原皮資源並に製鞣資材の有效なる利用を圖らんが爲、同社を中核に國内水産皮革製造業者を合流せしめ、更に増資擴大して興亞水産皮革株式會社と改稱致しました。又東北振興ゴム株式會社は政府のゴム工業企業整備の進捗に伴ひまして、事業の整備擴張を圖る爲増資を行ひ關係既存工場の機械設備並に技術其の他一切の權利を買收し、ゴム製造事業の强化を圖りました。次に肥料増産國策に順應して朝日化學工業株式會社の强化を圖る爲、從來其の經營に參加し政府の硫安増産計畫に貢獻して參つたのでありまするが、同社は本年一月東北肥料株式會社と商號を變更し、近く増資擴大を期して居る次第であります。

此の外東北振興農機株式會社に於きましては、食糧増産に必要なる農機具の製作に努むると共に、東北地方農機具製作事業の整備を圖る爲同業者の企業參加を求め、増資擴大致しまして設備、技術の整備を圖つた次第であります。尚株式會社福島製作所、東北船渠鐵工株式會社、東北振興精密機械株式會社並に東北振興纖維工業株式會社に於きましては、何れも増資を爲し、事業の基礎を强化致しまして時局の要請に對應し、愈々生産増强に邁進致しつつあるのであります。殊に東北船渠鐵工株式會社は大東亞戰爭の勃發以來、船舶の劃期的増産國策の決定を見、戰時船舶造修計畫の樹立せられたるに對應致しまして、極力諸設備の擴充强化を圖りつつありました處、既に昨年秋五百噸級鋼船一隻の建造を終り引續き本年六月第二番船の進水を見るに至つた次第であります。而して又更に諸設備の増設並に擴充を圖り以て將來に於ける大型船舶の建造に備へ、戰時計畫造船の遂行に益々寄與貢獻致しまする爲萬全を期して居るのであります。

次に昭和十七年度中に於ける新規事業の主なるものに付て申上げますると、先づ直營事業に於きましては、從來東北地方機械工業不振の一大原因でありまする鍛造工場の不備を補ふ爲、昨年九月中川鍛工所の既存設備及東北重工業株式會社の現有設備を一括買收し、爾來之が運營を東北重工業株式會社に委任致して居るのでありまするが、極めて良好なる成績を擧げて居るのであります。

又投資事業に於きましては、時局下東北地方に機械工業の飛躍的進展を圖りますることは國防並に國土計畫の見地よりするも極めて緊要なるに鑑みまして、當社は昨年七月株式會社萱場製作所の經營に參加し、仙臺市に一大工場を新設致しました。次で昨年十二月現下航空機生產力擴充の緊急なる必要に對處する爲、山形航空機工業株式會社を設立し又高級特殊鋼並に之が加工品の生產を爲しつつありまする東北特殊鋼株式會社の經營に參加致しまして、當局の指示に基く製造設備の擴充整備並に增產計畫の遂行に協力致しまして居る次第であります。更に米澤精密機械工業組合が時局の要請に基き事業の擴充を企圖し、有限會社米澤精密機械製作所に發展改組せらるるに當りまして、本年二月之が經營に參加致したのであります。一方重要戰時物資の一つたる銅の飛躍的增產は刻下喫緊の要務たるに鑑みまして、昨年八月帝國鑛業開發株式會社と相提携し、株式會社藤田組の經營に參加致したのでありまするが、爾來同社各事業場に於きましては業績頗る好調を呈し、金屬非常增產强調期間に於ても極めて優良なる成績を擧げ、同社小坂、花岡兩鑛山は全國優良十鑛山の選に入りまして、昨年十一月五日內閣總理大臣の表彰を受けたのであります。而して目下引續き既定增產計畫遂行の爲一路邁進致して居る次第であります。次で本年二月東北地方に於きまする燐寸軸木原木の供給及軸木製造事業の現狀に鑑み且は工場分散の國防的見地並に工場立地の見地より致しまして、東北振興燐寸株式會社を設立し、燐寸製造設備を完備すると共に軸木工場を傘下に收め合理的一貫作業を營んで居るのであります。

以上申述べました通り昭和十七年度中に新に實施致しました事業を加へまして、本年三月末に於ける投資關係會社の數は五十三に上り、其の資本總額は日本發送電株式會社並に戰時金融金庫を除き三億一千四百五十二萬五千圓にして、之に對する當社出資額は一億二百四十萬圓に垂んとし、直營事業亦其の數二十、之が計畫資金は一千九百九十餘萬圓に達し、投資並に直營事業の當社負擔額は一億二千二百萬圓を超ゆるに至つた次第であります。

次に當社の資金關係に付て申上げます。

昭和十七年度に投下致しました資金は約三千萬圓でありまして、之が調達の爲政府御保證の下に、昨年七月に第五回東北興業債券一千五百萬圓を、次で十二月に第六回東北興業債券五百萬圓を發行し、殘餘は借入金及自巳資金を以て賄つて參つたのであります。

（中　略）

以上申述べました如く當社は設立以來既に六年有餘を閲し、諸般の事業も愈々本格的活動期に入り、孰れも豫期以上の成績を擧げ、更に躍進の一途を辿りつつありますることは、政府御當局並に各位の御援助御協力の賜と深く感謝致して居る次第であります。

今や我國は大東亞戰爭第二年目を迎へ、純然たる決戰段階に突入致したのでありまするが申上ぐるまでもなく近代戰は一面連續的消耗戰でありまして、專ら資源の巨大を恃みと致しまする敵米英を完全に擊碎し終りまするには、物的戰力の飛躍的增强を圖り以て此の尨大なる消耗戰に打勝つことが、決戰段階の今日に於て緊急中の最大急務でありまするこ とは言を俟たない所であります。隨ひまして今年に於ける戰力增強の成否こそは、大東亞戰爭の一切を決定する所の鍵であると存ずるのであります。一億國民固き決意の下に全力を傾注して、此の戰力增强に邁進致さねばならぬのであります。

斯くの如く內外の情勢は益々緊迫を加へて參りまして、國策遂行の一翼を負ふて居りまする當社の使命も愈々重加されて參つたのでありまするが、我々會社當事者と致しましては、全社一致當社の特殊使命を體し一層決戰下國策の遂行に寄與し以て各位の御期待に添はんことを期して居るのであります。

希くば株主各位に於かれましても、當社使命達成の爲一層の御協力を賜はらんことを重ねて御願致す次第であります。

以　上

2　第八回定時株主總會ニ於ケル總裁挨拶要旨（昭和十九年六月二十八日）

本日茲ニ第八回定時株主總會ヲ開催スルニ當リマシテ會社事業ノ進展ノ概要ヲ御説明申上グルト共ニ、聊カ所懷ノ一端ヲ申述ブル機會ヲ得マシタコトハ私ノ最モ欣幸ト存ズル所デアリマス。

御承知ノ通リ最近ノ戰局ヲ見マスルニ敵米英ハソノ豊富ナル物量ヲ唯一ノ頼ミトシテ南方ハソロモン群島、ニューギニア、更ニ我南洋諸島方面ヨリ、又北方ハアリユーシヤン群島方面ヨリ我本土ヲ狙ツテ進攻シ更ニ又大陸ニ於キマシテハビルマノ奪回ヲ企圖シ或ハ支那大陸ニ空軍基地ヲ設定スル等必死ノ反撃ヲ試ミテ参ツテ居リマス。之ニ對シマシテ我忠勇無比ナル皇軍将兵ハ極メテ困難ナル條件ノ下ニアルニモ拘ラズ善謀勇戰各地ニ於テ敵ニ多大ノ損害ヲ與ヘツツアルハ誠ニ頼シキ次第デアリマス。

然シナガラ静カニ戰局ノ推移ヲ見マスルニ我將士ノ赫々タル戰果ニモ拘ラズ航空兵器始メ各種兵器並ニ之等ノ輸送力ニ於テハ敵ニ對シ遺憾ナガラ著シク劣勢デアリマシテ之ガ爲前線將兵ガ常ニ苦心慘澹シテ居ラルルノデアリマシテ、之ニ付テハ我々一億ガ眞ニ總力ヲ結集シ速カニ物量ニ於テモ徹底的ニ敵ヲ撃碎スルノ覺悟ヲ堅クシナケレバナリマセヌ。

政府ハ此ノ事態ニ對處シ行政機構ヲ全面的ニ改革シ戰時計畫經濟ヲ強化シ超重點的ニ生産増強ヲ計リ曩ニ五大産業ヲ揭ゲテ官民一致ノ協力ヲ要望スル等積極果断ニ戰時政策ノ計畫實施ニ當ツテ居ラルルノデアリマス。

當社ト致シマシテモ斯カル國家ノ緊急最高ノ政策ニ添フベク昭和十八年度事業計畫ノ立案、遂行ニ當リマシテハ特ニ航空關係事業、造船事業、兵器製造事業、鑛産事業、食料其他生活必需品物資ノ増産並ニ以上ノ五事業ニ關聯スル事業ノ開發發展ニ重點ヲ置イテ參ツタノデアリマス。

卽チ航空關係事業ニ於キマシテハ先ヅ第一ニ之ガ基礎素材タル輕金屬ノ增産、特ニ金屬マグネシウムノ增産ヲ圖ルベク昨年五月株式會社鐵興社及大倉鑛業株式會社ト提携シ資本金二千萬圓ヲ以テ帝國マグネシウム株式會社ヲ設立シ當社モソノ内九百萬圓ヲ出資致シマシテソノ發展ヲ期シテ居ルノデアリマス。次ニ機体並ニ部分品ニ付キマシテハ曩ニ東北地方ニモ近キ將来航空機組立工場ヲ建設スベクソノ一段階トシテ日本飛行機株式會社ノ事業ニ參加シテ參ツタノデアリマスガ、同社ニ於テハ昨年十月更ニ倍額增資ヲ致シマシテ軍ノ示達ニ基ク生産量達成ノ爲諸設備ノ擴張ヲ圖ルコトトナリ當社モ之ニ百九十七萬國ノ增額出資ヲ爲シタノデアリマス。株式會社萱場製作所並山形航空工業株式會社ニ於キマシテモ航空機部分品ノ增産ニ努メ引續キ良好ナル成績ヲ擧ゲテ居リマスガ、尚株式會社米澤精密機械製作所モ昨年十月倍額增資ヲ爲シマシタノデ當社ハソノ四割ヲ出資シ事業ノ擴充強化ニ協力シテ參ツタノデアリマス。航空機ニ關聯スル事業トシテ東北重工業株式會社、株式會社岩手鐵工所ハ設営機械ノ增産ヲ命ゼラレ昨年何レモ資本金ヲ五百萬圓ニ增額シ急速ニコノ要求ニ應ズベク設備ノ擴充ヲ急イデ居ルノデアリマスガ、東北重工業株式會社ニ於テハ去ル四月二十日ヲ以テ更ニ資本金ヲ一千萬圓ニ增額シマシテ當社ハ其ノ增資額全額ヲ出資致シタノデアリマス。又秋田市所在ノ秋田鑿井機械工業株式會社ハ曩ニ軍ノ新設計ニ基ク輾壓機ノ大增産命令ヲ受ケ之ガ消化ノ爲メ其ノ設備擴充ヲ必要トスルニ至リ本年三月商號ヲ秋田機械工業株式會社ト變更スルニ當リマシテ資本金ヲ百三十萬圓ニ增額シ當社ノ參加ヲ要請シテ參ツタノデアリマス。仍ツテ當社ハ之ニ八十萬圓ノ出資ヲ爲シ經營ニ參加スルコトニナリマシタ。次ニ造船事業ニ於キマシテハ東北船渠鐵工株式會社ハ昨年四月ニ其ノ資本金ヲ五百萬圓ニ增資シ、造船、造機各部門ノ諸設備ヲ擴充シ曩ニ甲造船會社ニ指定セラレ戰時計畫造船ノ遂行ニ寄與シツツアツタノデアリマスルガ、大型船舶ノ建造及修理能力ノ強化並ニ造機部門ノ擴充強化ヲ圖ル爲最近海軍ノ了解ヲ得テ三倍ノ一千五百萬圓ニ增資スルコトトナリ、當社トシテモ積極的ニ之ニ協力スベク目下手續進行中デアリマス。更ニ木造船ニ付キマシテハ東北地方ノ豊富ナル木材資源ヲ利用シ時局ノ要請ニ應ズベク昨年政府ノ慫慂ノ下ニ青森縣造船株式會社、株式會社青森造船鐵工所、秋田造船株式會社、山形造船株式會社ヲ夫々擴張又ハ新設シ戰時計畫造船ノ遂行ニ努力シテ參ツタノデアリマスガ、何レモ豫期以上ノ良成績ヲ収メツツアリマス。而シテ現在計畫造船ノ隘路ガ内燃機關ノ不足ニアルコトニ着目シ之ガ打開ヲ圖ルベク東北振興農機株式會社及上述ノ青森造船鐵工所ニ於テ鋭意之ガ増産ニ邁進シテ居リマスガ更ニ目下三、四ノ斯ノ稱會社ノ設立ヲ計畫中デアリマシテ、内燃機關ノ東北地方自給化ヲ積極的ニ實現致度イト考ヘテ居リマス。兵器製造事業方面ニ於テハ福島製作所ガソノ設備擴張ヲ續行シツツアリマスル外、東北振興精密機械株式會社ニ於キマシテハ昨年四月海軍ノ兵器増産ノ爲其ノ資本金ヲ三百五十萬圓ニ増額致シマシタノデ當社モソノ増資額ノ七割ヲ出資シタノデアリマスルガ仝社ハ更ニ本年度ニ於テ百萬圓ノ増資ヲ企圖致シテ居ル次第デアリマス。其ノ外又海軍艦政本部ノ示達ニ基キマシテ本年三月資本金五百萬圓ノ帝國金屬工業株式會社ヲ設立致シマシタ。此ノ會社ハ某社ノ有シマスル特殊技術ヲ東北地方ニ移植シ鍛造品ニ替ル特殊鑄鋼品ノ製造ヲ爲サントスルモノデアリマシテ、目下福島縣原ノ町ニ工場建設ヲ急イデ居リマスガ仝社ノ技術ハ特殊鑄鋼ノ製造上劃期的ナモノデアリマスルカラ操業ノ上ハ更ニ相當額ノ増資ヲ爲シ引續キ設備ノ擴張ヲ爲ス豫定デアリマス。兵器ノ製造ニ關聯致シマシテ當社福島工場ニ於キマシテハソノ製造ニ係ハル研削材ノ需要ガ最近漸ク増大シテ參リマシタノニ應ジ資材難ニモ拘ラズソノ設備ヲ更ニ改善充實致シマシタ結果、品質、數量共ニ著シク向上シテ參ツテ居リマス。又東北振興繊維工業株式會社、日本絨毯株式會社ニ於テモ昨年夫々増資ヲ致シマシテ軍需繊維製品ノ増産ニ努力致シテ居リマス。

次ニ鑛産事業ニ於キマシテハ曩ニ産金政策ノ変更ノ結果休止ト相成リマシタ大實鑛山及松川鑛山附屬製錬所ノ整理ハ一應完結致シマシテ、新タニ鋼鐵ノ採掘ヲ目的トシテ瀧ノ澤鑛山ヲ開發スベク昨年ヨリ之ガ建設ノ手配ヲ進メツツアリマス。一方近年燃料不足ノ折柄著シク需要ガ増加シテ參リマシタ亞炭ニ付キマシテハ、木友炭礦ガ既定ノ増産計畫ニ依リマシテ之ガ達成ヲ圖リ更ニ亞炭コークスノ製造ヲモ爲シマシテ各方面ノ要求ニ應ジツツアル次第デアリマス。

食料其他生活必需物資ノ増産ハ戰時下國民生活安定ノ上ヨリ最モ喫緊ノ事柄デアリマスガ、之ニ付テハ東北窯業株式會社ハ土地改良ニ要スル暗渠排水用土管ノ供出割當ニ依リ之ガ劃期的増産ヲ必要トスルニ至リ昨年十二月六十萬圓ヲ増資スル事トナリソノ大部分ヲ當社ニ於テ引受ケテ參ツタノデアリマス。又昨年五月宮城興農窯業株式會社ガ同一ノ目的ヲ以テ新設サレマシタノデ此ノ會社ニモ資本參加ヲ致シタ次第デアリマス。東北振興水産株式會社ニ於キマシテハ南方軍ニ對スル水産品ノ供給ヲモ企圖シマシテ船團的操業ニヨリ南洋漁業ニ進出スルコトニナリ、昨年十月資本金ヲ六百萬圓ニ増額シ當社モ増資額ノ半額ヲ引受ケテ之ニ積極的援助ヲシテ參ツタノデアリマス。而シテ本事業ハ戰局ノ推移ニ依リ多少ノ困難ニ遭遇致シツツアルノデアリマスガ、幸ヒ現在軍當局ノ指示ニヨリ從業員一同決死ノ覺悟ヲ以テ奮闘シテ居ル次第デアリマス。次ニ東北振興燐寸株式會社ニ於テハ昨年十月資本金ヲ百二十萬圓ニ増額シマシテ、新々ニ青森市及秋田縣横手町ニ夫々分工場ヲ設ケ全東北地方ニ於テ需要スル燐寸ノ生産ヲ確保セント致シテ居リマス。尚最近特ニ鹽ノ不足ナル事情ヨリ東北地方ニ於テ鹽田ヲ開發シ製鹽ヲ爲スコトノ緊要ナルヲ認メマシテ、本年一月不取敢資本金十八萬圓、内當社出資九萬九千圓ヲ以テ東北鹽業開發株式會社ヲ設立致シマシタ。此ノ會社ハ近ク貳百萬圓程度ニ増資スル豫定デアリマスルガ、更ニ又同一目的ヲモチマシテ別個ニ新會社ヲ設立シ大規模ナル製鹽事業ノ創始ヲ企圖シ目下具体的計畫ノ進行中デアリマス。

此ノ機會ニ最近ノ油脂事業ニ付テ一言申上ゲマス。木製飛行機用積層材ノ増産ニ伴ヒマシテ米糠搾油機ノ供出ガ決定サレマシタコトハ既ニ御承知ノ通リデアリマスガ、當社關係ノ六油脂會社ノ中一社ヲ除キマシテ他五社ニ於テハ夫々全部又ハ一部ノ搾油機ヲ供出致シタノデアリマス。之ニ因リマシテ殘存設備ノ活用ニヨリ操業致シマスルモノ及他ヨリ遊休設備ノ轉用ヲ計リ事業ヲ継續セントスルモノ、或ハ此ノ機會ニ他ノ重要ナル機械工業ニ轉換ヲ盡《ママ》スルモノ等アリマスガ何レモ今後ノ對策ニ萬全ヲ期シテ居ルノデアリマス。

叙上ノ事業遂行ニ當リマシテ昭和十八年度ニ直接事業資金トシテ必要トシマシタ資金ハ約三千六百萬圓デアリマシテ、之ガ調達ニ付テハ増資新株ノ第一回拂込金五百萬圓、第七回ヨリ第十回ニ至ル東北興業債券金二千五百萬圓、殘余ハ借入金其他ヲ以テ賄ツテ參ツタノデアリマス。而シテ昭和十八年度末ニ於キマスル投資關係會社ノ數ハ六十以ニ上リ、其ノ資本總額ハ日本發送電株式會社並ニ戰時金融金庫ヲ除キ三億六千八百四十八萬圓余デアリマシテ、之ニ對スル當社出資額ハ一億三千四十五萬余圓ニ達シ、直營事業亦其數十五、之ガ計畫資金ハ三千六百三十五萬余圓ニ及ビ、投資並ニ直營事業ノ當社負擔額ハ一億六千六百八十萬圓ヲ超ユルニ至ツタ次第デアリマス。以上當社ハ苛烈ナル戰局ノ推移ニ即應シ國家ノ目的ニ向ツテ重點的ニ事業ノ擴大強化ヲ圖リ以テ飛躍的戰力增強ニ貢獻シテ參ツタノデアリマスガ、更ニ本年度ニ於キマシテモ約四千二百萬圓ノ豫算ヲ以テ新規事業ヲ計畫シ目下之ニ對シ諸般ノ準備ヲ取進メテ居リマス。

當社ハ昨年末政府ノ行政機構ノ改組並ニ疎開方策ニ即應シ仙臺本店ノ機能ヲ整備擴充シ以テ東北ノ官民各方面トヨリ密接ナル連絡ヲ圖リ、東北振興ヲ通ジテ戰時國策ニ寄與スベク更ニ一層ノ活躍ヲ期シテ居ル次第デアリマス。何卒株主各位ニ於カレマシテモ當社ノ使命達成ニ關シ今後共一層ノ御指導御協力ヲ賜ランコトヲ切ニ御願申上グル次第デアリマス。

3　第九回定時株主總會ニ於ケル總裁挨拶要旨（昭和二十年六月二十八日）

本日茲ニ第九回定時株主總會ヲ開催スルニ當リマシテ會社事業ノ現況ヲ御説明申上ゲマシテ御參考ニ供シ度ト存ジマス。

（中　略）

偖昭和十九年度ニ於キマスル我社事業ノ運營ニ付キマシテハ戰局ノ推移ニ即應シ直接戰争ノ遂行ニ必要ナル資材、機材特ニ航空機用機材ノ增産並ニ食糧ノ增産ニ努メ且東北地方ノ特殊性ニ鑑ミ地下資源及農林水産資源ノ開發利用ニ重點ヲ置ク方針ヲ以テ實施シテ參ツタノデアリマスガ先ヅ第一ニ化学工業方面ニ於キマシテハ最近鹽ガ生産必需品トシテノミナラズ工業鹽トシテモ俄カニ需要ガ增加シテ參リマシタノデ福島縣沿岸ニ豫テ水田ニ改良セントシテ成功ヲ見ナカツタ土地ヲ利用シ鹽田ヲ造成シ製鹽事業ヲ開始セント致シマシテ飛鳥組外地元有志ト提携シテ昨年八月資本金五百万円内當社二百五万円ヲ出資致シマシテ相馬鹽業株式會社ヲ創設シタノデアリマスガ目下專賣局始メ關係當局ノ御指導ノ下ニ鹽田製造ヲ急ギツツアリマス。次ニ製鐵用並ニ肥料用トシテ近時著シク重要視サレテ參リマシタ石炭石ノ増産ニ着目シ昨年五月青森縣ニ資本金百万円ヲ以テ北日本石灰工業株式會社ヲ設立シ當社モ内三十五万円ヲ出資シ石灰資源ノ開發ヲ爲スト共ニ貝化石ノ採取及雜用セメントノ製造ヲモ併セ行ハント致シテ居リマス。東北地方ニ於ケルゴム事業ノ發展ニ付テハ從來東北振興ゴム株式會社ノ經營ニ參劃シテ良好ナル成績ヲ擧ゲテ參リマシタガ今般更ニ東北地方ゴム製造業者ノ組織セル東北ゴム株式會社ニ出資シ此ノ種事業ノ積極的ナル發展ヲ期スルコトト致シマシタ。當社福島工場ニ於キマシテハ研削材ノ製造ニ漸次其ノ地歩ヲ固メテ參リマシタガ最近更ニ某會社ト提携シ電波兵器製造ニ不可缺ノ重要資材ノ製造ヲ爲スコトト相成リ目下急速ニ之ガ設備ヲ建造中デ御座イマス又東北振興アルミニウム株式會社及帝國マグネシウム株式會社ハ何レモ資材難ノ爲極メテ困難ナル状勢下ニアルニモ拘ラズ凡ユル工夫ヲ凝ラシ以テ航空機用素材ノ増産ニ努メツツアリマス。

次ニ機械工業方面ニ於キマシテハ日本飛行機株式會社及萱場航空兵器株式會社ガ引續キ優秀ナル業績ヲ擧ゲ刻下最モ緊急ナル需要ニ應ジツツアリマスガ山形航空工業株式會社及株式會社米澤精密機械製作所ニ於キマシテモ其ノ後更ニ設備ノ擴張ヲ要スルコトトナリ兩者共資本金ヲ三百万円ニ増加シ當社ヘ其ノ内夫々四割ヲ出資シテ之ガ目的達成ニ協力致シテ居ルノデ御座イマス。一方航空機木製部品ノ多量生産ノ喫緊スル事情ニ鑑ミ昨年七月株式會社原田製作所ガ資本金ヲ二百万円ニ増額スルニ當リ當方ノ協力方ヲ要望シテ參リマシタノデ之ニ六十万円ヲ出資シテ其ノ經營ニ參加致シマシタ。更ニ航空機事業ニ關聯シマシテ昨年三月當局ノ絶大ナル期待ノ下ニ發足致シマシタ帝國金屬工業株式會社ハ其ノ建設工事モ急速ニ進捗シ既ニ優良ナル製品ヲ出シツツアリマス、又豫テ計畫中デアリマシタ鑄造事業ノ東北移植ニ付キマシテハ昨年七月株式會社東京製鋼所ガ岩手縣ニ精密鑄造工場ヲ設置スルニ當リ之ガ増資ニ協力シ目下着々工場建設中デアリマスガ一部ハ既ニ操業ヲ開始シテ居リマス。次ニ東北船渠株式會社ニ於キマシテハ海軍ノ了解ノ下ニ資本金ヲ一躍三倍ノ千五百万円ニ増額シ當社ニ於テ其ノ増資額全部ヲ引受ケマシタガ其ノ擴充工事ノ大部分ハ既ニ完成ノ域ニ達シテ居リマス。又株式會社青森造船鐵工所ニ於キマシテモ本年二月其ノ資本金倍額ノ四百万円ニ増加シ當社又増資額ノ半額ヲ出資致シタノデアリマスガ此ノ兩社共造船並ニ造機部門ニ於テ今後ノ發展ニ付キ大ナル期待ヲ懸ケテ居ル次第デ御座イマス。

東北振興農機株式會社ハ先般東北造機株式會社ト改稱シ資本金ヲ五百萬円ニ増額致シマシテ内燃機部門ノ擴充ヲ圖ルト共ニ東北地方ニ於ケル農機具ノ自給化ニ更ニ一層ノ努力ヲ致シテ居リマス。

東北振興精密機械株式會社ハ昨年九月又々資本金ヲ四百五十萬圓ニ増額シ海軍ノ重要兵器ノ増産ニ拍車ヲ掛ケテ居リマスガ業績又見ルベキモノガアリマス、東北地方ニ於ケルゲージ類ノ生産ヲ一手ニ引受ケ優秀ナル成績ヲ収メツツアリマスル東北精器株式會社モ昨年十二月資本金ヲ百二十萬圓ニ増額シ當社ニ於テ其ノ増資額七十萬圓全部ヲ引受ケ出資致シマシタ。更ニ近時各種資材ノ不足ニ原因シ貨物自動車ノ故障多ク自動車輸送業ニ重大ナル支障ヲ來シテ居ル事情ニ鑑ミ東北軍需監理部ノ慫慂ニ基キ之ガ修理事業ヲ營ムベク福島縣ノ株式會社田邊製作所ヲ擴充強化スルコトトシ本年三月其ノ資本金ヲ二百萬圓ニ増額シ内當社百十萬圓ヲ出資シテ其ノ經營ニ参加シ目下設備擴張中デアリマスガ將來ハ東北地方ニ於ケル自動車工業ノ基礎タラシメ度ト考ヘテ居ル次第デ御座イマス。

農林水産業方面ニ於キマシテハ先ヅ航空機木製部品ノ飛躍的増産ヲ企圖シ東北合板株式會社ガ昨年九月資本金ヲ一躍三倍ノ三百萬圓ニ増加シ當社其ノ増資額ノ半額ヲ引受ケ航空機用單板並ニ合板ノ設備強化ヲ圖リ又東北木材工業株式會社ハ昨年十二月資本金ヲ百七十二萬圓ニ増加シ航空機木製部品製造ニ邁進致シテ居リマス次ニ東北振興水産株式會社ニ於キマシテハ其ノ後戰局ノ推移ニ伴ヒ南方方面ノ事業ヲ切上ゲ八戸港ヲ中心トスル近海漁業ニ力ヲ致シ豐富ナル魚介類ノ供給ヲ圖リ以テ現下緊迫セル食糧事情ニ貢獻スル事ヲ期シテ居ル次第デ御座イマス、株式會社御幸商會ニ於キマシテハ米、麥酒不足ノ情勢ニ對應シ林檎酒ノ増産ヲ爲スベク本年一月資本金ヲ百三十萬圓ニ増額スルニ當リマシテ當社モ百十一萬圓ヲ出資致シマシタガ今後モ積極的ニ此ノ事業ノ發展ヲ期スル次第デアリマス。東北振興燐寸株式會社ハ引續キ好成績ヲ擧ゲテ居リマスガ青森、秋田、山形ノ各工場モ完成、操業ヲ開始シテ居リマシテ阪神地方ニ代リ東北地方ガ國内燐寸ノ主要給源地タラント努力シテ居リマス。

最後ニ鑛産事業方面ニ於キマシテハ曩ニ銅鑛ノ採掘ヲ目的トシテ開發ニ着手シマシタ瀧ノ澤鑛山ハ其ノ後鋭意建設工事ノ促進ニ努メ近ク索道工事ノ完成ヲ俟ツテ送鑛ヲ開始シ得ル運ビニ相成ツテ居リマス又下北炭礦ニ於キマシテモ抗内外ノ諸準備漸次進捗シ之亦索道工事ノ竣工モ目捷ニ迫ツテ居リマスノデ近ク送炭ヲ開始出來ル見込デ御座イマシテ其ノ暁ニハ燃料不足ノ折柄寄與スル所大ナルモノアルヲ確信シテ居リマス、次ニ近年愈々需要激増シテ參リマシタ亞炭ノ生産ニ付キマシテハ本友鑛山ガ引續キ増産ニ努メツツアリマス外更ニ昨年東北採炭株式會社、岩手採炭株式會社、光北採炭株式會社ヲ新設シ東北地方ニ豊富ニ埋蔵セラルル亞炭資源ノ開發ニ積極的ニ乗出シ以テ刻下燃料事情ニ對應セント致シテ居リマス、亞炭ニ關聯シテ亞炭コーライト並ニ亞炭液化ノ事業モ木友鑛山ニ於テ本格的ニ經營セント致シテ居リマス、又豫テヨリ光学硝子、硅素鐵、炭化珪素等時局下單需資材ノ製造原料トシテ不可缺ノ硅石並ニ碍子其ノ他窯業ノ原料タル長石ノ採掘事業ヲ整理統合スルコトヲ企圖シテ居リマシタガ昨年五月資本金百五十萬圓ヲ以テ東北硅長石礦業株式會社ヲ設立シ其ノ内當社百二十萬圓ヲ出資致シ此ノ種礦石ノ大量生産ヲ期シテ居ルノデアリマス。以上ノ事業遂行ニ當リマシテ昭和十九年度ニ直接事業資金トシテ必要ト致シマシタ資金ハ約三千九百萬圓デアリマシテ之ガ調達ニ於テハ增資新株ノ第二回拂込金五百萬圓、第十一回ヨリ第十三回ニ至ル東北興業債券金三千萬圓、殘余ハ借入金其ノ他ヲ以テ賄ツテ參ツタノデアリマス。

是ヲモチマシテ昭和十九年度末ニ於ケル、投資會社ノ數ハ七十五ニ上リ直營事業亦其ノ數十ニ達シ其ノ投資總額ハ一億六千七百余萬圓ニ相成ツタ次第デ御座イマス。

更ニ本二十年度ニ於キマシテ豫定シテ居リマス事業資金ハ約四千二百萬圓デアリマシテ機械工業部門ニ於テハ萱場航空兵器株式會社、帝國金屬工業株式會社等ノ增資ヲ計畫シ戰場ニ直結スル航空機生産ノ強化ヲ図リ農林水産部門ニ於テハ可及的食糧ノ增産ニ資スベキ事業ヲ促進セシムベク目下岩手縣ニ養豚、食肉加工ヲ目的トスル東北食品加工株式會社、宮城縣ニ□揚繰網事業ヲ目的トスル宮城近海漁業株式會社等ノ設立ヲ計畫中デ御座イマス、其ノ他ノ部門ニ於キマシテモ主トシテ原料及素材ノ生産ニ重點ヲ置キ比較的短期間ニ戰力化サルル方面ノ事業ニ進ミ度ト考ヘテ居ル次第デ御座イマス。

茲ニ一言附加ヘマシテ御了解ヲ願度ト存ジマスノハ關係會社中ニ最近暴戻ナル敵米空軍ノ爆撃ニ因リ災害ヲ蒙リマシタモノモ數個所御座イマシタガ幸ヒ被害ハ最少限度ニ止メルコトガ出來マシテ之ガ復舊モ急遽ニ進ンデ居リマス、尚帝都附近所在ノ殘存工場ニ付テハ急速ニ東北地方ヘ疎開ヲ實施スベク夫々手配ヲ致シテ居リマス。

今ヤ我國ハ前線銃後ノ區別ナク國ヲ挙ゲテ戰場ト化シ一應眞ニ總力ヲ結集シテ戰爭完遂ニ突進スベキ秋デアリマス。政府ニ於カレマシテモ凡ユル非常事態ヲ豫想セラレ各地方ノ自立自戰態勢ヲ樹立スル爲地方行政ノ強化ヲ圖ルコトト相成リ東北地方ニ總監府ヲ設置セラレタノデアリマスガ之ニ因リ東北ノ軍需的重要性ハ益々強化サルル事ト存ジマス、當社ニ於キマシテモ政府ノ御趣旨ニ則リ東北ヲシテ名實共ニ一大軍需基地タラシムル爲愈々決意ヲ固クシ創意ヲ凝シ凡ユル悪條件ヲ克服シテ一路生産戰ニ邁進致度所存テ御座イマス、何卒株主各位ニ於カレマシテモ今後一層ノ御協力ヲ賜ランコトヲ切ニ御願申上ゲル次第デ御座イマス。

資料編の出所について

一　「第六十九回帝國議會　一般資料」（著者所蔵）
二　「東北各県知事より内閣東北局長あて陳情書」（国立公文書館所蔵文書、二A・三七―三・東北二〇三）
三　「東北振興經過概要」（著者所蔵）
四　東北興業株式会社各回定時株主総会に於ける総裁挨拶要旨（旧東北開発株式会社所蔵資料）
　第七回定時株主総会（No. 221）
　第八回定時株主総会（No. 379）
　第九回定時株主総会（No. 382）

あとがき

農業恐慌としての特質を有した昭和恐慌の直撃を受けた一九三〇年に、私は青森県津軽平野の自作農の四男として生を享けた。そしてその翌年には満州事変の勃発、その一九三一年・同三四年・その翌年と大凶作の連鎖を体験した。私の出身村は、児童文学作家鈴木喜代春が描いた『けがつの子』の舞台となった窮乏の村であった。今でも、隣家の小作農の半ば傾きかけた陋屋の見すぼらしさを思い出すことがある。そして子どもながら、「取り上げばばあ」・「水子」・「身売り」などの大人たちの言葉に接した記憶が微かに残っている。一九三〇年代の東北のどこにも見られた農村の現実であった。私は社会認識が得られるようになってからは、その生育環境の歴史的意味を考えるようになり、そのことが本書執筆の原点ともなっていった。

私は、東北の一私立中高の社会科教師としてたまたま私学研修福祉会の研究費助成を得て、東京大学社会科学研究所の短期研究員として大石嘉一郎教授の指導のもと研究生活を送る機会に恵まれた。学部・大学院（修士課程）では日本の近世・近代の思想史を対象に学んできたが、ここでは「戦時体制下の東北振興政策」と経済政策史を研究対象とした。先述したように原体験としての東北農村の窮乏問題が、その動機にあったからだった。僅か一年間にすぎなかったが、何よりも一次資料の精査と厳密な検証をすることの研究方法を、大石先生から鍛えられた。そのことを通して本格的な研究者への志が醸造されていった。なお東北振興政策の政府関係資料調査のため国立公文書館には、土・日・祝祭日を除いて七カ月間日参した。こうして大石先生の厳格な指導のもと実に有意義な研究生活を送り今日に至っていることに、衷心より感謝申しあげたい。

また大石先生のもとで研鑽に励むよう推薦していただいた東北大学経済学部の安孫子麟先生、そして縁あって国土庁地方振興局東北開発室の『東北開発五十年史』の専門委員として参画した際、種々有益なアドバイスをしていただいた東北学院大学経済学部の岩本由輝先生にも改めて御礼申し上げたい。

さらには本書の内容は、基本的には仙台市歴史民俗資料館の二〇一三年度から六年間にわたる『調査報告書』に連載された拙論を基礎に補正したものである。長期にわたる論文掲載を特に許していただいた仙台市歴史民俗資料館に記して謝意を表したい。

そして私が定年まで勤務し、その間東京大学での研究生活を様々に保障・援助していただいた、学校法人宮城学院と学校長・同僚教員にも心から感謝を申し述べたい。

ご多忙な中出版の労をなされた滋賀医科大学名誉教授西山勝夫先生、ならびに煩瑣な編集・校正などで特にお世話になった文理閣編集部や印刷所のみなさんにお礼を述べたい。

最後に私事にわたるが、長い間婦人運動に尽力してきた妻葉子にも、私の研究生活を強く支えてくれたことについて、記して感謝したい。

二〇一八年九月五日　　　　　　　　著　者

【著者略歴】

一戸富士雄（いちのへ・ふじお）

1930年青森県に生まれる。東北大学文学部卒業、同大学院修士課程修了。宮城学院中学校高等学校教員、東京大学社会科学研究所短期研究員、宮城教育大学非常勤講師を務める。

所属学会として、歴史学研究会、政治経済学・経済史学会、15年戦争と日本の医学医療研究会、日本科学者会議、歴史教育者協議会など。

共著として、榎森進氏と『これならわかる東北の歴史』（大月書店）、共同執筆者として『地域からの歴史像―交流の日本史―』（雄山閣出版）、『東北開発五十年史』（国土庁東北開発室）、『日本・中国・韓国―自国史と世界史―』（ほるぷ出版）、『語りつぐ東北と十五年戦争』（三省堂）、『戦争・731と大学・医科大学』（文理閣）など。

国家に翻弄された戦時体制下の東北振興政策
―軍需品生産基地化への変貌―

2018年12月20日　第1刷発行

著　者　一戸富士雄

発行者　黒川美富子

発行所　図書出版　文理閣
京都市下京区七条河原町西南角　〒600-8146
電話（075）351-7553　FAX（075）351-7560
http://www.bunrikaku.com

印刷所　亜細亜印刷株式会社

ISBN978-4-89259-835-7